21世纪普通高校计算机公共课程规划教材

新媒体技术与应用

王中生　主编
陈国绍　马军平　副主编

清华大学出版社
北京

内 容 简 介

本书是按照教育部关于应用型本科人文及新闻等非计算机专业新媒体课程的基本要求，根据普通高等院校培养应用型、技能型人才的需要，结合当前新媒体技术的发展状况而编写的。

主要内容包括：新媒体概述、数字通信技术基础、压缩编码技术、新媒体技术基础、新媒体素材制作、新媒体传输技术、新媒体内容检索、新媒体应用、新媒体安全等。本书在简要介绍相关理论的基础上注重实践应用，内容翔实，浅显易懂，图文并茂。

本书重点放在基础知识的介绍和基本操作技能的培养上，适合作为高等学校新闻传播及人文等专业本、专科生和研究生教材使用，也适于经济、社会科学、媒体从业人员等作为工具书学习参考。

本书封面贴有清华大学出版社防伪标签，无标签者不得销售。
版权所有，侵权必究。举报：010-62782989，beiqinquan@tup.tsinghua.edu.cn。

图书在版编目(CIP)数据

新媒体技术与应用/王中生主编. —北京：清华大学出版社，2017(2022.9重印)
(21世纪普通高校计算机公共课程规划教材)
ISBN 978-7-302-48038-9

Ⅰ.①新… Ⅱ.①王… Ⅲ.①传播媒介—高等学校—教材 Ⅳ.①G206.2

中国版本图书馆 CIP 数据核字(2017)第 200739 号

责任编辑：梁　颖　薛　阳
封面设计：何凤霞
责任校对：徐俊伟
责任印制：朱雨萌

出版发行：清华大学出版社
网　　址：http://www.tup.com.cn, http://www.wqbook.com
地　　址：北京清华大学学研大厦A座
邮　　编：100084
社 总 机：010-83470000
邮　　购：010-62786544
投稿与读者服务：010-62776969, c-service@tup.tsinghua.edu.cn
质量反馈：010-62772015, zhiliang@tup.tsinghua.edu.cn
课件下载：http://www.tup.com.cn, 010-83470236

印 装 者：北京鑫海金澳胶印有限公司
经　　销：全国新华书店
开　　本：185mm×260mm
印　　张：16
字　　数：403千字
版　　次：2017年10月第1版
印　　次：2022年9月第7次印刷
定　　价：45.00元

产品编号：070800-02

出版说明

随着我国改革开放的进一步深化,高等教育也得到了快速发展,各地高校紧密结合地方经济建设发展需要,科学运用市场调节机制,加大了使用信息科学等现代科学技术提升、改造传统学科专业的投入力度,通过教育改革合理调整和配置了教育资源,优化了传统学科专业,积极为地方经济建设输送人才,为我国经济社会的快速、健康和可持续发展以及高等教育自身的改革发展做出了巨大贡献。但是,高等教育质量还需要进一步提高以适应经济社会发展的需要,不少高校的专业设置和结构不尽合理,教师队伍整体素质亟待提高,人才培养模式、教学内容和方法需要进一步转变,学生的实践能力和创新精神亟待加强。

教育部一直十分重视高等教育质量工作。2007年1月,教育部下发了《关于实施高等学校本科教学质量与教学改革工程的意见》,计划实施"高等学校本科教学质量与教学改革工程(简称'质量工程')",通过专业结构调整、课程教材建设、实践教学改革、教学团队建设等多项内容,进一步深化高等学校教学改革,提高人才培养的能力和水平,更好地满足经济社会发展对高素质人才的需要。在贯彻和落实教育部"质量工程"的过程中,各地高校发挥师资力量强、办学经验丰富、教学资源充裕等优势,对其特色专业及特色课程(群)加以规划、整理和总结,更新教学内容、改革课程体系,建设了一大批内容新、体系新、方法新、手段新的特色课程。在此基础上,经教育部相关教学指导委员会专家的指导和建议,清华大学出版社在多个领域精选各高校的特色课程,分别规划出版系列教材,以配合"质量工程"的实施,满足各高校教学质量和教学改革的需要。

本系列教材立足于计算机公共课程领域,以公共基础课为主、专业基础课为辅,横向满足高校多层次教学的需要。在规划过程中体现了如下一些基本原则和特点。

(1) 面向多层次、多学科专业,强调计算机在各专业中的应用。教材内容坚持基本理论适度,反映各层次对基本理论和原理的需求,同时加强实践和应用环节。

(2) 反映教学需要,促进教学发展。教材要适应多样化的教学需要,正确把握教学内容和课程体系的改革方向,在选择教材内容和编写体系时注意体现素质教育、创新能力与实践能力的培养,为学生知识、能力、素质协调发展创造条件。

(3) 实施精品战略,突出重点,保证质量。规划教材把重点放在公共基础课和专业基础课的教材建设上;特别注意选择并安排一部分原来基础比较好的优秀教材或讲义修订再版,逐步形成精品教材;提倡并鼓励编写体现教学质量和教学改革成果的教材。

(4) 主张一纲多本,合理配套。基础课和专业基础课教材配套,同一门课程有针对不同层次、面向不同专业的多本具有各自内容特点的教材。处理好教材统一性与多样化,基本教材与辅助教材、教学参考书,文字教材与软件教材的关系,实现教材系列资源配套。

(5) 依靠专家,择优选用。在制定教材规划时要依靠各课程专家在调查研究本课程教材建设现状的基础上提出规划选题。在落实主编人选时,要引入竞争机制,通过申报、评审确定主题。书稿完成后要认真实行审稿程序,确保出书质量。

　　繁荣教材出版事业,提高教材质量的关键是教师。建立一支高水平教材编写梯队才能保证教材的编写质量和建设力度,希望有志于教材建设的教师能够加入到我们的编写队伍中来。

21世纪普通高校计算机公共课程规划教材编委会
联系人:魏江江 weijj@tup.tsinghua.edu.cn

前　言

本书按照教育部关于应用型本科非计算机专业新媒体课程的基本要求,根据普通工科院校培养应用型、技能型人才的需要,结合当前新媒体技术的发展状况编写而成。

新媒体(New Media)的概念是1967年由美国哥伦比亚广播电视网(CBS)技术研究所所长戈尔德马克(P. Goldmark)率先提出的。新媒体是相对于传统媒体而言的,是在报刊、广播、电视等传统媒体以后发展起来的新的媒体形态,是利用计算机技术、数字技术、网络技术、移动通信技术,通过互联网、无线通信网、卫星等渠道以及计算机、手机、数字电视机等终端,向用户提供信息和娱乐服务的传播形态和媒体形态。

新媒体是一个相对的概念,是伴随着电子与计算机技术的发展而不断变化发展的。广播相对报纸是新媒体,电视相对广播是新媒体,网络相对电视是新媒体。通常所说的新媒体是指在计算机信息处理技术基础之上出现的媒体形态。随着互联网的普及与发展,今天的互联网延伸到了手机、移动电视、平板电脑等移动终端,以此为基础的数字阅读、即时通信、移动商务等成为潮流,正在改变人们的传统生活与工作方式。为此我们组织了多位相关专业教师在《多媒体技术与应用》的基础上编写了这本《新媒体技术与应用》。

本书内容主要包括:新媒体概述、数字通信技术基础、压缩编码技术、新媒体技术基础、新媒体素材制作、新媒体传输技术、新媒体内容检索、新媒体应用、新媒体安全等。本书由王中生任主编,陈国绍、马军平任副主编。本书第1章、第4～5章和第8章由王中生编写,第2章、第3章、第6章和第9章由陈国绍编写,第7章由马军平编写,全书由王中生、陈国绍进行统稿,本书电子课件由韩康和廉志超负责制作。

本书内容翔实,浅显易懂,图文并茂,在全面介绍理论知识的基础上注重实践应用。全书重点放在基础知识的讲授和基本操作技能的培养上,适合作为高等学校新闻传播及人文专业本、专科生和研究生教材使用,也适于经济、社会科学、媒体从业人员等作为工具书学习参考。

由于新媒体技术发展迅速,应用软件日新月异,加上该类教材指导性资料欠缺,目前教育部尚没有正规的指导性教学计划和教学大纲。再加上作者水平有限、时间仓促,书中不足和疏漏之处在所难免,恳请广大专家和读者批评指正。本书配有电子课件,联系邮箱:wzhsh1681@163.com。

编　者
2017年5月

目 录

第1章 新媒体概述 ··· 1
　1.1 媒体及新媒体 ··· 1
　　1.1.1 媒体与多媒体 ·· 1
　　1.1.2 新媒体的产生 ·· 3
　　1.1.3 新媒体的发展 ·· 3
　1.2 新媒体的特征与分类 ·· 4
　　1.2.1 新媒体概念的特点 ··· 4
　　1.2.2 新媒体的优势 ·· 5
　　1.2.3 新媒体构成要素 ·· 6
　　1.2.4 新媒体的分类 ·· 7
　1.3 新媒体的应用 ·· 10
　1.4 新媒体的发展与存在问题 ·· 13
　　1.4.1 新媒体发展方向 ·· 13
　　1.4.2 新媒体研究机构 ·· 15
　　1.4.3 新媒体发展存在的问题 ·· 16
　小结 ··· 17
　思考题 ·· 17

第2章 数字通信技术基础 ··· 19
　2.1 数字通信基础 ·· 19
　　2.1.1 通信及基本概念 ·· 19
　　2.1.2 通信的分类 ··· 22
　　2.1.3 信号的传输方式 ·· 24
　2.2 差错控制技术 ·· 25
　　2.2.1 差错产生原因与控制方法 ··· 25
　　2.2.2 差错控制编码 ·· 26
　2.3 数据通信方式 ·· 32
　　2.3.1 异步传输与同步传输 ·· 32
　　2.3.2 数据通信的主要技术指标 ··· 33
　2.4 数据交换方式 ·· 35

　　　　2.4.1　电路交换 …………………………………………………………… 35
　　　　2.4.2　报文交换 …………………………………………………………… 36
　　　　2.4.3　分组交换 …………………………………………………………… 36
　　2.5　信道复用技术 ……………………………………………………………… 38
　　　　2.5.1　频分复用 …………………………………………………………… 39
　　　　2.5.2　时分复用 …………………………………………………………… 40
　　　　2.5.3　码分复用 …………………………………………………………… 41
　　　　2.5.4　波分复用 …………………………………………………………… 41
　　小结 ………………………………………………………………………………… 42
　　思考题 ……………………………………………………………………………… 42

第 3 章　压缩编码技术 …………………………………………………………… 43

　　3.1　数据压缩的必要性与可能性 ……………………………………………… 43
　　　　3.1.1　新媒体数据的特点 ………………………………………………… 43
　　　　3.1.2　信息熵与信息压缩 ………………………………………………… 44
　　　　3.1.3　新媒体数据压缩的可能性 ………………………………………… 46
　　　　3.1.4　新媒体数据压缩的分类 …………………………………………… 47
　　3.2　压缩编码算法介绍 ………………………………………………………… 49
　　　　3.2.1　香农-范诺算法 ……………………………………………………… 49
　　　　3.2.2　哈夫曼编码算法 …………………………………………………… 51
　　　　3.2.3　其他常见的压缩算法 ……………………………………………… 52
　　3.3　数据压缩编码国际标准 …………………………………………………… 54
　　小结 ………………………………………………………………………………… 58
　　思考题 ……………………………………………………………………………… 59

第 4 章　新媒体技术基础 ………………………………………………………… 60

　　4.1　新媒体系统组成 …………………………………………………………… 60
　　　　4.1.1　计算机硬件系统组成 ……………………………………………… 60
　　　　4.1.2　多媒体计算机组成 ………………………………………………… 63
　　　　4.1.3　移动终端设备 ……………………………………………………… 64
　　　　4.1.4　移动操作系统 ……………………………………………………… 67
　　4.2　数字音频技术基础 ………………………………………………………… 69
　　　　4.2.1　声音与计算机音频处理 …………………………………………… 70
　　　　4.2.2　声卡的功能 ………………………………………………………… 71
　　　　4.2.3　声卡的组成 ………………………………………………………… 72
　　　　4.2.4　声音的压缩与合成 ………………………………………………… 73
　　　　4.2.5　声音文件格式与特点 ……………………………………………… 74
　　4.3　图形图像技术基础 ………………………………………………………… 75
　　　　4.3.1　图形和图像 ………………………………………………………… 75

4.3.2　图像的文件格式 ………………………………………………… 76
　　4.3.3　图像的获取方法 ………………………………………………… 77
　　4.3.4　图像技术基础 …………………………………………………… 79
　　4.3.5　图像的属性参数 ………………………………………………… 81
　　4.3.6　图像数字化过程 ………………………………………………… 82
4.4　视频技术基础 ……………………………………………………………… 83
　　4.4.1　新媒体视频 ……………………………………………………… 84
　　4.4.2　数字高清电视系统 ……………………………………………… 86
　　4.4.3　手机电视技术标准 ……………………………………………… 88
4.5　流媒体技术 ………………………………………………………………… 90
　　4.5.1　流媒体技术原理 ………………………………………………… 91
　　4.5.2　流媒体传输协议 ………………………………………………… 92
　　4.5.3　流式传输过程 …………………………………………………… 93
4.6　手机网页技术基础 ………………………………………………………… 93
　　4.6.1　手机网络技术 …………………………………………………… 94
　　4.6.2　电子阅读器技术 ………………………………………………… 96
小结 …………………………………………………………………………………… 97
思考题 ………………………………………………………………………………… 98

第5章　新媒体素材制作 …………………………………………………………… 99

5.1　手机网站制作 ……………………………………………………………… 99
　　5.1.1　手机网页制作工具 ……………………………………………… 99
　　5.1.2　HTML …………………………………………………………… 101
　　5.1.3　自适应网页设计 ………………………………………………… 102
5.2　手机音频编辑 ……………………………………………………………… 105
　　5.2.1　音频编辑软件介绍 ……………………………………………… 105
　　5.2.2　手机音频格式 …………………………………………………… 110
5.3　手机图片编辑处理 ………………………………………………………… 111
　　5.3.1　手机摄像头及图片格式 ………………………………………… 111
　　5.3.2　手机图像处理软件 ……………………………………………… 113
5.4　手机视频制作与播放 ……………………………………………………… 121
　　5.4.1　非线性编辑 ……………………………………………………… 121
　　5.4.2　手机视频格式 …………………………………………………… 122
　　5.4.3　视频编辑处理软件 ……………………………………………… 124
　　5.4.4　视频播放软件 …………………………………………………… 130
5.5　流媒体制作 ………………………………………………………………… 134
　　5.5.1　流媒体处理软件 ………………………………………………… 134
　　5.5.2　RealProducer Plus 11介绍 …………………………………… 135
小结 …………………………………………………………………………………… 139

思考题 ··· 139

第 6 章　新媒体传输技术 ·· 140

6.1　移动通信技术 ··· 140
6.1.1　第 1 代移动通信 1G ·· 140
6.1.2　移动通信发展阶段 ··· 141
6.2　移动电视传输技术 ·· 144
6.2.1　移动数字电视传输的方式 ·· 144
6.2.2　数字电视制式标准 ··· 145
6.2.3　IPTV 技术 ··· 147
6.3　手机与平板电脑 ··· 151
6.3.1　手机模式分类 ··· 152
6.3.2　手机模式与手机卡 ··· 152
6.3.3　智能手机 ··· 154
6.3.4　平板电脑与 iPad ·· 155
6.4　移动终端接入方式 ·· 159
6.4.1　移动上网设备 ··· 159
6.4.2　移动上网方式 ··· 160
6.5　P2P 技术 ·· 164
6.5.1　P2P 文件分发 ··· 164
6.5.2　P2P 流媒体直播 ··· 165
6.5.3　P2P 语音服务 Skype ·· 166
小结 ··· 167
思考题 ··· 167

第 7 章　新媒体内容检索 ·· 168

7.1　信息检索与搜索 ··· 168
7.1.1　信息检索 ··· 168
7.1.2　搜索与搜索引擎 ··· 170
7.2　全文检索、关键字检索 ·· 171
7.2.1　全文搜索引擎 ··· 172
7.2.2　目录索引 ··· 172
7.2.3　元搜索引擎 ··· 172
7.3　搜索工具介绍 ··· 173
7.4　信息检索数据库 ··· 177
7.4.1　国际知名检索库 ··· 177
7.4.2　国内知名检索库 ··· 184
小结 ··· 192

第 8 章 新媒体应用 193

8.1 社交媒体 193
8.1.1 微博 193
8.1.2 微信 196
8.1.3 博客 204
8.1.4 贴吧 204

8.2 网络电视 208

8.3 电子商务 213
8.3.1 电子商务分类 213
8.3.2 移动电子商务模式 214
8.3.3 电子商务的衍生 216
8.3.4 移动电子邮局 220

8.4 电子资源使用 223
8.4.1 电子阅览器 223
8.4.2 超星移动图书馆 226
8.4.3 期刊阅览 CAJ 228
8.4.4 PDF 阅览器 230

小结 232

第 9 章 新媒体安全 233

9.1 移动端病毒 233
9.1.1 手机病毒的特征与危害 233
9.1.2 移动端病毒的预防 235

9.2 移动端安全防护 236

小结 242

参考文献 243

第1章 新媒体概述

计算机技术的发展,为信息的传输开辟了新的途径,传统的电视、广播、报纸、期刊等媒体的传播方式发生了翻天覆地的变化。新媒体(New Media)是一个相对的概念,是传统媒体以后发展起来的新的媒体形态。新媒体是利用数字技术、网络技术,借助互联网(Internet)、局域网(Intarnet)、无线网络(Wi-Fi)、通信网、卫星传输等渠道,通过计算机、手机、数字电视机、数据接收等终端,向用户提供信息和娱乐服务的传播形态。

1.1 媒体及新媒体

媒体可以理解为人与人或人与外部世界进行信息沟通、交流的方式与方法,是信息传递的载体。根据国际电信联盟(International Telecommunication Union,ITU)关于媒体的定义,媒体包括以下5大类:感觉媒体、表示媒体、显示媒体、存储媒体和传输媒体,其核心是表示媒体,即信息的存在形式和表现形式,如日常生活中的报纸、电视、广播、广告、杂志等信息,借助于这些载体信息得以交流传播。

新媒体又称为网络媒体,是计算机技术支撑体系下出现的媒体形态,如数字杂志、数字报纸、数字广播、手机短信、移动电视、网络、桌面视窗、数字电视、数字电影、触摸媒体等。相对于电视、广播、报纸、杂志4大传统意义上的媒体,新媒体被形象地称为"第5媒体"。

1.1.1 媒体与多媒体

传播媒体,又称传媒、媒体或媒介,是传播信息资讯的载体,传播途径有纸类(报纸、杂志)、声类(电台广播)、视频类(电视、电影)和现代的网络类(计算机和手机媒体)。

传播媒体可分为以下几类。

第一类传媒,即人们面对面传递信息的媒介,主要指人类的口语,也包括表情、动作、眼神等身体语言。口语与体语实现了人与人之间最早的信息交流。

第二类传媒,包括绘画、文字、印刷和摄影等。在这种信息交流方式中,信息的接收者要靠感官接收信息,信息的发出者则开始使用一定的传播设施。

第三类传媒,无论是信息的发出者还是接收者,都必须借助传播设施。这类传媒包括电话、唱片、电影、广播、电视、计算机通信等。

1. 传统媒体的特点

传统媒体中,报纸信息是以文字传播为主,传播的信息采取单一的显示方式,对客观的信息内容需要做抽象的概括,难免与客观真实有所差距;受版面限制,新闻信息的容量有限,只能截取最有新闻价值的、迎合大多数人阅读取向的信息,因而缺乏个性化,不能全面满足受众的阅读需要;受出版时间的限制,报纸媒体的更新速度只能以"天"为单位,虽然可以以其他的方式补充重要的新闻信息,但在信息瞬息万变的今天,报纸的信息时效性和信息含量远落后于网络;发行量受数量和地域的限制,导致信息源有限和传播效果覆盖面有限;印刷的报纸存储烦琐,检索查询费时费力。

书籍、期刊也是以文字传播信息为主的媒体,其特点与报纸媒体具有相似的特点,而且出版周期更长,信息内容更新不能满足人们的需求。

广播新闻主要以声音传播为主,声音稍纵即逝,不易记忆和保存;在视觉上缺乏直观、生动的形象;听众只能按照电台的播出顺序收听,而且不能反复;电台发射的电波频率受天气、接收方位和其他电台相近频率的电波等条件的干扰,影响受众的收听效果。

电视媒体虽然具备了图文结合的特点,但表现形式仍不够丰富,电视系统虽然将"声、图、文"多种信息媒体集合,但电视节目的内容是事先安排好的,人们只能被动地接收播放的节目,而不能随意选择感兴趣的内容,这个过程是单方向的,而不是双向交互性的。在播出其他形式的电视节目时,即时的信息虽然可以以字幕的方式出现在屏幕的下方,但影响传播效果,而且以这种方式出现的信息往往不能满足人们对该信息更具体、更全面的要求;而且电视和广播一样,不能反复收看。

以上看到的传统媒体在信息传播的过程中都是单向的,不能接收信息反馈这一环节,人们只能被动地接收信息,缺少对信息发表意见的途径。

2. 多媒体计算机

1946年世界上出现第一台电子计算机,最初出现的计算机处理的信息往往仅限于字符和数字,处于计算机应用的初级阶段。由于人机之间的交互只能通过键盘和显示器,故交流信息的途径缺乏多样性。为了改善人机交互多样性,使计算机能够集声、文、图、像处理于一体,人类发明了有多媒体处理能力的计算机。

1985年出现了第一台多媒体计算机,其主要功能是可以把音频、视频、图形图像和计算机交互式控制结合起来,进行综合的处理。多媒体计算机一般由4个部分构成:多媒体硬件平台(包括计算机硬件、声像等多种媒体的输入输出设备和装置)、多媒体计算机操作系统(Multimedia Personal Computer Operating System,MPCOS)、图形用户接口(Graphical User Interface,GUI)和支持多媒体数据开发的应用工具软件。

多媒体计算机包括软件系统和硬件系统,一般来说,多媒体个人计算机(Multimedia Personal Computer,MPC)的基本硬件组成如下。

(1) 一个或多个功能强大、速度快的中央处理器(Central Processing Unit,CPU)。

(2) 可管理、控制各种接口与设备的配置。

(3) 具有一定容量(尽可能大)的存储空间。

(4) 高分辨率显示接口与设备。

(5) 可处理音响的接口与设备。

(6) 可处理图像的接口与设备。

(7) 具有可扩展的输入输出接口与设备。

硬件是各种媒体处理的场所。多媒体计算机还包括软件系统,包括支持多媒体功能的操作系统,各种硬件与接口的驱动程序,多媒体应用软件等。软件系统与硬件系统相互配合,完成对传统媒体图、形、声、文的处理,是媒体展示的重要方式。

1.1.2 新媒体的产生

随着移动互联网技术与应用的广泛深入与发展,为媒体素材的传播起到了重大的推进作用,借助网络进行媒体信息的传播,人们的视野得到进一步扩展,新媒体的概念由此诞生。

新媒体(New Media)的概念是 1967 年由美国哥伦比亚广播电视网(CBS)技术研究所所长戈尔德马克(P. Goldmark)率先提出的。

对于新媒体时代的界定,学者们众说纷纭,至今没有定论。一些传播学期刊上设有"新媒体"专栏,但所刊载文章的研究对象也不尽相同,有数字电视、移动电视、手机媒体、IPTV 等,还有一些学者把博客、播客、微信等也列入新媒体范畴。那么,到底什么是新媒体?

新媒体是相对于传统媒体而言的,是报刊、广播、电视等传统媒体以后发展起来的新的媒体形态,是利用数字技术、网络技术、移动技术,通过互联网、无线通信网、卫星等渠道以及计算机、手机、数字电视机等终端,向用户提供信息和娱乐服务的传播形态和媒体形态。严格来说,新媒体应该称为数字化媒体。清华大学的熊澄宇教授认为:"新媒体是一个不断变化的概念"。在今天网络基础上又有新的延伸与发展,无线移动终端的普及,将会不断出现其他新的媒体形态,因此与计算机技术相关的媒体制作与传输展示系统,都可以说是新媒体的研究对象与范畴。

新媒体以其内容形式丰富、交流互动性强、传播渠道广泛、覆盖率高、精准实时到达、性价比高、推广方便快捷等特点在现代传媒产业中占据越来越重要的位置。可以断言未来几年,中国新媒体产业的总体规模将保持快速的增长。

1.1.3 新媒体的发展

近年来,随着科技的飞速发展,新媒体越来越受到人们的关注,成为人们议论的热门话题。新媒体的发展经历了三个阶段:精英媒体、大众媒体和个人媒体。这三个阶段分别代表着传播发展的农业时代、工业时代和信息时代。

在互联网高速发展的今天,以个人为中心的新媒体已经从边缘走向主流。其中以博客为典型代表的新媒体时代已经到来。

新媒体是伴随着媒体发生和发展在不断变化的。广播相对报纸是新媒体,电视相对广播是新媒体,网络相对电视是新媒体。科学技术在发展,媒体形态也在发展,我们今天需要去关注在数字媒体之后的新媒体形态。

随着科技的飞速发展,新媒体越来越受到人们的关注。新媒体在业界的繁荣也使得学界对其研究进一步加强,很多专家分别从不同的角度对新媒体进行了探讨。

新媒体并非新兴或者新型的媒体的统称,新媒体应该有其相对准确的概念。新型的媒体或者新兴的媒体都是新媒体,是比较狭义的概念,而且这种概念不能满足新媒体发展的需求,更不利于行业的交流沟通。故而,业内经过对媒体的研究、大量市场数据分析,以及纵观业内对新媒体的认识看法,结合消费者的观点,总结出新媒体相对准确的定义。此定义,在一定调研基础上得出,非强加概念,希望供业内人士交流,等待市场的考验。同时声明此概念并非一刀切式的界定,希望这个概念能促进行业深层次交流的同时带动行业新发展。

新媒体是新的技术支撑体系下出现的媒体形态,如数字杂志、数字报纸、数字广播、手机短信、移动电视、网络、桌面视窗、数字电视、数字电影、触摸媒体、手机网络等。相对于电视、广播、报纸、杂志4大传统意义上的媒体,新媒体被形象地称为"第5媒体"。

关于新媒体的定义林林总总有十多种,而被划归为新媒体的介质也从新兴媒体的"网络媒体""手机媒体""互动电视",到新兴媒体的"车载移动电视""楼宇电视""户外高清视频"等不一而足。内涵与外延的混乱不清,边界与范畴的模糊不明,既反映出新媒体发展之快、变化之多,也说明关于新媒体的研究目前尚不成熟、不系统。在当前人们对新媒体没有一个清晰的、一致认可的定义的状况下,我们没有纠缠于概念、特征、类型等认知,而是从更为现实和务实的角度出发,抓住"数字技术、互联网技术、移动通信技术"等技术和"双向传播、用户创造内容"的传播方式两个指标,把新媒体限定为"传统网络媒体"和"移动媒体"两大类型,由此确定新媒体编辑的对象与框架。

媒体展示系统已经成为银行、星级酒店、智能大厦、学校、政府等公共场所必不可少的一个子系统,目前国内很多银行、星级酒店、智能大厦电梯口以及其他地方的广告液晶显示屏幕均采用单机数字存储播放模式,且所有发布的内容都由广告公司专业制作并发布,这样存在很多方面的弊端。采用新媒体,可以轻松地构建一个集中化、网络化、专业化、智能化、分众化的大型智能化大厦平台,提供功能强大的信息编辑、传输、发布和管理等专业媒体服务。

新媒体控制播放系统针对目前信息传播的需求,以前瞻性、拓展性、先进性、实用性为设计思路,采取集中控制、统一管理的方式将音视频信号、图片和滚动字幕等新媒体信息通过网络平台传输到显示终端,以高清数字信号播出,能够有效覆盖楼宇大堂、会议室、办公室、电梯间、会客区、电梯间、通道等人流密集场所。对于欢迎信息、会议导引、活动通知、产品特色介绍、天气预报、宣传资料、滚动字幕节目等即时信息可以做到立即发布,在第一时间将最新的资讯传递给受众,并根据不同区域和受众群体,做到分级分区管理,有针对性地发布信息。

在实际应用中也有一些不容易区分的概念,比如网络在中国的发展,已经渐渐影响了大多数人的生活,一定的时候网络是可以脱离新媒体概念而形成独立存在的媒体概念。但是网络中的具体一些新颖的媒体形式,或者新兴的一些因网络而产生的信息通道,也是可以成为新媒体的。比如腾讯,以及个人博客这些具体项目的创新也是新媒体的典范,而且形成了一定的效应。类似的概念再比如电视购物,虽然电视是传统媒体,但是电视购物作为新兴而且具备一定意义上理念的创新也具备相当的市场需求而产生,当属新媒体之列。

1.2 新媒体的特征与分类

1.2.1 新媒体概念的特点

在计算机领域中,媒体(Media)曾被广泛译作"介质",指的是信息的存储实体和传播实体。媒体在计算机科学中主要包含两层含义。其一是指信息的物理载体,如磁盘、光盘、磁带、卡片等;另一种含义是指信息的存在和表现形式,如文字、声音、图像、视频等。多媒体技术中所称的媒体是指后者,即多媒体技术不仅能处理文字、数据之类的信息媒体,而且还能处理声音、图形、图像等多种形式的信息载体。

新媒体是相对于传统媒体而言,是报刊、广播、电视等传统媒体以后发展起来的新的媒体形态,是利用数字技术、网络技术、移动技术,通过互联网、无线通信网、有线网络等渠道以及计算机、手机、数字电视机等终端,向用户提供信息和娱乐的传播形态和媒体形态。根据《New media: a critical introduction》一书中的观点,新媒体的主要特点如下。

1. 数字性

新媒体的数字化意味着媒介文本内容可以和物质载体相分离,数据信息可以压缩到很小的空间存放,可以用非常快的速度和非线性的方式进行处理,同传统的模拟格式媒体信息相比更易为人们所编辑和修改。

2. 交互性

新媒体可以在传播的过程当中,接受体和信息源产生互动,我们拿手机看视频、读新闻,可以发消息,直接进社区去讨论阅读过的新闻,它的交互性是传统媒体所不具备的。

新媒体对传媒业最大的影响是导致用户产生内容(User-Generated Content,UGC)兴趣,随之而改变的是传统意义上的"受众"地位的变化。

3. 超文本性

新媒体信息都是采用超链接的方式,将各种不同空间的文字信息组织在一起的网状文体。这些链接的信息在呈现之前是不可预知的,信息的存放地点对用户也是未知的,最大的特点是用户没有必要关心这些内容就可以充分完全地获得相关的信息。例如,数字图书馆、搜索引擎等。

4. 虚拟性

新媒体的虚拟性表现在可以模拟现实生活中的实体场景,可以在空间、环境、现实状况、身份等方面进行虚拟,给用户最真实的体验环境,最明显体现于电子游戏中,如体感游戏。

5. 网络化

生产和消费的网络化迎合了人们休闲娱乐时间碎片化的需求。由于工作与生活节奏的加快,人们的休闲时间呈现出碎片化倾向,新媒体正是迎合了这种需求而产生的。满足随时随地互动表达、娱乐与信息的需要。以互联网为标志的第四代媒体在传播的诉求方面走向个性表达与交流阶段。对于网络电视和手机电视而言,消费者同时也是生产者。

总之,新媒体使人们接收信息的目的性与选择的主动性更强,媒体的使用与内容选择更具个性化,导致市场细分更加充分。交互性与即时性,海量性与共享性,多媒体与超文本,个性化与社群化,使得新媒体焕发出勃勃的生机与活力,给人们的生活带来极大的便利。

1.2.2 新媒体的优势

新媒体新在哪里,首先必须有革新的一面,技术上革新,形式上革新,理念上革新。单纯形式上革新、技术上革新称为改良更合适,不足以证明其为新媒体。理念上革新是新媒体的定义的核心内容。从这个意义上说,"新媒体"必须具备以下几点。

1. 价值

就媒体本身的意义而言,媒体是具备价值的信息载体。载体具备一定的受众,具备信息传递的时间,具备传递的条件,以及具备传递受众的心理反应的空间条件。这些综合起来形成媒体的基本价值。这个载体本身具备价值,加之所传递信息本身的价值,共同完成媒体存在的价值。

近几年来由于媒体的发展,各类媒体风靡一时,但是经过市场考验留下来的却少之又少。部分因为没有深入调研媒体核心价值而盲目模仿别人的理念导致失败,或者是由于理念过于超前不能被市场认可,没有深度分析消费者形态而强加细分难以体现媒体的基本价值,或者基本价值与市场不协调等。

2. 原创性

新媒体应该具备基本的原创性。这里的原创性,区别于一般意义上个人或个别团体单独的原创性,应该是在一段特定的时间内时代所赋予的新的内容的创造,一种区别于前面时代所具备的内容上形式上理念上的更革新的一种创新,更具备广泛意义的创新。比如,分众传媒就是一种新媒体,具备原创性,它可以被称为原创是因为把原有的媒体形式嫁接到特定的空间上,形式上是嫁接,理念上却是原创。

当时兴起的分众传媒、聚众传媒、框架传媒等细分受众的媒体都是在媒体理念上具有一定意义的原创性。以及后起细分到社区的安康、细分到医院的炎黄、互力等媒体,虽然复制了分众的细分概念,也不失为理念上创新应用成功的典范。

3. 效应

效应是在一定环境下,因素和结果而形成的一种因果现象。新媒体必须具备形成特定效应的特性。或者说新媒体必须具备形成一种更新的效应的特性。新媒体必须具备影响特定时间内特定区域的人的视觉或听觉反映的因素,从而导致产生相应的结果。

互联网在20世纪80年代中期接入我国,属于一种新型的信息载体,而且形成了巨大的效应,在特定区域特定时间内几乎改变了人们的生活方式。这种效应必然产生特定的结果。由于这个效应的变化发展,不排除新媒体可以发展成为主流媒体的可能,也就是新媒体在一定的时机也可以脱离新媒体概念的限制。

4. 生命力

新媒体作为媒体而存在,必须有一定的生命力。有其存在期间的价值体现,而这个价值体现的长短,就是生命周期。由于近几年我国媒体的迅速发展,新媒体的发展日新月异,在各类细分性媒体细分思维的影响下,各种形式的创意嫁接层出不穷。但是就其形式并不能决定其存在的价值,要接受市场的考验。

公共汽车视频媒体、地铁视频、超市卖场视频,有媒体效应和媒体价值,在一定的时间范围内也具备一定的生命力,当属新媒体之列。至于个别企业能否长久发展,一是看其执行力,二是看企业的创新发展能力。

综上所述,这4个要素可以涵盖其理念上的革新、技术上的创新或者形式上的革新。至于是否运用高科技,不是决定其新旧的关键,更不能决定其在一定时间内存在的价值。

1.2.3 新媒体构成要素

无论如何定义新媒体,有一点是确定的,那就是相对旧的媒介形态,新媒介的形态是不断变化和延伸的。一般而言,新媒体的概念包含以下要素。

1. 存在基础

新媒体建立在数字技术和网络技术的基础上。新媒体主要是以计算机信息处理技术为基础,以互联网、卫星网络、移动通信等作为运作平台的媒体形态,它包括使用有线与无线信道的传送方式,比如光纤、同轴电缆、微波、蓝牙等。如果说传统媒体是工业时代的产物,那么新媒体就是信息时代的产物。

2. 呈现方式

新媒体在信息的呈现方式上是多媒体。新媒体的信息往往以声音、文字、图形、影像等复合形式呈现，可以进行宽媒体、跨时空的信息传播，还具有传统媒体无法比拟的互动性等特征。

3. 接触便捷

新媒体具有全天候和全覆盖的特征。受众接收新媒体信息，大多不受时间、地点场所的制约，受众可以随时通过新媒体在电子信息覆盖的地方接收地球上任何一个角落的信息。

4. 呈现内容新颖

新媒体在技术、运营、产品、服务等商业模式上具有创新性。新媒体不仅是技术平台，也是媒体机构。与传统媒体相比，变化的不仅是新媒体技术的运用，更有商业模式的创新。

在科技蓬勃发展的今天，国家间和国内交流日趋频繁，全球相互依赖性增强。更便捷的交通和通信缩短了世界的距离，利用信息通信技术进行的交流将更为迅速和广泛。从全球范围看，信息化已经成为时代发展的主流，世界各国纷纷把发展信息技术作为社会和经济发展的重大战略目标。科学和技术的进步与发展，在推动信息社会的发展方面发挥了越来越重要的作用。新媒体成为这个时代的宠儿，在它迅速发展的同时，它也越来越多地影响着我们的生活。

1.2.4 新媒体的分类

通过对媒体信息的本质进行分析，就可以找到媒体传递信息的基本元素。媒体的展示方式主要包括声音、图片、视频、影像、动画、文字等，它们都是新媒体的组成部分。

区别于传统的多媒体技术，根据媒体的表现形式，新媒体可以分为：互联网媒体、电视媒体、手机媒体。

1. 互联网媒体

1) 微信

互联网媒体是以 Internet 为基本传播载体的媒体形式，该类媒体借助互联网，传播速度更快，传播范围更广，成为新媒体中的主要力量，影响力更大。

近年来，我国互联网、移动通信网出现交融，腾讯通过微信等方式进军移动通信领域，抢夺电信运营商的传统通信市场份额。

2011 年腾讯微信一经推出即受到追捧，在短短几年时间里用户数量猛增，截至 2016 年 2 月，微信注册用户量已超过 6.9 亿人，月活跃用户 6.5 亿次，微信支付累计绑卡用户数超过两亿，汇聚公众账号超过 1000 万，公众号日提交超过 70 万群发消息，2016 年春节除夕当天微信红包收发总量 80.8 亿个，影响范围之大、之广超过以往任何一款媒体类别。

微信主要基于智能手机、iPad 等终端，通过网络快速发送短信、图片、视频，并且能够不受距离限制，在任何有网络信号覆盖的地方都可以进行语音通话；若使用 iPhone 等智能手机，还可支持实时视频聊天。这种短信、语音、视频通话，仅收取上网的流量费，不会产生其他费用。与国外沟通，可节省大量电话费。而从运营商提供的数据来看，微信采用文字交流平均每小时只产生 2.4KB 流量，支付的上网费用也很少。

微信基于互联网信息传递模式，具有及时、方便和价格优势，使得微信具有长远的市场前景。微信作为一种新的信息传播模式，除具有语音通信服务的优势外，还有一些无可替代的特点，使其成为新媒体未来的一个重要演进方向。不同于微博或QQ的以"和陌生人交流"开始，逐渐沉淀出一个固定的圈子，微信从熟人朋友关系切入，逐渐向陌生人的关系过渡，因而一开始就具有较为稳定的核心受众群体，并以朋友推荐的口碑营销模式快速推广。

2）博客

博客又称为网络日志，是一种由个人管理、不定期发表文章的网站。博客上的文章根据发表的时间，以倒序的方式由新到旧展示排列，多数博客以特有的研究对象开展评论或者提供热点新闻。

博客的内容多数以文本信息为主，在这些字符信息中可以加入适当的超级链接与评价对象进行文字、图像、视频或者其他博客、网站链接。

从2002年博客正式在中国兴起以来，学界对它的研究就没有中断过。博客的发展使得有的研究者对其充满了信心，有学者称"信息爆炸的互联网也的确需要具备信息收集、阐释、整理能力，同时提供个人想法的信息收集者，无论是否走向商业道路，无论是否代表个人或机构或政府组织，博客们有望成为公众的网络信息代言人。"

还有学者对博客传播进行分析，认为博客实现了多重的传播效果，"即横跨人内传播、人际传播和大众传播三种类型。"同时，还指出博客传者的传播动机与"外部环境的挤压、内心需求和经济利益的驱动"等几方面的因素有关。

从博客的传播模式及传播性质上来看，博客突破了传统的网络传播，实现了个体性与公共性的结合。博客的即时性、自主性、开放性和互动性为人们提供了一定程度的话语自主权。但事实上，博客世界里的自由同时也带了很多负面的东西，需要网民有自律的意识。

3）微博

微博（Weibo）是微型博客（MicroBlog）的简称，是博客的一种形式，它是通过关注机制分享简短实时信息的广播式社交网络平台。微博基于用户关系信息分享、传播以及获取信息的平台。用户可以通过 Web、移动 APP 等各种客户端组建个人社区，以140字（包括标点符号）的文字更新信息，并实现即时分享。

4）虚拟社区

社区是指进行一定的社会活动，具有某种互动关系和共同文化维系力的人类群体及其活动区域。从网络技术的角度来看，虚拟社区，又称为 BBS（Bulletin Board System，电子公告板）、论坛。

虚拟社区与现实社区一样，也包含一定的场所、一定的人群、相应的组织、社区成员参与和一些相同的兴趣、文化等特质。而最重要的一点是，虚拟社区与现实社区一样，提供各种交流信息的手段，如讨论、通信、聊天等，使社区居民得以互动。

虚拟社区又称为在线社区（Online Community）或电子社区（Electronic Community），作为社区在虚拟世界的对应物，虚拟社区为有着相同爱好、经历或专业相近业务相关的网络用户提供了一个聚会的场所，方便他们相互交流和分享经验。

虚拟社区具有4个特性：虚拟社区通过以计算机、移动电话等高科技通信技术为媒介的沟通得以存在，从而排除了现实社区；虚拟社区的互动具有群聚性，从而排除了两两互动的网络服务；社区成员身份固定，从而排除了由不固定的人群组成的网络公共聊天室；社区成员进入虚拟社区后，必须能感受到其他成员的存在。

5）播客

播客是一种新的广播模式。"播客"是 2005 年新闻传播学术期刊上的又一个让人们耳目一新的词汇。同 21 世纪初低调诞生的博客相比,播客似乎一问世就受到了人们的特别关注。通常指把那些自我录制广播节目并通过网络发布的人称为播客。

2005 年 8 月,上海还举办了中国首届播客大赛。对于"播客"的研究始终避免不了与"博客"的对比。有人认为,如果说博客是新一代的报纸,那么播客就是新一代的广播。

从传播学的角度来说,播客实现了从文字传播向音频、视频传播转化,增加了娱乐成分。播客还满足了人们自我表达、张扬个性的需求,同时还加强了媒介汇流与互动。并且,播客将来会从业余走向专业,从免费走向收费,免费与收费播客共存。

2. 电视媒体

1）数字电视

作为新媒体之一的数字电视同样在吸引着人们的眼球,可以预见,快速增长的数字电视用户将推动传媒产业价值链的快速发展,虽然要实现市场意义上的盈利仍需要一段时间的培育,但作为政府作用的体现,传媒产业政策的放开、数字电视产业政策的推进为传媒企业指明了发展道路,提供了新的发展平台。

2）IPTV

IPTV 即交互网络电视。一般是指通过互联网络,特别是宽带互联网络传播视频节目的服务形式。互动性是 IPTV 的重要特征之一。有人指出,IPTV 用户不再是被动的信息接收者,可以根据需要有选择地收看节目内容。

数字交互电视是集合了电视传输影视节目的传统优势和网络交互传播优势的新型电视媒体,它的发展给电视传播方式带来了革新。有学者指出,数字交互电视颠覆了电视观众的"受众"定位与电视传媒的"传者"定位,数字交互电视的互动传播,使传播者与接收者之间的位置不再是固定的,而是不断在互相共享的、移动的。数字交互电视的发展还使得大众传播研究的重心转移到了信息使用者身上。

3）移动电视

移动电视作为一种新兴媒体,它的迅速发展是人们所始料未及的,它具有覆盖广、反应迅速、移动性强的特点,除了传统媒体的宣传和欣赏功能外,还具备城市应急信息发布的功能。

对于公交移动电视来说,强迫收视是其最大的特点。有学者认为：公交移动电视的强制传播使得受众在公交车上,没有选择电视频道的余地。这种受众被动接收状态,无疑会降低公交移动电视的收视率,然而目前尚无良策改变这种状态。但也有人持相反的看法,他们提出：传播内容的强制性有利于拓展巨大的利润空间,移动电视正是抓住了受众在乘车、等候电梯等短暂的无聊空间进行强制性传播,使得消费者在别无选择时被它俘获,这对于某些预设好的内容（比如广告）来说,传播效果更佳。

3. 手机媒体

手机媒体,开创媒体新时代。如今的手机不仅是通信工具,还担当起了"第 5 媒体"的重任。对手机广播的研究不外乎政策支持和运营模式的探索,有学者就此分析了其典型的运行模式,并且提出在手机媒体产业链中,内容提供商、移动网络运营商和终端设备制造商之间,如何相互合作发展是非常关键的。

还有研究者则着重在手机媒体与传统媒体之间的广告互动上进行了一些探讨,认为无论从技术上还是政策上来看,手机媒体成为新广告媒介具有一定的可能性,并分析了手机媒体与传统媒体广告之间的互动形式和广告互动中存在的不足。

对于手机电视的发展趋势,有学者却认为,尽管新技术的狂热崇拜者及追随者们,坚信手机电视是新技术催生下的新生事物,但手机电视受到受众心理、内容和媒介繁荣的制约,因此手机电视是辅助媒介的主流,技术的指挥棒为人类指向的下一站,有可能是技术的高地,也有可能是技术的漩涡。

1.3 新媒体的应用

信息技术的快速发展和成熟,给新媒体应用的扩展提供了巨大的后续支撑。从门户网站到个性化网站,再到社交网站,从博客到微博、轻博客,再到如今势头强劲的微信和方兴未艾的微网,加之平板电脑、智能手机、电子书等移动终端的出现,新媒体应用越来越广泛,主要在以下几方面呈现出勃勃生机。

1. 在出版业中的应用

在人类创造出文字以后,便尝试着用各种方法使文字能够突破时间和空间的界限,保留在浩瀚的历史长河中,因而便出现了印刷行业。从雕版印刷术到活字印刷术,再到信息时代的到来,印刷业逐步告别了铅与火,迈向光与电,受众的知识程度也得到了空前的提高。

进入21世纪,科技使印刷业得到了如火如荼的发展,如今新媒体进入印刷出版业,传统的出版行业受到前所未有的挑战。以报刊为例,为了争夺读者,提高发行量,报纸与报纸之间,报纸与杂志之间,报纸与广播电视之间以及报纸与网络传媒之间的竞争将更为激烈。这种竞争是包括传播内容、传播模式、传播手段以及媒体的技术、人才、经营管理等方面的全方位竞争。

目前新媒体在出版业的主要表现如下。

1) 电子书

电子书是指将文字、图片、声音、影像等内容数字化的出版物植入或下载相关内容于存储和显示终端于一体的手持阅读器。区别于纸张为载体的传统出版物,电子书通过数码方式将信息记录在以光、电、磁为介质的设备中,借助于特定的设备来读取、复制和传输。

电子书与传统的出版物相比,具有以下的优点:获取与携带方便;通过网络下载,很小的电子设备就能有大量的阅读资料;易于检索与互动;电子书可全文检索,作者与读者能通过网络互动;个人订制;读者可根据需要订制电子书,使得个人出版成为可能;使用方便;可通过网络超链接获得更进一步信息。

2) 数字出版

大众传播领域不断发展,传统信息传播方式已经发生改变,新媒体传播方式快速抢占市场份额,互动成为数字出版产业快速发展的基础;数字技术在出版领域的应用越来越广泛,内容的编辑、制作、印刷复制、发行、传播和消费都与技术进步紧密相关。

数字出版是人类文化的数字化传承,它是建立在计算机技术、通信技术、网络技术、流媒体技术、存储技术、显示技术等高新技术基础上,融合并超越了传统出版内容而发展起来的新兴出版产业。数字化出版是在出版的整个过程中,将所有的信息以二进制代码的数字化形式存储于光盘、磁盘等介质中,信息的处理与接收则借助计算机或终端设备进行。它强调内容的数字化、生产模式和运作流程的数字化。

目前,数字出版主要包括数字报纸、电子图书、数字期刊、网络动漫、手机出版物等。数字出版已经深入人们生活的方方面面。

在纸媒时代,信息传递是单向的,而在新媒体时代,不仅是出版机构对用户传递信息,用户也可以反馈并在阅读的同时产生互动。在这个层面上来说,传统媒体必将更注重开发新的技术,造福于广大受众,也必然会加强与新媒体的融合。

随着印刷、出版行业与计算机、互联网、无线通信、电子商务等新技术的快速融合,出版的载体形式、技术手段、传播方式、营销方式、管理方式等正在发生革命性的变化,出版业进入了一个大变革、大调整、大发展的新时期,新媒体技术在出版领域达到广泛的应用。以互联网为代表的信息技术,具有传输快速、多维互动、海量存储、资源丰富、消耗小等优点。文学网站、手机报、网络出版发展迅速,这些出版形态脱离了纸张、油墨等实物载体,出版环节少、效率高,对传统出版业转型提供了发展的方向。

2. 在教育中的应用

新媒体在不断地迅猛发展和普及,新媒体与教育教学相结合已经势在必行,新媒体与教育事业相结合,对于转变传统教育思想和观念,促进教学模式、教学体系、教学内容和教育教学方法的改革,加速教育手段的现代化,改变传统教育的单调模式。

1)自主学习

使用新媒体技术进行远程教学辅导,具有方便、实用、高效等诸多优点。利用新媒体实施双向互动、实时全交互。通过计算机可对学生提问类型、人数、次数等进行统计分析,使教师了解学生在学习中遇到的疑点、难点和主要问题,更加有针对性地指导学生;还可以利用即时通信工具实现"网上答疑",学生在学习中遇到问题或疑问时,可以用 E-mail 发送给老师,等待老师的回复。对于大家提出的普遍性问题,教师可以将答复群发给多个接收者。此外,借助于 QQ 群、微信群可以将各种教学信息用附件形式传播,供教师与学生进行教学交流。同时学校还可以自建网络论坛,BBS 也可以作为答疑系统,根据学生提交的问题,进一步了解学生的学习情况并进行答疑。

2)教师培养,学生汲取

学生是学习的主体,运用新媒体、新技术进行教学,可让学生运用工具,学会对知识和信息进行检索,从而达到自主学习,使学生被动学知识为主动汲取知识。

3)自我提高

在利用新媒体提高自身能力方面,手机媒体有大量信息资源,手机学习类软件种类繁多,利用手机媒体查阅资料进行学习,对人们的学习生活大有裨益。智能手机的便携性、学习资源的丰富性,使得手机学习有很大的发展空间。有道翻译等手机软件不仅可以在线翻译不熟悉的英语单词,还提供英文美文、外媒文章,并配有汉语翻译,是学习英语的有用工具。人们可以通过知乎等应用增加自己的见识,通过各种知识性 APP 提高自身能力,随时随地学习自己想学的知识。也有很多健身 APP 能够让人们按照符合自己的方法更容易地锻炼身体。人们能够通过不同的 APP 提高自身的各方面素质。

总之,教师认识到新媒体、新技术在教育教学中的功能和作用,建立教育、教学信息资源库,大力整合网上资源,实现资源共享,自觉地在教育教学活动中有效地运用新媒体、新技术,从实际出发,加大新媒体、新技术在教育教学中的应用,探索规律,启发思维,提高教学质量,促进教学改革。

3. 在新闻传播中的应用

随着科学技术的快速发展,新媒体在广告传播中的应用逐渐增多,打破了传统媒体广告传播的时间和空间限制,通过互动的方式拉近受众与广告之间的关系,降低其抵触心理,更大程度上提升广告传播效果,包括手机广告、网络广告、新型电视广告等。

大众通过网络平台认识更多的朋友,再通过朋友的消息分享获知更多的新闻信息,自然而然地形成了新闻信息传播的循环流动。熟人或者陌生人可以在类似贴吧等平台根据相同的新闻话题、新闻兴趣进行凝聚、互动。同时,SNS 中的人际交往可信度较高,形同于当下很流行的微信朋友圈、微博等,多实行实名制,对受众的隐私也起到了保护作用。由于兼顾真实性、私密性、工具性,这种"网络社区"的建立速度非常快,随之,新闻传播的速度也非常快。

新媒体的发展有利于提升广告的创意,消费者已经厌倦了简单的说教演绎方式,传统媒体的广告传播方式已经不能引起广大消费者的兴趣。这就不仅需要现在的广告更富有创意,而且要求其能够满足不同的消费群体,着眼于消费者的个性化需求。而新媒体的快速发展,显示出了科技的飞速进步,为提升广告创意提供了有力的支持。创意是广告的灵魂,然而如果没有一个好的平台对广告进行推广,就无法体现创意的价值。因此,作为商业广告的发布随着科技的进步,带动了我国经济的快速发展,人们对于信息的需求量逐渐增大。广播、电视、报纸等传统的大众媒体已经不能满足人们的需求。而数字化时代的到来,为人们获得更多的资讯带来了便捷。无线通信和网络技术的不断完善,使得移动电视、手机、互联网、户外电子设施等为代表的新媒体,突破传统媒体的垄断地位,为人们的日常生活带来了极大的变革。大量的信息也使得人们开始追求个性化的符合自己的媒体信息,而目前的广告媒体对于广告的投放具有很大的盲目性,并不针对一定的消费群体,这使得广大消费者的需求得不到满足。而随着新媒体的日益普及,改变了传统媒体传播方式单一的缺陷。消费者可以通过自己的喜好,选择适合自己的信息,并且可以形成一定的互动。消费者不再是被动地接收信息,而是主动地参与信息的获取,可以实现信息的有效传达。

4. 在日常生活方面的应用

新媒体已经渗透到了人们的日常生活之中,从衣食住行到各种娱乐活动都离不开新媒体。人们通过手机 APP 看网络小说、玩游戏、逛论坛、社交聊天等日常活动,满足了人们的各方面的需求。

1) 社交方面

在社交方面,新媒体拉近了人与人的距离,应用软件的不断开发,使得人际交往形式多样化。QQ、微信、人人等即时通信 APP 让人们与亲友的联系更为便捷、紧密,加深了人们的情感交流。人际交往不再局限于面对面的交往,通过手机人们可以随时随地进行交流。QQ、微信等的语音、视频功能的开发甚至冲击了电信业务,APP 的语音功能取代了手机的拨打电话的通信功能,视频可以看到千里之外的朋友,只需要开通手机流量业务,手机媒体随时随地都能接收到网络信息。人际交往形式更加多元化,手机媒体缩短了人们之间的距离,拉近了人际关系。

2) 娱乐

新媒体为人们提供了丰富多彩的娱乐生活。在阅读方面,新媒体不同于传统的媒体,新媒体是将视频、音频、图像、文字等多种符号相互组合而成的信息,人们的阅读更加有趣、方便、直观,有了更丰富的感官享受。比如利用ONE、猫弄等阅读APP以及各种新闻阅读APP可以随时随地地选择自己感兴趣的信息进行阅读。信息的传播与接收也更加快速。与传统的媒体电视和广播相比,手机视频客户端能够使人们更加方便快捷地观看视频信息。并且手机的网络视频没有时间段的限制,可以随时查看,并可以参加讨论、跟帖,通过不同用户之间的交流,增强了交流能力。手机媒体还可以作为小巧的音频播放器,利用手机随时倾听。

3）网上购物

手机购物应用已经比较成熟,人们足不出户便可以通过淘宝、唯品会、聚美优品、京东、苏宁易购等APP来购买生活所需品,方便了人们的生活,有效节省了人们的时间,也有了更多更广泛的选择性。手机网络媒体出现之前,人们逛街需要花费大量的时间去选自己中意的商品,或者需要在有计算机的情况下进行购物。购物APP出现之后,通过手机互联网可以随时随地下单进行购物,不再受条件的限制。手机媒体等移动端也可以实现网络购票,比如学生坐在教室内就可以买到电影票,订购餐饮、KTV。通过去哪网、携程旅游、途牛等各种APP人们能够更快捷有效地进行旅游活动的安排,爱好旅游的朋友也可以通过APP进行交流,有效地增加了乐趣。

4）方便旅游

新媒体促进了旅游业的快速发展,携程网、去哪儿网、途牛旅游网等,近些年如雨后春笋,层出不穷。现在消费者可以通过手机终端就能实现确定旅游路线、订酒店、订火车票、订机票和购买旅游景点门票等服务,方便快捷,物美价廉。通过大数据的分析,可以实现对各景区旅游景点的分析,包括旅游目的地的选择、游客旅游偏好、旅游景点的营销方式等。新媒体技术的应用能更有针对性地开展商业活动,分析消费者心理和行为,使营销行为在大数据的支持下更加科学合理。

虽然新媒体的发展充满了挑战和诸多不确定因素,以及一些阶段性产生的风险,但是新媒体凭借其"移动性、互动性、便捷性、个人性"优势,将其自身的优势与其他媒体相结合,便有机会探索出适合该产业发展的新模式。新媒体要发挥在传统媒体上积累的经验,积极进入,在传统与创新之间寻找新的支点,逐渐完善流程的再造和资源的整合。

1.4 新媒体的发展与存在问题

互联网和移动增值服务作为新媒体最重要的两个领域,2007年以来得到了快速发展。2008年北京奥运会,新媒体首次作为奥运会独立传播机构与传统媒体一起被列入奥运会的传播体系。互联网等新媒体平台被正式纳入赛事转播渠道,充分表明新媒体作为一种新传播渠道的社会价值和商业价值。奥运的巨大商机推动了新媒体布局和发展,新媒体版权保护受到重视。

1.4.1 新媒体发展方向

新媒体技术的诞生使人们将平面媒体信息获取的枯燥性、延迟性、非互动性等不足的方面加以整合,运用数字技术、无线技术和互联网三方面改善了人们对于信息量冗杂以及信息质量残损的劣势,使得信息在保证量的基础上更加能使多个受众群体得到及时的沟通交流反馈,达到了市场、受众、市场反馈的良好循环模式,更大程度上地清除了信息的冗余。

新媒体的参与性非常强,不需要复杂的设备,也不需要太深的技术就可以实现自己制作新媒体的作品。在新媒体技术还未出现时,人们想通过简单的方式表达自己独创的想法有一定的困难,但当新媒体技术诞生后,只需要一台相机,一个剪辑软件,就可以完成一个新媒体的产物——定格动画。也可以通过手工的形式加上拍照技术,在剪辑软件上将其排序剪切再配上声音便是自己的数字微电影,让每个人体验当导演的乐趣。

2013—2015年,中国社会科学院新闻与传播研究所、社会科学文献出版社连续三年在北京联合发布了新媒体蓝皮书《中国新媒体发展报告(2013、2014、2015)》。该书概括了当前中国新媒体发展的6大态势,盘点了移动互联网、微信、微博客、大数据与云计算、社交媒体、三网融合、宽带中国、智慧城市与物联网、移动应用APP、OTT TV等十大热点,全面解析了中国新媒体的传播社会影响。报告提出,2012年以来,移动化和融合化成为中国新媒体发展与变革的主旋律。在移动互联网和网络融合大势的促推下,中国新媒体用户持续增长,普及程度进一步提高,新媒体应用不断推陈出新,产业日趋活跃,新媒体的社会化水平日益提升,频频引发热点。

《中国新媒体发展报告》认为,功能不断延展的新媒体与社会的融合在深化,成为"美丽中国"的积极建设力量。此外,报告对未来中国新媒体的发展进行了预测和展望,并提出了促进中国新媒体健康发展的相关建议。

新媒体主要在以下方向进行融合与发展。

1. 三网融合

三网融合带来的终端多元化将更加强化网络视频的价值。三网融合的一个重大影响是造成视频传输的渠道多元化。过去电视机是传播视频信息的主要载体,电视台只需要尽可能多地抓住电视观众的视线。随着三网融合的实施,受众可以通过有线网络、互联网、IPTV和手机等获得视频信息,传输终端由电视机逐步扩散到计算机、手机、户外屏和楼宇电视等,网络平台将成为这些视频传输渠道的主要内容载体,网络电视将成为视频传输的主流平台。

2. 网络电视

网络电视将成为广告行业增速最快的细分领域。随着中国网民规模的增长和互联网带宽的增加,网络视频(网络电视台、视频分享和P2P视频点播)的受众规模快速增长。根据CNNIC的统计,2009年我国网络视频网民规模达到2.4亿人,同比增加3844万人。与此同时,电视作为家庭娱乐中心的地位正在逐渐淡化。根据易观国际Enfodesk产业数据库的数据,78.3%的网络视频用户减少了观看传统电视的时间。

3. 推广渠道

新媒体较之传统媒体的优势,是能在很大程度上打破时空界限,一个新的产品的出现会迅速在互联网上得到传播,使传统口碑效应进一步扩散,用户对产品的体验,都会以快速的传播方式被无限放大。很多企业看中了此契机,纷纷转变向用户传达产品信息、品牌信息的形式,由报刊、杂志、电视等传统形式转变为经营自己的媒体,即网络、博客、播客、官网等。只有满足客户的需求,人们才会自觉自愿地以口碑传扬产品,分享的信息才能够迅速地传播,时效性大大增加。

1.4.2 新媒体研究机构

1. 河南发展促进会

河南省新媒体发展促进会是由大豫商网创办于2013年,是由河南省内有重要影响的纸媒、网媒以及移动传媒单位和媒体人组成的非盈利性、地方性、专业性的社会团体组织。河南省新媒体发展促进会联合河南省内外专家和高级研究人才团队,以严谨的科学研究为根基,用科学的方法研究,以正确的观点指导,不断激发新媒体行业生命力,切实推动该产业健康发展。新媒体研究院始终是开放的、保持最前沿水平的新媒体知识传播的基地和信息互动交流的平台。致力于创建并规划一个科学、完善的,具有河南省特色的新媒体学科体系;肩负着广泛传播前沿新媒体知识和行业经验,促进河南省新媒体行业友好交流、共同发展的重要使命。

2. 新媒体研究院

百视通新媒体研究院(BesTV Research Institute)是百视通设立的专门研究机构,2012年在上海宣布成立。作为广电新媒体领域的第一家研究机构,研究院承担着在国内的新媒体企业中进行新媒体应用、多媒体终端产品、用户行为与交互体验的研究与创新。

百视通作为国内领先的新媒体企业,业务已涉足包括IPTV、智能电视、移动互联网、互联网视频等新媒体领域,并成功上市,被称为广电新媒体"第一股"。经过短短几年的发展,积累了丰富的新媒体运营与服务的经验,研究院的成立将为百视通及整个新媒体产业链打造一个技术与应用的创新项目孵化器,加强技术创新推动新媒体业态快速发展。

3. 创意产业研究中心

北京大学创意产业研究中心新媒体研究室在2009年开办了中心主站,并进入运营。定位为搭建新媒体研究者、互联网使用者的互动、分享平台。除首页门户外,下设网站论坛BBS、网络社交平台、资料分享平台等版块,并积极促进与其他网站的交流合作,主、协办有关新媒体和创意产业相关的线上、线下交流与分享活动。该研究室当下正在进行着互联网和手机传播的多个研究项目。包括BBS、SNS、博客和手机;一直重视与国内外的新媒体研究者们分享和互动;已有若干研究成果与学界、业界分享,并组织多次与国内外的学界、业界的交流活动。

4. 新媒体研究院

IDMR(Institute of Digital Media Research of CUC)是专注于数字化、信息化和全球化背景下的新媒体综合发展研究的专业性科学研究机构。以"多媒体数字内容""移动媒体""数字电视"和"宽带互联网"为核心,持续开展深入的、体系化的新媒体理论研究、行业应用研究和产品创新研发工作。

新媒体研究院联合国内外专家和高级研究人才团队,用科学的方法研究新媒体,以正确的观点指导新媒体,不断激发新媒体行业生命力,切实推动新媒体产业健康发展。致力于创建并规划一个科学、完善的,具有中国特色的新媒体学科体系;肩负着广泛传播前沿新媒体知识和行业经验,促进全球新媒体行业友好交流、共同发展的重要使命。

5. 中国传媒大学手机电视台

中国传媒大学手机电视台于2009年4月经学校批准正式成立,是全球首家由高等学府设立的手机电视台。电视台隶属中国传媒大学新媒体研究院,是中国传媒大学专注于开展

（广播式、移动通信式、无线互联网式）手机电视领域教学实训、科研、对外交流与合作的专门机构。电视台下设"专家委员会"和"运行中心"两大主要职能板块。一期建设工程已全面启动。

中国传媒大学网络电视台隶属于新媒体研究院，已启动一期建设工程。并已建设成为能够支持网络视频点播、直播、轮播等媒体播放功能及视频博客等互动功能的，基于宽带互联网的"中国传媒大学网络电视台"。网络电视台将服务于中国传媒大学学生的教学、实验、训练等需求，打造体现学术前瞻性与专业领先性的产学研究平台。

1.4.3 新媒体发展存在的问题

1. 新媒体所存在的问题

新媒体在人们的社会生活中确实扮演着越来越重要的角色，但同时它也暴露出诸多问题，主要表现如下。

1) 低俗虚假信息泛滥

新媒体发展的最直观的现象是信息量的爆发式增长。新媒体的增长速度使得信息良莠难辨，一些不良信息严重危害未成年人的身心健康。而一些网络谣言的制造者为了引起关注则制造虚假新闻。有些不法分子利用网络的快捷传播与迅速扩散，造谣传谣形成所谓影响力，误导民众判断。

2) 不良信息给人们造成视觉困扰

一些商家为了追求眼前利益，无视法规法纪，向网络中大量投放、传播不良信息和广告。广告的大量投放，侵害了人们的公共空间，给人们造成了"视觉污染"。可以看出，在新媒体的管理中，法规制度还不够完善，导致市场经营秩序混乱。

3) 网络平台使公民隐私难以维护

网络是一个言论相对自由的平台，人们在畅所欲言的同时也很容易形成网络暴力，利用网络平台向特定对象发起舆论攻击，造成对被攻击对象人身、名誉、财产等权益损害的行为。例如，"人肉搜索"成为一些人泄愤的途径，公民的隐私权变得难以维护。

4) 网络制度尚未完善，出现侵权抄袭现象

由于网络上信息流通量大，审核能力有限，而且在这个虚拟平台上通过网民的注册账号很难追查到本人，使得版权变得十分困难。往往只需要注册一个账号便可以任意复制、抄袭他人的言论。

5) 政府监督困难，网络公信力有所欠缺

现今，政府对于网络舆情的监督引导难度较大，仍然缺乏对于网络等新媒体的监督力与审核力，一些希望借助谣言来博得眼球的网络媒体便不顾职业道德，大量散布谣言假新闻，造成了网络信息真假难辨，网络缺失公信力的局面。

2. 新媒体存在问题的解决对策

新媒体在便捷的同时也在带来言论失控的可能。因此，针对上述几个问题，有以下几种解决措施。

1) 社会监督控制，健全信息审核平台

信息审核是筛选网络信息是否适合传播的第一道门槛，所以应该将不良信息扼杀在初始阶段。由于受众是网络信息的直接接收者，是网络低俗虚假信息的第一受害人，因此，受

众具有对媒介活动进行监督的正当权利和义务。受众可以通过个人信息反馈等手段将信息反馈给审核平台,来制约网络虚假信息的进一步传播和发展。

2) 完善法律法规,制定良好的网络秩序

目前关于网络规范方面的法律法规还相对较少,在网络大面积普及的情况下还存在许多有待完善的法律条款。因此,应加快推进网络立法建设,依法治网,建立健全网络规范与监督制约措施。使民众在享受自由的同时也可以更好地履行自己的义务。并在此基础之上,逐步形成规范的网络秩序,以保证网络的健康发展。

3) 增强媒体的公信力度,提高新闻传播正能量

媒体的"公信力"来自于媒体人的自律与其对于职业道德的坚守,作为一个媒体人,其最基本的职业操守便是在正义与利益面前,坚守媒体从业者客观公正的态度,也只有这样,才能获得公众的信赖。在从事新闻工作时,客观负责的评论,积极传播正能量,这是网络媒体的责任与义务。

4) 提高网民素质,实行网络实名制

在网络普及的同时,也应该注重培养网民的思考与辨别能力,使网民具备对事件的基本的判断辨别能力,正确对待真实客观的负面信息报道,以避免将谣言信以为真而产生情绪激化或者扩大传播。

5) 加大国家政府的监管力度,引导舆论向正确方向发展

国家与政府作为信息的管理者,在解决新媒体存在的问题上也居于主导地位。国家和政府对于新媒体发展应当重视和关注,将对新媒体存在问题的解决与舆论的正确引导有着重要的指导作用,面对复杂的网络环境,只有国家和政府站出来指导舆论方向,切实加强网上正面宣传,才能有效解决问题。

小　　结

本章主要介绍了新媒体的基本概念,新媒体的特征与分类,新媒体的应用及发展方向。作为一种新的媒体工具给人们接收信息带来了极大的方便,人们可以充分利用碎片化的时间进行学习和娱乐,与传统纸质媒体、广播、电视媒体的区别主要体现在传播的内容、传播的速度、传播的方式等改变,与传统的多媒体比较主要是传播的途径和媒体呈现的方式。在新媒体技术与应用中,智能手机成为新媒体展现的主要设备,移动终端彻底改变了传统的信息接收形式,使得人们可以随时随地接收和传播信息,新媒体的应用成为 21 世纪最显著的特点。

思 考 题

1. 简述新媒体的概念,新媒体具有哪些特点?
2. 新媒体在印刷出版方面有哪些应用?
3. 新媒体在教育教学方面有哪些应用?
4. 新媒体在日常生活中有哪些应用?

5. 新媒体的分类主要有哪些？
6. 根据《中国新媒体发展报告》，新媒体发展的方向是什么？
7. 根据《中国新媒体发展报告》，新媒体发展存在的问题是什么？解决的方案有哪些？
8. 新媒体怎样改变了人们的生活？
9. 中国目前的新媒体研究机构有哪些？

第 2 章　数字通信技术基础

随着人类社会跨入信息化时代,通信的作用越来越重要,因为信息化离不开信息的传输,在各种各样的通信方式中,利用电信号(包括光信号)来传递消息的通信方法称为电信。由于这种通信方式具有迅速、准确的特点,并且基本上不受时间、地点、空间、距离的限制,所以获得了飞速的发展和广泛的应用。在现代社会中,由于电信是最重要的通信方式,所以"通信"与"电信"几乎是等同的,本章主要介绍通信技术的基本概念、基础知识及主要性能指标,它们是新媒体技术产生与发展的基础。

2.1　数字通信基础

2.1.1　通信及基本概念

在人类历史发展的过程中,人类的各种活动都与通信密切相关,古代的"烽火台"、航海的"旗语"、战争年代的"消息树"以及现在仍使用的"信号灯"等都是通过不同的方式来传递消息,都属于通信的范畴。随着科学技术的发展,通信已经渗透社会生活的各个领域,通信产品随处可见。通信的技术水平已经成为衡量一个国家、一个地区现代化程度的标志,通信对社会的发展、各种活动以及人们的日常生活起到越来越重要的作用。

1. 通信

从广义的角度讲,把消息有效地从一个地方传向另一个地方(或多地)的过程称为通信。例如两人在一起聊天,是通过声音来传递消息的,聋哑人之间的"手语",是通过手势来传递消息的,这些过程都是通信,只不过通信距离较短;而打电话、发电子邮件,则分别是通过电话系统和计算机网络来传递消息的,通信距离可以很长。

自19世纪末人们开始利用电信号来传递消息以来,电信这种通信方法得到了深入的研究和飞速的发展,形成了一整套完备的理论、技术及相应的设备。电信成为目前重要的通信手段(尤其是远距离通信),以至于在现代自然科学和工程技术领域,"通信"与"电信"几乎是同义词。所以,从狭义的角度讲,通信的定义可以表述为:利用电磁技术、电子技术、光电技术等手段,借助电信号或光信号实现从一地向另一地(或多地)进行消息的有效传递和交换的过程。

通信的实质就是实现信息的有效传递,它不仅要将有用的信息进行无失真、高效率地传输,而且还要在传输的过程中减少或消除无用信息和有害信息。现代的通信技术除了能够进行信息的有效传递,还能够实现采集、存储、处理、显示等多种功能,使通信技术成为信息科学技术的一个重要组成部分。

2. 信息与数据

信息(Information)是客观事物属性和相互联系特性的表征,它反映了客观事物的存在形式和运动状态。信息是被传送的内容,信息的常见形式有符号、文字、语言、音乐、图形和图像等。计算机及其外围设备产生和交换的信息都是由二进制编码表示的字母、数字或控制符号的组合。为了传送信息,必须将信息中所包含的每一个字符进行编码。因此,用多位二进制数来表示信息中的每一个基本单元就是编码,目前计算机中最常用的英文二进制编码为美国标准信息交换码 ASCII 码(American Standard Code for Information Interchange)。

数据(Data)一般可以理解为"信息的数字化形式"。在计算机网络系统中,数据通常被广义地理解为在网络中存储、处理和传输的二进制数字编码。数据是定义为有意义的实体,是表征事物的形式,例如文字、声音和图像等。

3. 信号

信号(Signal)是携带信息的载体。在通信系统中常常使用的电信号、电磁信号、光信号、载波信号、脉冲信号、调制信号等术语就是指携带某种信息的具有不同形式或特性的载体。信号是数据的电磁或电子编码,信号在通信系统中可分为模拟信号和数字信号,模拟信号是指一种连续变化的电信号,例如,电话线上传送的按照话音强弱幅度连续变化的电波信号,如图 2.1 所示。数字信号是指一种离散变化的电信号,例如,计算机产生的电信号就是"0"和"1"的电压脉冲序列串,如图 2.2 所示。

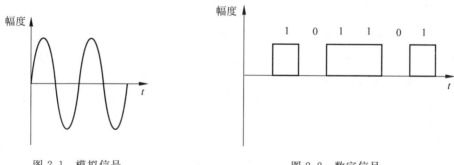

图 2.1　模拟信号　　　　　　　　图 2.2　数字信号

信息、数据、信号与通信之间的关系是:数据仅涉及事物的表示形式,而信息则涉及这些数据的内容和解释,信号是携带信息的数据的载体,通信则是信号的传输过程。计算机系统关心的是信息用什么样的编码体制表示出来,例如,如何用 ASCII 表示字符、符号、数字等;而对于数据通信系统来说,它关心的是数据的表示方法,例如,如何将各类信息的二进制比特序列通过传输介质,在各种设备之间进行传递。

4. 模拟信号与数字信号

模拟信号是指用连续变化的物理量表达信息,如温度、湿度、压力、长度、电流、电压等,我们通常又把模拟信号称为连续信号,它在一定的时间范围内可以有无限多个不同的取值。而数字信号是指在取值上是离散的、不连续的信号。

模拟信号在传输过程中,信号由于噪声的干扰和能量的损失总会发生畸变和衰减。在模拟传输中,每隔一定的距离就要通过放大器来放大信号的强度,但在放大信号强度的同时也放大了噪声,引起信号失真。随着传输距离的增大,多级放大器的串联会引起失真的叠加,从而使信号的失真越来越大。

数字信号指自变量是离散的、因变量也是离散的信号,这种信号的自变量用整数表示,因变量用有限数字中的一个数字来表示。在计算机中,数字信号的大小常用有限位的二进制数表示,例如,字长为 2 位的二进制数可表示 4 种大小的数字信号,分别是 00、01、10 和 11;若信号的变化范围在-1~1,则这 4 个二进制数可表示 4 段数字范围,即[-1,-0.5)、[-0.5,0)、[0,0.5)和[0.5,1]。

模拟信号转换为数字信号需要三个步骤:抽样(采样)、量化和编码。抽样(采样)是指每隔一定时间的信号序列来代替原时间上连续的信号,也就是在时间上将模拟信号离散化。量化是用有限个幅度值近似原来连续变化的幅度值,把模拟信号的连续幅度变为有限数量的有一定间隔的离散值。编码则是按照一定的规律,把量化后的值用二进制数字表示,然后转换成二值或多值的数字信号流。

模拟信号转换为数字信号后就可以通过电缆、微波干线、卫星通道等数字线路传输。在接收端则与上述模拟信号数字化过程相反,再经过后置滤波又恢复成原来的模拟信号。

相对于模拟传输而言,数字通信具有如下优点。

1) 抗干扰能力强

数字信号在传输过程中除了会衰减外,也会发生失真。但是在数字传输中,一般每隔一定距离不是采用放大器来放大衰减和失真的信号,而是采用转发器来代替。转发器可以通过阈值判别等手段,识别并恢复其原来的 0 和 1 变化的模式,并重新产生一个新的完全消除了衰减和畸变的信号传输出去。这样多级的转发不会累积噪声引起的失真。

2) 通信的可靠性高

数字信号可以在发送端的源数据中编入一定长度的冗余码,通过差错控制技术检测传输数据是否出错,并可以在一定程度上纠正错误。

3) 信息安全度高

由于在数字信号中容易实现各种加密算法,从而保证数据不被盗窃、篡改。

4) 传输距离长

长距离传输中,作为中继的转发器也是首先识别出数字数据的内容,而后重新生成一个新的已消除了衰减与失真的模拟信号重新传输出去。因此,在长距离传输中,数字传输技术逐步取代模拟传输技术是必然趋势。

5. 信道

信道是信号传输的通道,包括通信设备和传输介质。一般来说,一条通信线路至少包含两条信道,一条用于发送的信道,一条用于接收的信道。信道可以按不同的方法分类。信道按传输媒介可以分为有线信道和无线信道;按传输信号类型可以分为模拟信道和数字信道;按使用权可以分为专用信道和公用信道等。对于不同的信道,其特性和使用方法也不同。目前,常用的传输媒介可以是有线媒介(如同轴电缆、双绞线、光纤等)或无线媒介(如微波、扩频无线电、红外线、激光等)。

6. 基带信号与载波信号

基带信号是直接在信道中传送,未经调制的信号,如音频电话。

在远程传输过程中,特别是通过无线信道或光信道进行的数据传输过程中,将由编码表示的数字基带信号,通过高频调制后在信道中进行传输,此信号称为载波信号。这种传输载波信号的方式叫作频带传输。

7. 基带传输与载波传输

数字信号以原来的 0 和 1 的形式直接在通道中传输,就被称为"基带传输"。在某些有线信道中,特别是传输距离不太远的情况下,数字基带信号可以直接传送,我们称为数字信号的基带传输。而在另外一些信道,特别是无线信道和光信道中,数字基带信号则必须经过调制,将不同的信号频谱搬移到不同频段传输。我们把这种传输称为数字信号的调制传输(或载波传输)。

8. 带宽

带宽(Bandwidth)最初是在模拟信道中用来表示信道传输信息的能力。带宽即信道能够传输信号的最高频率与最低频率之差,即信号的频谱范围。带宽的单位是 Hz,但在数字传输信道中,通常用作描述信道的容量,单位是 b/s。信道的带宽是由传输媒介和有关的附加设备以及电路的频率特性综合决定的。理论分析表明,模拟信道的带宽或信噪比越大,信道的极限传输速率也越高。这也是为什么在计算机网络中总是努力提高通信信道带宽的原因。

2.1.2 通信的分类

通信的分类从不同的角度考虑有不同的分法,下面介绍几种较常用的分类方法。

1. 按传输媒质

按消息传递时传输媒质的不同,通信可分为有线通信和无线通信。

有线通信是指传输媒质是用固态物质制成的导线(如电线、电缆、光缆、波导等),承载消息的电信号(光信号)沿着导线由一端传向另一端,其特点是传输媒质能看得见、摸得着;无线通信是指传输消息的两地之间没有任何固态物质制成的导线连接,传输媒质为自由空间的通信。

通常有线通信按照传输导线的不同可进一步分为明线通信、电缆通信、光缆通信等。无线通信按照各自的特点也可分为短波通信、超短波通信、微波通信、移动通信、卫星通信等多种形式。

2. 按传输信号的形式

按照承载消息的电信号的形式不同,通信可分为模拟通信和数字通信。

模拟通信是指以模拟信号来传输消息的通信方式。当信号的某一参数量(如时间连续波的振幅、频率、相位,脉冲波的振幅、宽度、位置等)可以取无限多个数值,且直接与消息相对应时,称为模拟信号。模拟信号有时也称连续信号,这里的连续是指信号的某一参数可以连续变化(即可以取无限多个值),而不是指信号波形在时间上一定连续,例如,脉冲幅度调制(Pulse Amplitude Modulation,PAM)信号在幅度上的取值连续(可以取无限多个值),而信号波形在时间上不连续,但它仍是模拟信号。对于信号参数量连续变化、信号波形在时间上也连续变化的信号,当然也是模拟信号,如强弱连续变化的语言信号、亮度连续变化的电视图像信号等都是模拟信号。

数字通信是指把模拟消息经数字化处理再传送的通信方式。当信号的某一参数量(如时间连续波的振幅、频率、相位,脉冲波的振幅、宽度、位置等)只能取有限个数值,且常常不直接与消息相对应时,称为数字信号。数字信号有时也称离散信号,这里的离散是指信号的某一参数不是连续变化(即只能取有限多个值),而不是指信号波形在时间上一定不连续。

对于信号参数量是离散的、信号波形在时间上也是离散的信号,当然也是数字信号,例如脉冲编码调制(Pulse Code Modulation,PCM)信号在幅度上的取值离散(只能取有限多个值),信号波形在时间上不连续(也是离散的),它当然是数字信号。

3. 按工作频段

按照传输信号的电磁波工作频率不同,通信可分为长波通信、中波通信、短波通信、微波通信、光波(如红外线、激光等)通信等。表 2.1 给出了通信频段的划分及用途。

表 2.1　通信使用的频段及主要用途

频率范围(f)	波长(λ)	名　　称	常用传输媒介	用　　途
3Hz~30kHz	10^5~10^4 m	甚低频 VLF	有线 长波无线电	音频、电话、数据终端、长距离导航、时标
30~300kHz	10^4~10^3 m	低频 LF	有线 长波无线电	导航、信标、电力线通信
300kHz~3MHz	10^3~10^2 m	中频 MF	同轴电缆 中波无线电	调幅广播、移动陆地通信
3~30MHz	10^2~10m	高频 HF	同轴电缆 短波无线电	移动无线电话、短波广播、定点军用通信、业余无线电
30~300MHz	10~1m	甚高频 VHF	同轴电缆 米波无线电	电视、调频广播、空中管制、车辆通信、导航、集群通信、无线传呼
300MHz~3GHz	100~10cm	特高频 UHF	波导 分米波无线电	电视、空间遥控、雷达导航、点对点通信、移动通信
3~30GHz	10~1cm	超高频 SHF	波导 厘米波无线电	微波接力、卫星和空间通信、雷达
30~300GHz	10~1mm	极高频 EHF	波导 毫米波无线电	雷达、微波接力、射电天文学
10^5~10^8 GHz	3×10^{-4}~3×10^{-6} cm	紫外线、可见光、红外线	光纤 激光空间传播	光通信

通信信号的频率和波长可互换,公式为:

$$\lambda = C/f \tag{2-1}$$

式中,λ 为信号波长;f 为信号频率;C 为电磁波在自由空间中的传播速度,通常 $C=3\times 10^8$ m/s。

4. 按工作方式

按照信号传输的方向和时间不同,通信可分为单工通信、半双工通信和全双工通信。

单工通信是指通信的一端只有发信设备、只能发送信号,另一端只有接收设备、只能接收信号,只有一个单向传输信道,只能单向传输消息的一种工作方式。广播电视、无线寻呼、遥测遥控等都属于单工通信。

半双工通信是指通信的双方都有收、发信息设备,都能收、发信号,有一个双向传输信道,通过转换开关可以双向传输消息,但不能同时进行的一种工作方式。对讲机、收发报机等属于半双工通信。

全双工通信是指通信双方都有收、发信设备,都能收、发信号,有一个由两个单向传输信道组成的双向传输信道,能够同时双向传输消息的一种工作方式。由于通信的双方能够同时进行收发消息,所以全双工通信的信道必须是双向信道。固定电话、移动电话等属于全双工通信。

5. 按通信的内容

按照传输的内容不同,通信可分为语音通信、图像通信和多媒体通信。

语音通信是指传输的内容为声音(语音、音乐),如广播、电话等。图像通信是指传输的内容为图像(图片、动画、符号、文字等),如传真机、无线寻呼、空间遥测等。多媒体通信是指传输的内容不仅有声音还有图像,如电视、可视电话、远程教育等。

6. 按占用的带宽

按照传输信号占用的信道带宽不同,通信可分为窄带通信和宽带通信。

窄带通信是指所传输的信号占用信道的带宽比较窄,例如电话中一路话音信号的带宽为4kHz,所占用信道的带宽比较窄,属于窄带通信。宽带通信是指所传输的信号占用信道的带宽比较宽,例如图像通信(信号带宽为几兆赫兹)和多媒体通信(信号带宽为几十兆赫兹)。

7. 按通信对象的位置

按照通信对象的位置是否变动,通信可分为固定通信和移动通信。

固定通信是指通信的双方都处于静止状态。移动通信是指通信的双方至少有一方处于移动状态。由于移动通信具有建网快、投资少、机动灵活、使用方便等特点,使用户能随时随地快速可靠地进行信息传递,所以移动通信近年来得到了飞速发展,成为现代通信的三大支柱之一。

除此之外,通信还有其他一些分类方法,如按多地址方式可分为频分多址通信、时分多址通信、码分多址通信等,按用户类型可分为公用通信和专用通信等。

2.1.3 信号的传输方式

1. 电缆通信

电缆通信是最早的通信手段,在通信中占有突出地位。在光纤通信和移动通信发展之前,电话、传真、电报等各用户终端与交换机的连接全靠电缆。电缆曾是通信的主要手段,大西洋、太平洋均有大容量的越洋电缆。近年来,由于光纤通信的发展,电缆已经逐渐被光缆所取代。

2. 微波中继通信

微波通信开始于20世纪60年代,它弥补了电缆通信的缺点,可到达电缆无法敷设的地区,且容易架设,建设周期短,投资也低于同轴电缆。微波通信是美、俄、日等国内长途电话和电视节目的主要传输手段。

随着数字通信的发展,数字微波成为微波中继通信的主要发展方向。我国现有的微波中继通信线路3/5用于通信,2/5用于广播电视节目传送。尽管微波通信面临光纤通信的严重挑战,但仍将是长途通信的一个重要传输手段。

3. 光纤通信

光纤通信具有容量大、成本低的优点,抗电磁干扰强,与同轴电缆相比可以大量节省金属资源。因此,自1977年世界上第一个光纤通信系统在芝加哥投入运行以来,光纤通信发展极为迅速,新器件、新工艺、新技术不断涌现,性能日臻完善。世界各国广泛采用光纤通信,中国海底光缆于20世纪80年代开始铺设使用。目前光缆容量远远超出电缆通信容量,成为主要的通信介质。

光纤通信的主要发展方向是单模长波长光纤通信、大容量数字传输技术和相干光通信。

4. 卫星通信

卫星通信的特点是通信距离远,覆盖面积大,不受地形条件限制,传输容量大,建设周期短,可靠性高。自1965年第一颗国际通信卫星投入商用以来,卫星通信得到迅速发展。目前,卫星通信的使用范围已遍及全球,仅国际卫星通信组织就拥有数十万条话路,80%的洲际通信业务和100%的远距离电视传输业务均采用卫星通信,卫星通信已成为国际通信的主要传输手段。

5. 移动通信

移动通信是现代通信中发展最为迅速的一种通信手段,它是随着汽车、飞机、轮船、火车等交通工具的发展而同步发展起来的。近十年来,在微电子技术和计算机技术的推动下,移动通信从过去简单的无线对讲或广播方式发展成为一个有线、无线融为一体,固定、移动互联互通的通信系统。

2.2 差错控制技术

数据从发送端以某种特定的信号形式在信道上传输,当到达接收端后,接收端如何判断所接收的数据是否正确?数据在传输过程中由于受到各种各样的影响,例如:噪声脉冲、脉动噪声、衰减、延迟失真、电磁干扰、工业噪声等,因此必须保证接收端数据的正确率。本节将介绍数据在传输过程中产生差错的原因,以及进行差错控制的常用方法和技术。

2.2.1 差错产生原因与控制方法

1. 差错产生原因

信号在物理信道中传输时,线路本身电器特性造成的随机噪声、信号幅度的衰减、频率和相位的畸变、电器信号在线路上产生反射造成的回音效应、相邻线路间的串扰以及各种外界因素(如大气中的闪电、开关的跳火、外界强电流磁场的变化、电源的波动等)都会造成信号的失真。在数据通信中,将会使接收端收到的二进制数位和发送端实际发送的二进制数位不一致,从而造成由"0"变成"1"或由"1"变成"0"的差错。噪声对数据传输的影响如图2.3所示。

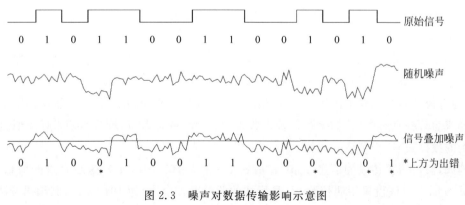

图 2.3 噪声对数据传输影响示意图

传输中的差错部分由噪声引起。噪声有两大类,一类是信道固有的、持续存在的随机热噪声;另一类是由外界特定的短暂原因所造成的冲击噪声。热噪声引起的差错称为随机差错,所引起某位数据的差错是孤立的,与前后比特没有关系,它导致的随机差错通常较少。冲击噪声呈突发状,由其引起的差错称为突发差错。冲击噪声幅度可能相当大,无法靠提高幅度来避免冲击噪声造成的差错,它是传输中产生差错的主要原因。冲击噪声虽然持续时间较短,但在一定的数据速率条件下,仍然会影响到一串比特。

2. 差错控制方法

差错控制是在数据通信过程中发现或纠正差错,把差错限制在尽可能小的范围内的技术和方法。差错控制的基本原理是:对传输的数据进行抗干扰编码(差错控制编码),将被传送的数据位串称为信息位,如果需要传输的信息有 k 位,按照一定的规则增加 r 位冗余码,构成一个新的 n 位码组,$n=k+r$。信息发送时,冗余码与信息码一同发送,经信道传输后,接收端按预先约定的编码规则提取信息位和冗余位,并检查信息位和冗余位之间的关系(该过程称为校验过程),从而判断传输过程中是否有差错发生。将有效的信息位与发送时的码组位数的比值称为编码效率,即 $R=k/n=k/(k+r)$。显然,编码效率越高,则信道中用来传输信息位的有效利用率就越高,但是纠错能力越差。抗干扰编码分为两种:检错码和纠错码。检错码是指在接收端通过校验过程,可以发现数据在传输过程中是否发生错误。纠错码是指接收端通过校验过程,不仅可以发现错误,而且能确定发生错误码元的位置,从而自动地纠正错误。

差错控制方法分为两类,一类是自动请求重发(Automatic Repeat Request,ARQ),另一类是前向纠错(Forward Error Correction,FEC)。在 ARQ 方式中,当接收端发现差错时,通知发送端重发,直到收到正确的码字为止。ARQ 方式只使用检错码,但必须有双向信道才能将差错通知发送方,同时发送方必须设置数据缓冲区,存放已经发出的数据,以便出错后可以重新发送。在 FEC 方式中,接收端不但能发现差错,而且能确定二进制比特发生错误的位置,从而可以纠正,FEC 方式必须使用纠错码,但它无须反向通道,也无须设置数据缓冲区。虽然 FEC 有上述优点,但是由于纠错码一般要比检错码使用更多的冗余位,并且纠错的设备也比检错的设备复杂得多,因而除非在单向传输或实时要求特别高的场合外,计算机网络中通常使用 ARQ 方式。

2.2.2 差错控制编码

常用的差错控制编码有奇偶校验码、循环冗余码和海明码等。

1. 奇偶校验码

奇偶校验为最简单的检错码。其基本原理是:在需要传输的 k 位信息的尾部加上一个冗余校验位,构成一个带有校验位的码组,使码组中"1"的个数成为偶数(称为偶校验)或奇数(称为奇校验),并把整个码组一起发送出去。接收端在收到码组后,对码组中的每个码元进行异或运算检查其中"1"的个数是否为偶数(偶校验)或奇数(奇校验),如果检查通过就认为收到的数据正确,否则认为出错。

例如,假设需要传输的信息 $a_7 a_6 a_5 a_4 a_3 a_2 a_1$ 为 1011010,则发送端发送的信息 $a_7 a_6 a_5 a_4 a_3 a_2 a_1 a_0$(假设采用偶校验,$a_0$ 是增加的偶校验冗余位)为 10110100,其编码方法是:

$$a_0 = a_7 \oplus a_6 \oplus a_5 \oplus a_4 \oplus a_3 \oplus a_2 \oplus a_1 \oplus 0$$
$$= 1 \oplus 0 \oplus 1 \oplus 1 \oplus 0 \oplus 1 \oplus 0 \oplus 0$$
$$= 0$$

当接收方接收到完整的数据后,采用的检错方法是:
$$S = a_7 \oplus a_6 \oplus a_5 \oplus a_4 \oplus a_3 \oplus a_2 \oplus a_1 \oplus a_0$$

在这里,S 称为校正因子,计算 S 的关系式称为监督关系式。S 有两种取值(0 或 1),若 $S=0$ 则表明数据正确,若 $S=1$ 则表明出错。

奇偶校验法简单,易于实现,编码效率高,其编码效率为 $R=k/(k+1)$。但它并不是一种十分安全可靠的检错方法,如果有偶数个数据位在传输中同时出错,接收端无法检测出差错。对于低要求通信来说,奇偶校验是一种令人满意的检错法。

2. 循环冗余码

循环冗余码(Cyclic Redundancy Code,CRC)又称为多项式码,是一种广泛用于计算机网络与通信中的检错码。循环冗余码在发送端和接收端校验时,都可以利用事先约定的生成多项式来得到。

循环冗余校验码是基于将二进制位串看成是系数为 0 或 1 的多项式,一个 k 位二进制位串可以看成是从 x^{k-1} 到 x^0 的 $(k-1)$ 次多项式的系数序列,这个多项式的阶数为 $k-1$。高位(最左边)是 x^{k-1} 项系数,下一位是 x^{k-2} 的系数,以此类推。例如,110101 有 6 位,可以表示为多项式 $x^5+x^4+x^2+x^0$。而多项式 $x^7+x^5+x^4+x^2+x^1$ 可以表示 8 位二进制位串 10110110。

CRC 的基本原理是:发送方和接收方预先约定一个 r 次的生成多项式 $G(x)$(其最高项的系数 x^r 为 1);将需要发送的 k 位信息转换成 $(k-1)$ 次的多项式 $K(x)$;将算式 $T(x) = x^r \times K(x)/G(x)$ 所得余数作为 $(r-1)$ 次的冗余位多项式 $R(x)$;将 r 位冗余位附加到 k 位信息位的后面组成一个 $n(n=k+r)$ 位的码组发送;当接收方收到完整的码组后,用 $G(x)$ 去除它,如果能够整除(余数为 0),则表明数据正确,否则表明出错。CRC 中的多项式除法运算使用的是模 2 除法,即在除法运算过程中使用的减法是模 2 减法,模 2 减法的规则是:1/1=0,1/0=1,0/1=1,0/0=0,实际上就是进行异或运算。

例如,假设需要传送的信息是 1101011011。预先规定的 $G(x) = x^4+x+1$,则 $K(x) = x^9+x^8+x^6+x^4+x^3+x+1$,$T(x) = x^r \times K(x) = x^4 \times K(x) = x^{13}+x^{12}+x^{10}+x^8+x^7+x^5+x^4$,$R(x) = T(x)/G(x) = 11010110110000/10011$ 所得余数,即 1110,如图 2.4 所示。因此,发送端发送的 14 位码组是 11010110111110。若接收端接收的完整码组是 11010110111110,则由于 11010110111110/10011 的余数为 0,所以正确。若接收端接收的完整码组是 11000110111110,则由于 11000110111110 /10011 的余数为非 0(111),可判断出错。

这种方法除了是 $G(x)$ 整数倍数据的多项式差错检测不到外,其他错误均能捕捉到,由此可看出它的检错率非常高。为了能对不同场合下的各种错误模式进行校验,目前已经研究出了几种 CRC 生成多项式的国际标准:

CRC-CCITT $G(x) = x^{16}+x^{12}+x^5+1$
CRC-16 $G(x) = x^{16}+x^{15}+x^2+1$
CRC-12 $G(x) = x^{12}+x^{11}+x^3+x^2+x+1$

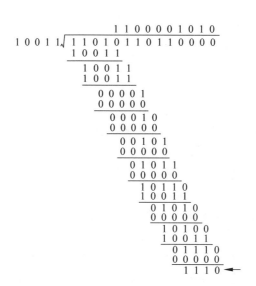

图 2.4　冗余位 $R(x)$ 计算过程

CRC-32　　$G(x) = x^{32}+x^{26}+x^{23}+x^{22}+x^{16}+x^{12}+x^{11}+x^{10}+x^8+x^7+x^5+x^4+x^2+x+1$

其中，CRC-32 在许多局域网中得到广泛应用。

3. 海明码

海明码是美国数学家、计算机学家 Richard W. Hamming 发明的，因在计数方法、自动编码系统、检测及纠正错码方面的贡献，在 1968 年被授予计算机界的诺贝尔奖——图灵奖。海明码是计算机信息传输中信息检错和纠错常采用的方法，其基本思想是：在要发送的信息位上附加足够的冗余位，使接收方能够知道发送的信息是什么，正确就接收，错误则自动修正，保证信息传递无误，但是海明码纠错只能用于纠正单比特错（即一位错）。

假设信息位为 k 位，附加的冗余校验位为 r 位，构成 $n=k+r$ 位码组。若希望利用 r 个监督关系式产生 r 个校正因子（r 个校正因子最多可编码取 2^r 个不同的值）来区分无错和在码组中 n 个不同位置的单比特错，则要求：$2^r \geqslant n+1$

即

$$2^r \geqslant k+r+1 \tag{2-2}$$

根据此式可以得到 r 的下限值。例如，若信息位 $k=7$，要满足上式，则需要 $r\geqslant 4$。

为了明了地阐述海明码的编码以及检错方法，而又不失一般性，不妨以 $k=4$ 为例来说明。那么，根据式(2-2)，$r\geqslant 3$。现取 $r=3$，则 $n=k+r=7$。即在 4 位信息位 $a_6a_5a_4a_3$ 后面增加三位冗余位 $a_2a_1a_0$ 构成 7 位码组 $a_6a_5a_4a_3a_2a_1a_0$。假定经过设计，由三个（根据 r 的位数）监督关系式产生了三个校正因子（$S_2S_1S_0$）。这三个校正因子（$S_2S_1S_0$）的编码分别指示的状态如表 2.2 所示。

表 2.2　$S_2S_1S_0$ 的编码与指示的状态

$S_2S_1S_0$	000	001	010	100	011	101	110	111
错误位置	无错	a_0	a_1	a_2	a_3	a_4	a_5	a_6

现在关键的问题是：监督关系式如何构成？冗余位 $a_2a_1a_0$ 如何计算得到？由表 2.2 可

以发现，a_2、a_4、a_5 或 a_6 的一位错都应使 $S_2=1$，由此可得到关系式

$$S_2 = a_6 \oplus a_5 \oplus a_4 \oplus a_2 \qquad (2\text{-}3)$$

同理 a_1、a_3、a_5 或 a_6 的一位错都应使 $S_1=1$，由此可得到关系式

$$S_1 = a_6 \oplus a_5 \oplus a_3 \oplus a_1 \qquad (2\text{-}4)$$

而 a_0、a_3、a_4 或 a_6 的一位错都应使 $S_0=1$，由此可得到关系式

$$S_0 = a_6 \oplus a_4 \oplus a_3 \oplus a_0 \qquad (2\text{-}5)$$

根据式(2-3)~式(2-5)可以构建监督关系式。

在发送端编码时，信息位 a_6、a_5、a_4 和 a_3 的值取决于输入信息，是随机的。而冗余位 a_2、a_1 和 a_0 的值应根据信息位的取值按监督关系式来确定，使上述式(2-3)~式(2-5)中的 S_2、S_1 和 S_0 分别取值为零，即

$$a_6 \oplus a_5 \oplus a_4 \oplus a_2 = 0$$
$$a_6 \oplus a_5 \oplus a_3 \oplus a_1 = 0$$
$$a_6 \oplus a_4 \oplus a_3 \oplus a_0 = 0$$

由此可求得：

$$a_2 = a_6 \oplus a_5 \oplus a_4 \qquad (2\text{-}6)$$
$$a_1 = a_6 \oplus a_5 \oplus a_3 \qquad (2\text{-}7)$$
$$a_0 = a_6 \oplus a_4 \oplus a_3 \qquad (2\text{-}8)$$

根据式(2-6)~式(2-8)可以计算得到各冗余位。

海明码是一种纠错码，但它只能纠正一位错。编码效率较低，上述例子中，海明码的编码效率为 4/7。但如果信息位越长，则编码效率也就越高。

【例 2.1】 对信息"1001"进行海明编码，假设接收到的信息分别是：1001100 和 1101100，试判断哪次传输出错。

首先，计算三位冗余位。根据式(2-6)~式(2-8)有：

$$a_2 = a_6 \oplus a_5 \oplus a_4 = 1 \oplus 0 \oplus 0 = 1$$
$$a_1 = a_6 \oplus a_5 \oplus a_3 = 1 \oplus 0 \oplus 1 = 0$$
$$a_0 = a_6 \oplus a_4 \oplus a_3 = 1 \oplus 0 \oplus 1 = 0$$

因此，发送端发送的信息为 1001100。

假设接收到的信息是 1001100，则根据式(2-3)~式(2-5)可以构建监督关系式如下。

$$S_2 = a_6 \oplus a_5 \oplus a_4 \oplus a_2 = 0$$
$$S_1 = a_6 \oplus a_5 \oplus a_3 \oplus a_1 = 0$$
$$S_0 = a_6 \oplus a_4 \oplus a_3 \oplus a_0 = 0$$

通过查表 2.2 可知，信息传输正确。

假设接收到的信息是 1101100，则根据式(2-3)~式(2-5)可以计算校正因子 $S_2 S_1 S_0$ 的值为 110，通过查表 2.2 可知，信息位 a_5 出错。将 a_5 由"1"纠正为"0"即可。

海明码是计算机中一种非常重要的编码，是信息传输中信息检错和纠错常采用的方法，其基本思想是在要发送的数据块上附加足够的冗余信息，使接收方能够知道发送的信息是什么，正确就接收，错误则自动修正，保证信息传递无误，但是海明码纠错只能用于纠正单比

特错(即一位错)。

1) 海明距离

对于任何两个信息码,例如:10001001 和 10110001,通过对两个码的异或运算即可以知道有多少位不同(只需数运算后 1 的个数),上例中有三个位不同,两个码中不同位的个数,叫作海明距离 d,具有 d 海明距离的码,则在信息传输中需要 d 个位差错才能将其中一个码转化为另一个码。

一种编码的检错和纠错能力取决于它的海明距离,为检测 d 比特错,需要使用距离为 $d+1$ 的编码,因为这种编码,d 个单比特错位决不可能将一个有效的码字改变成另一个有效的码字,而为了纠正 d 个比特错,必须用 $2d+1$ 的编码,这是因为有效码字的距离远到即使发生 d 个变化,这个发生了变化的码字,仍然比其他码字都更接近原始编码,故而就能唯一地确定出原始错。

2) 海明码的生成

(1) 检错位的确定

假设一种编码,包含 m 个信息位和 r 个校验位,它能纠正所有单 bit 错,对 2^m 个有效信息中的任一个而言,有 n 个与该码字距离为 1 的无效码字,依次将该码字中的 n 个比特变反,就可以得到这 n 个无效码字,$n=m+r$,因此,2^m 个信息中的每一个都需要占用 $n+1$ 个位模式,位模数的总数目为 2^n,所以必定有 $(n+1)2^m \leqslant 2^n$ 成立,即 $(m+r+1) \leqslant 2^r$,根据此式可以得到纠正一位错误码的校验位的数目下界。

海明码编码方式,码字内的位从最左边位 1 开始依次编号,位号为 2 的幂的位(1,2,4,8 等)是 r 个校验位,其余位(3,5,6,7,9 等)是 m 个数据位,以此组成带校验位的海明码。

例如原码 1001000,根据 $(m+r+1) \leqslant 2^r$,$m=7$,观测式子可知,r 最小为 4,也即是 7 位信息码,最少需要 4 位检错码,共 11 位组成海明码。

位编号	1	2	3	4	5	6	7	8	9	10	11
校验位	①	②		④				⑧			
信息位			(3)		(5)	(6)	(7)		(9)	(10)	(11)
信息位码字为			1		0	0	1		0	0	0

信息位　(3) = ① + ②
　　　　(5) = ① + ④
　　　　(6) = ② + ④
　　　　(7) = ① + ② + ④
　　　　(9) = ① + ⑧
　　　　(10) = ② + ⑧
　　　　(11) = ① + ② + ⑧

从上式可以看出:与校验位①有关系的信息位为(3)、(5)、(7)、(9)、(11),经过异或运算,校验位①的值 = 1⊕0⊕1⊕0⊕0 = 0,与校验位②有关系的信息位为(3)、(6)、(7)、(10)、(11),经过异或运算校验位②的值 = 1⊕0⊕1⊕0⊕0 = 0,与校验位④有关系的信息位为(5)、(6)、(7),异或运算校验位④的值 = 0⊕0⊕1 = 1,与校验位⑧有关系的信息位为(9)、(10)、(11),异或运算校验位⑧的值 = 0⊕0⊕0 = 0,所以校验位的值分别为:0 0 1 0。

位编号	1	2	3	4	5	6	7	8	9	10	11
校验位	①	②		④				⑧			
校验位码字	0	0		1				0			
信息位			(3)		(5)	(6)	(7)		(9)	(10)	(11)
信息位码字为			1		0	0	1		0	0	0

1001000 的海明码("信息码"加上"校验码")值为：00110010000(11位)。

(2) 海明码检错与纠错

① 检错原理

根据海明码检错位的生成方法，可以得出结论：检错位的码字应该和受影响的信息位的码字中"1"个数为偶数，即有下面的关系成立。

$$S_1 = ① \oplus (3) \oplus (5) \oplus (7) \oplus (9) \oplus (11) = 0$$
$$S_2 = ② \oplus (3) \oplus (6) \oplus (7) \oplus (10) \oplus (11) = 0$$
$$S_3 = ④ \oplus (5) \oplus (6) \oplus (7) = 0$$
$$S_4 = ⑧ \oplus (9) \oplus (10) \oplus (11) = 0$$

只有当上式完全成立，才表示接收的信息完全正确。

② 检错位的确定

如果上式中某一个 S 值为1，则表示各位中有一位出错，根据 $S_4 S_3 S_2 S_1$ 所表示的二进制值，便可以知道哪一位出错。

$S_4 =$								⑧	⊕ (9)	⊕ (10)	⊕ (11)
$S_3 =$				④	⊕ (5)	⊕ (6)	⊕ (7)				
$S_2 =$		②	⊕ (3)			⊕ (6)	⊕ (7)			⊕ (10)	⊕ (11)
$S_1 =$	①		⊕ (3)		⊕ (5)		⊕ (7)		⊕ (9)		⊕ (11)
$S_4 S_3 S_2 S_1$	0001	0010	0011	0100	0101	0110	0111	1000	1001	1010	1011
出错位序列	1	2	3	4	5	6	7	8	9	10	11
出错位	①	②	(3)	④	(5)	(6)	(7)	⑧	(9)	(10)	(11)

其中，⊙为校验位，( )表示信息位。

比如发送海明码 00110010000，接收到的为 00110010010，由接收到的海明码算出各校验和。

$$S_4 = ⑧ \oplus (9) \oplus (10) \oplus (11) = 0 \oplus 0 \oplus 1 \oplus 0 = 1$$
$$S_3 = ④ \oplus (5) \oplus (6) \oplus (7) = 1 \oplus 0 \oplus 0 \oplus 1 = 0$$
$$S_2 = ② \oplus (3) \oplus (6) \oplus (7) \oplus (10) \oplus (11) = 0 \oplus 1 \oplus 0 \oplus 1 \oplus 1 \oplus 0 = 1$$
$$S_1 = ① \oplus (3) \oplus (5) \oplus (7) \oplus (9) \oplus (11) = 0 \oplus 1 \oplus 0 \oplus 1 \oplus 0 \oplus 0 = 0$$

以上4式中有两个和值为1，所以接收必定有错，$S_4 S_3 S_2 S_1$ 组成的代码为1010，为第10位，所以海明码第10位有错，修改取反即可。

③ 海明码纠错

上述方法可以准确确定海明码在信息传输中的错误，并能确定错误发生在第几位，由于信息传输中只有0,1两种代码，知道哪一位发生错误，取其相反数即可。

海明码只能用于纠正单比特错，但可以检验两位错，由于两位出错的概率比较小，所以海明码检错和纠错，仍不失为一种增加设备不多，收益不少的实用可靠性编码。

2.3 数据通信方式

数据通信技术是新媒体的基础和支撑技术,本节主要介绍数据通信方式、异步传输与同步传输、数据通信的主要技术指标。

数据通信有各种方式,按照数据在信道上的传输方向,可分为单工通信、半双工通信和全双工通信三种。上文中有阐述,在此不做赘述。按照数据在信道上同时传输的位数可分为串行通信和并行通信两类。

在并行通信方式中有多个数据位,例如8个数据位,同时在两个设备之间传输。发送设备将8个数据位通过8条数据线传送给接收设备,还可附加一位数据校验位。接收设备可同时接收到这些数据,不需做任何变换就可直接使用。在计算机内部的数据通信通常以并行方式进行,并行的数据传送线也叫数据总线,如并行传送8位数据就叫8位数据总线,并行传送16位数据就叫16位数据总线。并行传输时,需要一排至少有8条数据线(因一个字节是8位)的电缆,将两个通信设备连接起来。当进行近距离传输时,这种方法的优点是传输速度快,处理简单;由于线路太多,不适合进行远距离数据传输。

在串行通信方式中,数据一位一位地在通信线路上传输,与同时可传输好几位数据的并行传输相比,串行数据传输的速度要比并行传输慢得多。由于串行数据传输需要通信线路较少,对于计算机网络来说串行通信具有更大的现实意义。

串行数据传输时,先由具有8位数据总线的计算机内的发送设备,将8位并行数据,经并/串转换硬件转换成串行方式,再逐位经传输线路到达接收站的设备中,并在接收端将数据从串行方式重新转换成并行方式。

通常情况下,并行方式用于近距离通信,串行方式用于距离较远的通信。在计算机网络中,串行通信方式更具有普遍意义。

2.3.1 异步传输与同步传输

1. 异步传输方式

在异步传输中,被传输的单位是字符,每个字符可由5～8位码元组成。每个字符前需加一位起始位"0",以表示一个字符的开始。在字符后加上一位校验位,以便接收方进行错误校验。然后再加1.5或2位停止位"1",以表示一个字符的结束。当不发送信号时一直发送停止位"1"(即高电平状态,使线路处于"空"),接收方根据1至0的跳变来辨别一个新字符的开始。如图2.5所示,采用异步传输方式传输ASCII字符E(1000101)。传输的信号包含起始位1位,码元7位,校验位1位,停止位1.5位。

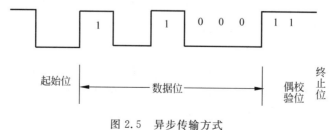

图 2.5 异步传输方式

异步传输方式的特点是设备简单且费用低,但其辅助开销大且浪费时间,它适于低速(10~1500 字符/秒)通信场合。

2. 同步传输方式

在同步传输过程中,大的数据块一起发送,在它的前后使用一些特殊字符进行标识,这些字符在发送端和接收端建立起一个同步的传输过程,如图 2.6 所示。

图 2.6　同步传输方式

同步传输方式用在较高传输速率的场合。在同步传输方式中,常用的有两种:面向字符的同步方式和面向比特的同步方式。

面向字符的同步方式一次可以传送由若干个字符组成的数据块(帧),而不是像异步传输那样只传输一个字符。同步传输需要一些特殊字符(即特殊字符集)作为数据块的起始和结束标志以及整个传输过程的控制信息。这就引起了新的问题:如果所传输的字符信息中恰好包含特殊字符,如果不做任何处理,在接收端会按照特殊字符(实际上它是常规的信息字符)来处理,从而引起错误。通常在面向字符的同步方式中,解决这个问题的方法是:使用转义字符(DLE)来填充。面向字符同步方式的缺点是:只能支持字符型数据的通信;实现较为复杂;与特殊字符集相关联,兼容性差。

在面向比特的同步方式中,所有信息帧必须有一个标志(F:01111110)开始和结束,从开始标志到结束标志构成一个完整的信息单位,称为一帧。接收端可以通过检索 F 来确定帧的开始和结束,以此建立帧同步。它与面向字符的同步方式相类似,也出现了一个需要解决的问题:如果所传输的信息中恰好包含比特流 01111110,即与标志 F 相同的比特流,如果不做处理,同样在接收端会认为信息帧在此结束,从而引起错误。通常在面向比特的同步方式中,解决这个问题的方法是:采用"0"比特插入法。其基本原理是:发送方在发送数据时,每当连续出现 5 个"1"时,就自动插入一个"0";接收方在接收信息时进行检测,每当连续出现 5 个"1"时,若后面是"0",则删除该"0";若后面是"1",则判定为 F。与面向字符的同步方式相互比较,面向比特的同步方式的优点是:较好地解决了同步问题;可支持任意长度数据的通信;易于实现。

2.3.2　数据通信的主要技术指标

数据通信的任务是传输数据信息,希望达到传输速度快、误码率低、信息量大、可靠性高,并且既经济又便于维护。这些要求可以用技术指标加以描述。

在数据通信系统中,为了描述数据传输速率的大小和传输质量的好坏,需要用比特率和波特率等技术指标,它们都是通信技术中的重要指标。

1. 信息传输速率(R_b)

信息传输速率,又称信息速率、比特率,它表示单位时间(每秒)内传输实际信息的比特数,单位为比特/秒,记为 b/s。比特是信息量的度量单位。一般在数据通信中,如使用"1"

和"0"的概率是相同的,则每个"1"和"0"就是一个比特的信息量。例如,一个数据通信系统每秒内传输 9600b,则它的比特率为 $R_b=9600$b/s。

2. 码元传输速率(R_B)

码元传输速率简称传码率,又称波特率或调制速率。它表示单位时间内(每秒)信道上实际传输码元的个数,单位是波特(Baud),用符号"B"来表示。码元速率仅表征单位时间内传送的码元数目而没有限定码元是何种进制的码元。例如,某系统每秒传送 9600 个码元,则该系统的传码率为 9600B,如果码元是二进制的,则它的比特率为 9600b/s;如果系统是八进制的,每个码元携带 3b 信息量,则它的比特率是 28.8kb/s。即信息传输率 R_b 与码元传输率 R_B 之间的关系为:

$$R_b = R_B \log_2 N$$

式中,N 为码元的进制数。

3. 误码率

误码率是指二进制码元在数据正常传输过程中出错的概率,也称为"出错率",常用 P_e 表示。P_e 的定义公式如下:

$$P_e = \frac{n_e}{n} \times 100\%$$

式中,n 为传输的二进制代码总数,n_e 表示接收中传错的码元数。

误码率 P_e 是数据通信系统在正常工作状态下传输的可靠性指标。在计算机网络通信系统中,对平均误码率的要求是低于 10^{-6},即平均传送 1M 二进制位只能错一位,因此,在计算机网络中,必须采取差错控制技术才能满足计算机通信系统的可靠指标。

4. 时延

时延(Delay),或称为延迟,是指一个分组从发送端开始发送到接收端接收所需的时间。数据传输总的时延等于发送时延、传播时延和处理时延的总和。

1) 发送时延

发送时延是节点在发送数据时数据块从节点进入传输介质所需要的时间。即:

发送时延=数据长度/带宽

例如,有一个 1000MB 的数据块,在带宽为 10Mb/s 的信道上传输,其发送时延约为 800s。

2) 传播时延

传播时延是电磁波在信道中传播一定的距离所花的时间。即:

传播时延=传播距离/传播速率

例如,电磁波在光纤中的传播速率约为 2.0×10^5 km/s,那么 2000km 长的光纤线路产生的传播时延约为 10ms。

3) 处理时延

数据在交换节点为存储转发而进行的一些必要的处理所需的时间称为处理时延。比如在节点缓冲时分组排队所经历的时延,当网络通信量很大时,队列发生溢出,分组丢失,这时处理时延为无穷大。

总时延中,究竟哪种占主导,要具体分析。一般忽略处理时延。

2.4 数据交换方式

两个远距离终端设备要进行通信,可以在它们之间架设一条专用的点到点通信线路。但是,这条通信线路的利用率很低。而且当终端数目很多时,要在所有终端之间都建立专用的点到点通信线路(全连接拓扑结构),则几乎是不可能的。

在实际的广域网中,拓扑结构为部分连接。当两个终端之间没有直连线路时,就必须经过中间节点的转接才能实现通信,这种由中间节点进行转接的通信称为交换,中间节点又称为交换节点。当交换节点转接的终端数量较大时,则称该节点为转接中心(或交换中心)。

在大规模网络中,多个转接中心又可互联成交换网络,这样,终端间的通信不必使用点到点的专线,而是由交换网络提供一条临时的通信路径,既节省了线路建设投资,又提高了线路利用率。交换技术主要有三种:电路交换、报文交换和分组交换。

2.4.1 电路交换

使用电路交换(Circuit Switching)的通信意味着在通信的两个站之间首先需要存在一条专用的通信通路。如图 2.7 所示。通常,电路交换的通信要经历三个阶段:电路建立阶段、数据传输和电路释放阶段,图中示意了电路建立和数据传输两个阶段,站 A 需要将数据传输到站 D,首先 A 呼叫请求建立一条从站 A 到站 D 的专用通路,只有当 B、C 和 D 都同意建立该通信通道,并发回同意信息(即呼叫接收信号)后,才真正建立了一条从站 A 到站 D 的专用通路 A-> B-> C-> D;然后进入数据传输阶段,所有数据沿着相同的路径(即 A-> B-> C-> D)向前传输;当数据传输完毕后,进入电路释放阶段,有通信的某一方(A 或 D)发出电路释放请求,该释放请求传递给中间节点(B,C)以释放占用的逻辑信道资源。电话通信就是线路交换的典型例子。

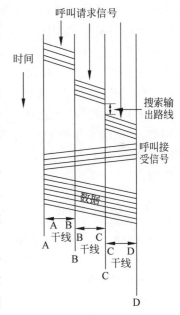

图 2.7 电路交换方式

电路交换技术的优点是:传输延迟小,通常只有传播延迟;数据传输的可靠性高;实时性好。缺点是:网络忙时建立线路所需时间长,有时需 10~20s 或更长时间;线路利用率低;不具备差错控制的能力,无法纠正传输过程中的错误;它不具有数据存储能力,不能改变数据的内容,因此很难适应具有不同类型、规格、速率和编码格式的计算机之间通信。

电路交换适用于模拟信息的传输以及批量的持续通信和实时性要求强的场合,尤其适用会话式通信、语言、图像等交互式通信,不适合传输突发性、间断型数据与信号的计算机间通信。

2.4.2 报文交换

当端点间交换的数据具有随机性和突发性时,采用电路交换方法的缺点是信道容量和有效时间的浪费。采用报文交换(Message Switching)则不存在这种问题。

在报文交换方式中,发送方把数据块附加上目的地址。源地址与控制信息作为一个整体,按照一定的格式打包组成报文,传输给交换设备。交换设备根据报文中的目的地址,选择一条合适的空闲线路,将报文传送出去。在传输过程中,报文可能经过若干个交换设备。在每一个交换设备处,报文首先被存储起来,并且在待发报文登记表中进行登记,等待报文前往目的地址路径空闲下来再选择合适的路径转发出去,直至到达目的地,因此这种交换方式也称为"存储转发",如图2.8所示。

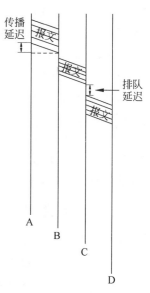

图2.8 报文交换方式

报文交换方式的优点是:与电路交换相比,报文交换无须事先建立传输通路,因此,没有建立连接和拆除连接所需要的时间开销。相对于电路交换,线路利用率高。因为节点之间的信道可被报文共享。报文交换方式具有灵活的路径选择功能,因此可以动态选择报文的最佳路径,提高信道效率。而且具有差错检查和纠错功能,因此提高了系统的可靠性。对于任一节点均是将报文先存储后转发,因此存在着排队问题,这就使报文的优先权容易实现。接收者和发送者无须同时工作,当接收者处于"忙"时,中间节点可将报文暂时存储起来。

报文交换方式的缺点是:节点存储转发的延迟较大,并且有延迟抖动现象。在实际应用中,报文的大小变化较大,因此,分配存储报文的缓冲器较为困难。对于长报文,一旦出现传输错误,整个报文需要全部重新发送。由于上述缺点,报文交换现在基本上不再使用。

2.4.3 分组交换

分组交换(Packet Switching)综合了报文交换和电路交换的优点,并使两者的缺点能够相互弥补。分组交换与报文交换十分相似。形式上的主要差别在于:在分组交换网络中,限制了所传输数据单元的长度,典型的报文长度限制在一千到数千比特。因此,对于分组交换,如果报文长度超过最大长度的限制,则必须将报文分成若干较小的数据单元(分组Packet)分别进行发送,其传输过程与报文交换方式相类似,如图2.9所示。

在分组交换技术中,将大报文分成若干个报文分组包,并以报文分组为单位,在网络中传输,每一报文分组均含有源地址、目的地址等信息,这些分组分别由各中间节点采用存储-转发方式进行传输,最终到达目的端。由于分组长度有限,可以比报文更加方便地在中间节点的内存中进行存储处理,其转发速度大大提高。信息以分组为单位进行存储转发。源节点将报文分组,在中间节点存储转发,目的节点把分组合成报文。

分组交换的特点是分组长度固定而且比较短,因此,对交换节点的存储缓冲区要求不高。由于各分组独自传播,所以传输时延减小,提高了吞吐率。分组交换也意味着按分组纠错,只对有错的分组重发,因而通信效率得到提高。

但是,由于分组交换的每组数据分别需要报头等控制信息,到达目的地需要重新组装,因此无形中增加了系统开销。

分组交换在实际应用中有两种方式:数据报(Datagram)和虚电路(Virtual Circuit)。前者是无连接的,每一个分组可以选择自己的路径,后者是面向连接的(发送数据前首先建立逻辑链路)。

1. 虚电路分组交换

虚电路交换的数据传输过程与电路交换方式类似,要求在发送端和接收端之间建立一条所谓的逻辑连接。也是分成三个阶段:建立连接、数据传输和拆除连接。

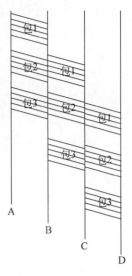

图 2.9 分组交换方式

(1) 建立连接。源端在发送数据分组之前,首先使用建立连接请求分组建立一条逻辑连接,网络中间节点将根据该请求在源端和目的端之间选择一条传输路径。由于该路径上的各段线路是共享的,并非独占的,因此,这种逻辑连接称为虚电路。

(2) 数据传输。当虚电路建立起来后,源端和目的端之间便可以在这条虚电路上交换数据,并且每个数据分组中都必须包含一个虚电路标识符,用于标识这个虚电路。由于虚电路的传输路径是预先选择好的,因此,每个中间节点只要根据虚电路标识符都能查找到相应的路径来传输这些数据分组,而无须重新选择传输路径。

(3) 拆除连接。当数据传输完毕后,其中的任一个端点都可以发出拆除连接请求分组,终止这个虚电路。

虚电路交换方式是一种面向连接的数据传输方式,它既不像电路交换那样需要一条专用的通道,每个分组需要暂存于每个中间节点进行排队,等待转发;又与报文交换方式不同,它只是在建立虚电路时选择一次路径,而无须为每个分组选择传输路径。

2. 数据报分组交换

数据报分组交换方式类似于报文交换,每个分组将独立地进行传输,如同报文交换中每个报文被独立地传输那样。因而每个分组在网络中的传播路径完全由网络当时的状况随机决定。由于网络的中间交换节点对每个分组可能选择不同的路由,这些分组到达目的端的顺序可能与发送的顺序不同,因此目的端必须重新排序分组,组装成一个完整的原始报文。在这种方式中,这些被独立传输的分组称为"数据报",如图 2.10 所示。

源发节点(A)将需要传输的信息分成若干个分组(假设 6 个分组),每个分组均含有源地址(A 的地址)、目的地址(G 的地址)等信息;由于 A 的下一个转发节点只有唯一的节点 B,因此端节点 A 以分组为单位转发给中间节点 B;当 B 接收到分组后暂时存储,然后根据分组需要到达的目的节点(节点 G)和当前的网络状态,根据一定的规则(路由算法),计算转发的出口(假设 1、3、4 号分组转发给中间节点 C,而 2 号分组转发给了中间节点 D);以此类推,分组经过中间节点被存储-转发,最终到达目的节点 G,但是由于分组通过的路径不同,因此分组到达目的节点的先后次序也可能不同(如假设到达目的节点 G 的分组顺序是 1、4、2、3、5、6),为了保证信息的完整性,目的节点 G 需要重新排序分组,组装成一个完整的原始报文。

虚电路与数据报各有其利弊,虚电路是一种面向连接的数据传输方式,而数据报方式是

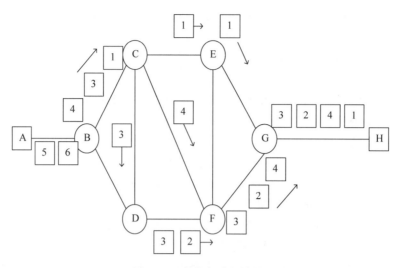

图 2.10 数据报分组交换

一种无连接方式,无须建立连接,因此它传输少量分组时的速度比虚电路方式要简便、灵活。每个数据报可以临时根据网络中的当时网络状态(如流量、延迟、步跳等)动态选择路由,而不像虚电路那样每个分组必须按照连接建立时的路径传输。每个节点没有额外的开销,但是每个分组在每个节点都要进行路由选择,影响了分组传输延迟。拥塞控制不如虚电路方便,也不如虚电路传输可靠,数据报到达目的地的顺序可能与源发顺序不同,增加了重新排序开销。现在,大多数分组交换网络都使用虚电路技术。

2.5 信道复用技术

在点对点通信方式中,两点间的通信线路是专用的,其利用率很低。一种提高线路利用率的卓有成效的办法是使多个数据源共用一条传输线,为此在通信系统中引入了多路复用技术。多路复用技术就是把多路用户信息用单一的传输设备在单一的传输线路上进行传输的技术。多路复用系统将来自若干信息源的信息进行合并,然后将这一合成的信息群经单一的线路和传输设备进行传输。在接收方,则使用能将信息群分离成各个单独信息的设备对信号群进行分离。这样就极大地节省了传输线路,从而提高了线路利用率。

多路复用技术也就是在一条物理线路上,建立多条通信信道的技术。这种技术要用到两个设备:多路复合器(Multiplexer)在发送端根据某种约定的规则把多个低带宽的信号复合成一个高带宽的信号,多路分配器(Demultiplexer)在接收端根据同一规则把高带宽信号分解成多个低带宽信号。由于计算机网络双方采用全双工通信,既需要使用多路复合器也需要使用多路分配器,因此,通常将二者制作在一起统称多路复用器(MUX)。其工作原理如图 2.11 所示。

采用多路复用技术主要有以下优点。

(1) 只需一条通信线路,所需的传输介质较少,且传输介质的容量可以得到充分利用。

(2) 由于节省了不必要的传输线路投资,因此大大地降低了设备费用。

(3) 多路复用系统对用户是透明的,提高了通信系统的工作效率。

图 2.11 多路复用技术原理图

常用的多路复用技术有 4 种：频分复用(Frequency Division Multiplexing,FDM)、时分多路复用(Time Division Multiplexing,TDM)、波分多路复用(Wavelength Division Multiplexing,WDM)和码分多路复用(Code Division Multiplexing,CDM)。其他常用的复用技术还有：空分复用(Space Division Multiplexing,SDM)以及动态时分多路复用等。

2.5.1 频分复用

在采用频分多路复用(FDM,简称频分复用)技术时，将信道按频率划分为多个子信道，每个信道可以传送一路信号，如图 2.12 所示。

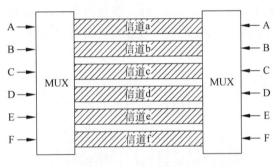

图 2.12 频分多路复用

FDM 将具有较大带宽的线路划分为若干个频率范围，每个频率之间应当留出适当的频率范围作为保护频带，以减少各段信号的相互干扰。在实际应用时，FDM 技术通过调制将多路信号分别调制到各自不同的正弦载波频率上，并在各自的频段范围内进行传输。图 2.13 中，假定有 6 个输入源，于是将信道划分为 6 个子信道，6 个子信道可以分别用来传输数据、语音和图像等不同信息，因此，需要将它们分配到 6 个不同的频率段 $f_1 \sim f_6$ 中，在发送时，分别将它们调制到各自频段的中心频率上，然后在各自的信道中被传送至接收端，由解调器恢复成原来的波形。这种技术适用于宽带局域网中。其中，专用于某路信号的频率段称为该信道的逻辑信道，因此，图中所示系统共有 6 条逻辑信道，对于 FDM 技术而言，频带越宽，则在频带宽度内所能分的子信道就越多。

FDM 的前提条件是：传输介质的可用带宽必须大于各路给定信号所需带宽的总和。

FDM 技术是公用电话网中传输语音信息时常用的电话线复用技术，它也常被用在宽带计算机网络中。例如，载波电话通信系统就是频分多路复用技术应用的典型示例，一般传输每一路电话需要的频带带宽在 4 kHz 以下，而电缆、双绞线和微波等介质允许的带宽则远远大于 4 kHz。采用频分多路复用技术可以使通话的路数提高。又例如，采用多路复用技术，并且使用光缆作为传输介质时，可同时传输上千路电话和数十路信号。

2.5.2 时分复用

传输信道的带宽资源有一定的限度,随着通信用户的大量增加,将有限的带宽资源划分子信道的 FDM 技术就限制了通信系统的进一步扩大和发展。人们研究出了一种新的技术:时分多路复用(TDM,简称时分复用)技术。

时分多路复用是将一条物理信道按时间分成若干时间片(即时隙)轮流地分配给每个用户,每个时间片由复用的一个用户占用,即按照时间片划分子信道。TDM 要求各个子通道按时间片轮流地占用整个带宽。时间片的大小可以按一次传送一位,一个字节或一个固定大小的数据块所需的时间来确定。

TDM 的前提条件是:信道允许的传输速率大大超过每路信号需要的传输速率。

TDM 可细分为同步时分复用(Synchronous Time Division Multiplexing,STDM)和异步时分复用(Asynchronous Time Division Multiplexing,ATDM)两种形式。

1. 同步时分复用

同步时分复用是指复用器将各路传输信号按时间进行分割,即将每个单位传输时间划分为许多长度相等的时间片(时隙);其次,每个周期内各个通道都在固定的位置占有一个时隙。这样,就可以使多路输入信号在不同的时隙内轮流、交替地使用物理信道进行传输,如图 2.13 所示。

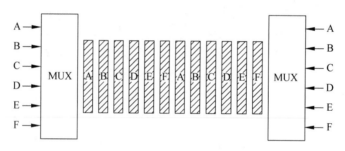

图 2.13 时分多路复用

注意,STDM 不像 FDM 那样可同时传送多路信号,而用每个"时分复用帧"的某一固定序号的时隙组成一个子信道,每个子信道占用的带宽都是一样的(通信介质的全部可用带宽),每个"时分复用帧"所占用的时间也是相同的。

2. 异步时分复用

在同步时分复用技术中,时隙预先分配且固定不变,无论时间片拥有者是否有信息传输都占有一定时隙,因此对某个子通道而言,当时隙到来时没有信息发送,这一部分带宽就浪费了,时隙的利用率很低。

异步时分复用技术又称为统计时分复用(Statistical Time Division Multiplexing),它是对同步时分技术的改进。同步时分的多路复合器称为集中器,在发送端集中器依次循环扫描各个通道。若某个子通道有信息要发送,则为它分配一个时隙;若没有,就跳过,这样就没有空闲时隙在线路上传播了。然而,在接收端分配器的工作就难了,因此需要在每个时隙加入一个控制域,以指示该时隙是属于哪个子通道的。例如,线路传输速率为 9600b/s,4 个用户的平均速率为 2400b/s,当用同步时分复用时,每个用户的最高速率为

2400b/s,而在异步时分复用方式下,每个用户最高速率可达 9600b/s。同步时分复用和异步时分复用在数据通信网中均有使用,如 DDN 采用同步时分复用,X.25、ATM 采用异步时分复用。

对于 TDM 来说,"时隙"越短,则每个"时分复用帧"内可以包含的"时隙"数目就越多,因而可以划分的子信道也就越多。由于在 TDM 中,每路信号可以使用信道的全部可用带宽,因此,时分多路复用技术更加适用于传输占用信道带宽较宽的数字基带信号,故 TDM 技术常用于基带局域网中。

2.5.3 码分复用

根据码型结构的不同来实现信号分割的多路复用称为码分多路复用(Code Division Multiplexing,CDM)或码分多址复用(Code Division Multiple Access,CDMA)。在 CDMA 通信系统中,每个用户可以在同样的时间使用同样的频带进行通信。由于各用户使用经过特殊挑选的不同码型,因此各用户之间不会造成干扰。码分复用最初是用于军事通信,因为这种系统发送的信号有很强的抗干扰能力,其频谱类似于白噪声,不易被敌方发现。随着技术的进步,CDMA 设备的价格和体积都大幅度下降,已广泛应用在民用移动通信中。

2.5.4 波分复用

对于使用光纤通道(Fiber Optic Channel)的网络来说,波分多路复用(WDM,**简称波分复用**)技术是其适用的多路复用技术。实际上,波分多路复用技术所用的技术原理,与前面介绍的频分多路复用技术相同,其工作原理如图 2.14 所示。通过光纤 1 和光纤 2 传输的两束光的频率(波长)是不同的,它们的波长分别为 λ_1 和 λ_2。当这两束光进入光栅(或棱柱)后,经处理、合成,就可以使用一条共享光纤进行传输;合成光束到达目的后,经过接收方光栅的处理,重新分离为两束光,并能经过光纤 3 和光纤 4 传送给用户。在图示的波分多路复用系统中,由光纤 1 进入的光波信号传送到光纤 3,而从光纤 2 进入的光波信号被传送到光纤 4。

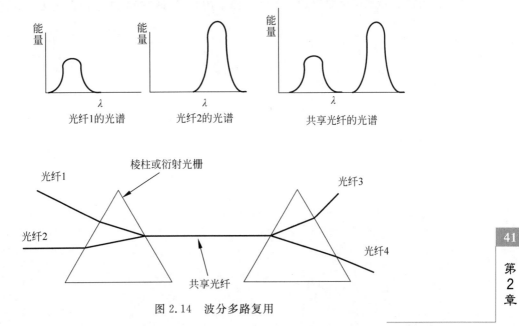

图 2.14 波分多路复用

综上所述，WDM 与 FDM 使用的技术原理是一样的，只要每个信道使用的频率（即波长）范围各不相同，它们就可以使用波分多路复用技术，通过一条共享光纤进行远距离的传输。与电信号使用的 FDM 技术不同的是，在 WDM 技术中，是利用光纤系统中的衍射光栅来实现多路不同频率光波信号的合成与分解的。

小　　结

本章在介绍通信系统基本概念的基础上，重点介绍了信号的传输方式，差错产生的原因及控制方法，介绍了循环冗余码与海明码检错与纠错原理，这是两种比较典型的编码方法，具有较广的应用性。在数据通信方式中介绍了单工、半双工及全双工的基本概念及原理，介绍了并行通信与串行通信，同步传输与异步传输等基础知识。在数据交换方式中介绍了电路交换、报文交换和分组交换三种方式，在信道复用技术中介绍了频分复用、时分复用、码分复用和波分复用等基础概念。

由于数字通信理论系统性较强，内容繁多，具有一定的难度和深度，新媒体技术与应用中对该部分知识介绍只是为了让读者对信息传输有一个基本的概念的认识，不必要深入追究，有兴趣的读者可以对介绍的知识进一步深入学习。

思　考　题

1. 简单叙述信息、数据与信号之间的关系。
2. 数字传输与模拟传输相比较，具有哪些优点？
3. 引起信道传输差错的主要原因是什么？
4. 单工、双工和全双工通信的各自特点是什么？
5. 什么叫交换？电路交换、报文交换和分组交换的各有什么特点？
6. 为什么要采用多路复用技术？多路复用技术有哪些形式？各自有何特点？

第3章 压缩编码技术

数字化后的音频、图像、动画和视频等媒体具有数据量大的特性,大量数据需要占用很大的存储空间以及通信资源,解决这一问题的关键技术就是数据压缩技术。本章重点介绍一些重要的压缩编码方法,同时介绍现有的媒体信息数据压缩的国际标准,这些压缩算法和国际标准可以广泛地应用于媒体传输与存储技术中,也应用在常规的数字视频、手机电视以及交互式电视系统中。

3.1 数据压缩的必要性与可能性

3.1.1 新媒体数据的特点

新媒体信息作为数字时代的重要标志,它包括图像、视频、声音和文字等信息。其中图像和视频信息量巨大,比其他形式的媒体信息更具有直观性和生动性,因此,大家对图像和视频的需求显著增加。

人类获取信息的方式 80% 来自视觉,15% 来自于听觉,这说明图像和视频是生活中信息交流最主要的载体,也是蕴涵信息量最大的媒体。由于数据量大,图像和视频给信息交流(传输)、存储带来了很大的困难。特别是数字化社会的今天,这一问题尤其突出。新媒体中的图像或视频属于数字化的信息,具有数字化信息的显著特点,图像质量不会因存储、传输或复制等操作而导致质量的变化,分辨率高,信息质量高,稳定性好,传输途中不易受干扰,能够还原出原始的真实数据。

数字图像存在一个最突出的问题就是具有庞大的数据量,导致存储数据、传输数据等操作不便。因此,在许多应用场合,为了能够有效地存储和传输数据,必须对图像进行编码压缩。压缩就是通过特定的算法来减小数据量的机制,通过压缩可以提高图像的存储和传输效率。压缩率是指文件压缩前的大小与压缩后的大小之比,在不失真的前提下,压缩率一般是越大越好,但是压缩后的文件越小,解压时间越长。

图像压缩编码的核心问题是如何对数字化的信息进行压缩,以获得最小的数据,同时尽可能保持图像的质量。图像压缩编码可分为无损压缩编码和有损压缩编码两大类。无损压缩编码仅去除图像数据中的冗余信息,在解码时能精确地恢复原图像,是一个可逆过程;而有损压缩编码则反之,有损压缩是利用了人类对图像或视频中的某些频率成分不敏感的特性,允许压缩过程中损失一定的信息;虽然不能完全恢复原始数据,但是所损失的部分对理解原始图像的影响较小,却换来非常大的压缩比。

无损压缩编码可分为两大类:基于统计概率的方法和基于字典的技术。基于统计概率的方法是依据信息论的变长编码定理和信息熵的有关知识,用较短代码代表概率大的符号,用较长代码代表概率小的符号,从而实现数据压缩。无损压缩编码不能取得很高的压缩比,这是因为它受到信息源本身的熵的限制,因此无损压缩编码又称为熵编码。

为了进一步提高图像编码的压缩比,利用图像中像素之间的相关性,以及人的视觉对灰度灵敏度的差异进行编码,有损压缩编码便成为图像压缩编码的重要研究方向。常用的有损压缩编码方法分为4类:变换编码、预测编码、矢量编码和模型法。由于允许有一定的失真,因此有损压缩编码比无损压缩编码的压缩比高出许多,具有更大的压缩潜力,当前图像压缩编码的研究也主要集中在有损压缩编码上。在实际的图像压缩系统中,为了提高编码效率,都是将无损压缩编码和有损压缩编码有机地结合在一起使用的。

目前,高效率图像压缩技术已经在广播、可视电话、电视会议、遥感图像、高清晰度电视、综合业务数字网络、机器人视觉系统、图像数据库、无线电传真和数字录像等方面得到了广泛的应用。

3.1.2　信息熵与信息压缩

1. 信息熵

信息是个很抽象的概念。人们常常说信息很多,或者信息较少,但却很难说清楚信息到底有多少。比如一本50万字的中文书到底有多少信息量。直到1948年,美国数学家、电子工程师和密码学家香农(Claude Shannon)提出了"信息熵"的概念,才解决了对信息的量化度量问题。信息熵这个词是香农从热力学中借用过来的。热力学中的热熵是表示分子状态混乱程度的物理量。香农用信息熵的概念来描述信源的不确定度。

信息熵是信息论中用于度量信息量的一个概念。一个系统越是有序,信息熵就越低;反之,一个系统越是混乱,信息熵就越高。所以,信息熵也可以说是系统有序化程度的一个度量。

信息熵的计算是非常复杂的。而具有多重前置条件的信息,更是几乎不能计算的。所以在现实世界中信息的价值大多是不能被计算出来的。但因为信息熵和热力学熵的紧密相关性,所以信息熵是可以在衰减的过程中被测定出来的。因此信息的价值是通过信息的传递体现出来的。在没有引入附加价值(负熵)的情况下,传播得越广、流传时间越长的信息越有价值。

数据压缩起源于20世纪40年代由香农首创的信息论,而且其基本原理即信息究竟能被压缩到多小,至今依然遵循信息论中的这条定理,这条定理借用了热力学中的名词"熵"(Entropy)来表示一条信息中真正需要编码的信息量。

考虑用0和1组成的二进制数码为含有n个符号的某条信息编码,假设符号F_n在整条信息中重复出现的概率为P_n,则该符号的熵也即表示该符号所需的位数为:

$$E_n = -\log_2^{(P_n)}$$

整条信息的熵也即表示整条信息所需的位数为:$E = \sum E_n$。

举个例子,对下面这条只出现了a、b、c三个字符的字符串 Aabbaccbaa,字符串长度为10,字符a、b、c分别出现了5、3、2次,则a、b、c在信息中出现的概率分别为0.5、0.3、0.2,它们的熵分别为:

$$E_a = -\log_2^{(0.5)} = 1 \quad E_b = -\log_2^{(0.3)} = 1.737 \quad E_c = -\log_2^{(0.2)} = 2.322$$

整条信息的熵也即表达整个字符串需要的位数为:

$$E = E_a \times 5 + E_b \times 3 + E_c \times 2 = 14.855$$

如果用计算机中常用的 ASCII 编码一个字符用 8 个位表示,那么表示上面的字符串需要整整 80 位！这就是信息为什么能被压缩而不丢失原有的信息内容的原因。简单地讲,用较少的位数表示较频繁出现的符号,这就是数据压缩的基本原则。

2. 信息量和信息熵

信息是用不确定性的量来定义的。一个消息的可能性越小,其信息越多;消息的可能性越大,其信息越少。在数学上,所传输的消息是其出现概率的单调下降函数。所谓信息量是指从 N 个相等可能事件中选出一个事件所需要的信息度量或含量,也就是在辨认 N 个事件中特定的一个事件的过程中所需要提问"是或否"的最少次数。例如,要从 64 个数中选定某一个数,可以先提问"是否大于 32",不论回答是或否都消去了半数的可能事件,这样继续下去,只要提问 6 次这类问题,就能从 64 个数中选定某一个数。这是因为每提问一次都会得到 1b 的信息量。信息论创始人 C. E. Shannon,1938 年首次使用比特(bit)的概念:$1(bit) = \log_2^2$。它相当于对两个可能结局所做的一次选择量。

因此在 64 个数中选定某个数所需要的信息量是:$\log_2^{64} = 6(b)$。

信息论把一个事件(字符 x_i)所携带的信息量定义为:

$$I(x_i) = -\log_2^{P(x_i)} \quad i = 1, 2, \cdots, n$$

其中,$P(x_i)$ 为事件发生(字符出现)概率,$I(x_i)$ 即信源 X 发出 x_i 时所携带的信息量。

信源 X 发出的 $x_i (i=1,2,\cdots,n)$,共 n 个随机事件的自信息统计平均(求数学期望),即

$$H(X) = E\{I(x_i)\}$$
$$= \sum_{i=1}^{n} P(x_i) \cdot I(x_i)$$
$$= \sum_{i=1}^{n} P(x_i) \cdot \log_2^{P(x_i)}$$

$H(X)$ 在信息论中称为信源 X 的熵(Entropy),它的含义是信源 X 发出任一个随机变量的平均信息量。熵的大小与信源的概率模型有着密切的关系。

3. 新媒体数据压缩的必要性

新媒体信息包括文本、数据、声音、动画、图像、图形以及视频等多种媒体信息。它们经过数字化处理后其数据量是非常大的,如果不进行数据压缩处理,计算机系统就无法对它进行存储和交换,如表 3.1 所示。另一个原因是图像、音频和视频这些媒体具有很大的压缩潜力。因为在多媒体数据中,存在着空间冗余、时间冗余、结构冗余、知识冗余、视觉冗余、图像区域的相同性冗余、纹理的统计冗余等。它们为数据压缩技术的应用提供了可能的条件。因此在多媒体系统中采用数据压缩技术是十分必要的。

表 3.1 未经过压缩的信息数据

未经压缩的数据情况	数据大小(约)
一幅 1024×768、24 位真彩图像	2.25MB
监测卫星采用四阶段,采样精度为 7 位,按每天 30 幅的频率传输 3240×2340 真彩图像	759MB
一分钟的立体声 CD-A 激光唱盘,采样频率 44.1kHz,量化为 16	10.09MB
一分钟 24 位真彩、720×576、25 帧秒的 PAL 电视信号	1779.8MB

从以上的例子可以看出,数字化信息的数据量十分庞大,无疑给存储器的容量、通信信道的传输率以及计算机的处理速度都增加了极大的压力。如果单纯靠扩大存储器容量、增加通信传输率的办法来解决问题是不现实的。通过数据压缩技术可以大大降低数据量,以压缩的形式存储和传输,既节约了存储空间,又提高了通信的传输效率,同时也使计算机得以实时处理音频、视频信息,保证播放出高质量的视频和音频节目。

3.1.3 新媒体数据压缩的可能性

有损压缩是以一定的质量损失为前提,按照某种方法从给定的信源中推出已简化的数据表述方法。这里所说的质量损失一般都是在人眼允许的误差范围之内,压缩前后的图像如果不做非常细致的对比是很难觉察出两者的差别的。处理是由两个过程组成:一是编码过程,即将原始数据经过编码进行压缩,以便存储与传输;二是解码过程,此过程对编码数据进行解码,还原为可以使用的数据。

新媒体数据中存在大量的冗余,数据压缩技术就是研究如何利用数据的冗余性来减少数据量的方法。媒体信息的冗余如下。

1. 空间冗余

在静态图像中有一块表面颜色均匀的区域,在这个区域中所有点的光强和色彩以及色饱和度都相同,具有很大的空间冗余。同一景物表面上各采样点的颜色之间往往存在着空间连贯性,但是基于离散像素采样来表示物体颜色的方式通常没有利用景物表面颜色的这种连贯性,从而产生冗余。

2. 时间冗余

电视图像、动画等序列图片,当其中物体有位移时,后一帧的数据与前一帧的数据有许多相同的地方,如背景等位置不变,只有部分相邻帧改变的画面,显然是一种冗余,这种冗余称为时间冗余。同理在言语中,由于人在说话时发音的音频是一连续的渐变过程,而不是一个完全在时间上独立的过程,因而也存在时间冗余。

3. 结构冗余

在有些图像的纹理区,图像的像素值存在着明显的分布模式。例如,方格状的地板图案等,称此为结构冗余。如果已知分布模式,就可以通过某一过程生成图像。

4. 知识冗余

对于图像中重复出现的部分,我们可以构造出基本模型,如人脸的图像有固定的结构,嘴的上方有鼻子,鼻子的上方有眼睛,鼻子位于正面图像的中线上等。这类规律性的结构可由先验知识和背景知识得到,这就是知识冗余。根据已有的知识,对某些图像中所包含的物体,构造出描述模型,并创建对应的各种特征的图像库,进行图像的存储只需要保存一些特征参数,从而可大大减少数据量。知识冗余是模型编码的主要利用的特征。

5. 视觉冗余

事实表明,人的视觉系统对图像的敏感性是非均匀性和非线性的。在记录原始的图像数据时,对人眼看不见或不能分辨的部分进行记录显然是不必要的。因此,大可利用人的视觉的非均匀性和非线性,降低视觉冗余。

6. 图像区域的相同性冗余

它是指在图像中的两个或多个区域所对应的所有像素值相同或相近,从而产生的数据重复性存储,这就是图像区域的相似性冗余。在以上的情况下,当记录了一个区域中各像素的颜色值,则与其相同或相近的其他区域就不需要记录其中各像素的值了。

7. 听觉冗余

人的听觉具有掩蔽效应。这是强弱不同的声音同时存在或在不同时间先后发生时出现的现象。人耳对不同频段的声音的敏感程度不同,并不能察觉所有频率的变化,对某些频率变化不特别关注,通常对低频端较之对高频端更敏感。人耳对语音信号的相位变化不敏感。

8. 信息熵冗余(编码冗余)

由信息理论的有关原理可知,表示图像信息数据的一个像素,只要按其信息熵的大小分配相应的比特数即可。然而对于实际图像数据的每个像素,很难得到它的信息熵,在数字化一幅图像时,对每个像素使用相同的符号,这样必然存在冗余。比如,使用相同码长表示不同出现概率的符号,则会造成比特数的浪费。如果采用可变长编码技术,对出现概率大的符号用短码字表示,对出现概率小的符号用长码字表示,则可去除符号冗余,从而节约码字。

随着对人的视觉系统和图像模型的进一步研究,人们可能会发现图像中存在着更多的冗余性,使图像数据压缩编码的可能性越来越大,从而推动图像压缩技术的进一步发展。

3.1.4 多媒体数据压缩的分类

数据压缩就是减少信号数据的冗余性。数据压缩常常又称为数据信源编码,或简称为数据编码。与此对应,数据压缩的逆过程称为数据解压缩,也称为数据信源解码,或简称为数据解码。多媒体数据压缩的方法根据不同的依据可产生不同的分类。

1. 压缩后信息是否有损失

常用的压缩编码方法可根据压缩后质量是否有损失,分为两大类,一类是无损压缩法(冗余压缩法),另一类是有损压缩法(熵压缩法)或称之为有失真压缩法。

1) 无损压缩法

无损压缩法(Lossless Compression Coding)也称为可逆压缩、无失真编码、熵编码等。工作原理为去除或减少冗余值,但这些被去除或减少的冗余值可以在解压缩时重新插入到数据中以恢复原始数据。由于无损压缩法不会产生失真,在实际应用中一般用于文本、数据压缩,它能保证百分之百地恢复数据。但这种方法的压缩率比较低,大致在 2:1~5:1 之间。典型算法有:哈夫曼编码、香农-费诺编码、算术编码、游程编码和 Lenpel-Ziv 编码等。

2) 有损压缩法

有损压缩法(Loss Compression Coding)也称不可逆压缩和熵压缩等。这种方法在压缩时减少的数据信息是不能恢复的。在语音、图像和动态视频的压缩中,经常采用这类方法。用这种方法对自然景物的彩色图像进行压缩,压缩比可达到几十倍甚至上百倍。

有损压缩法压缩了熵,会减少信息量,因为熵定义为平均信息量,而损失的信息是不能再恢复的,因此这种压缩是不可逆的。

有损压缩法由于允许一定程度上的失真,可用于对图像、声音、动态视频等数据压缩,如采用混合编码的 JPEG 标准,它对自然景物的灰度图像,一般压缩比可达到几倍到几十倍,而对于彩色图像,压缩比将达到几十倍到上百倍。采用 ADPCM(Adaptive Difference Pulse Code Modulation,自适应差分脉冲编码调制)编码的声音数据,压缩比通常也能达到 4:1~8:1,压缩比最高的是动态视频数据,采用混合编码的 DVI 多媒体系统,压缩比通常可达 100∶1～200∶1。

2. 根据编码算法来分

1) 预测编码

预测编码(Predictive Coding,PC)这种编码器记录与传输的不是样本的真实值,而是真实值与预测值之差。对于语音,就是通过预测去除语音信号时间上的相关性;对于图像来讲,帧内的预测去除空间冗余、帧间预测去除时间上的冗余。预测值由预编码图像信号的过去信息决定。由于时间、空间相关性,真实值与预测值的差值变化范围远远小于真实值的变化范围,因而可以采用较少的位数来表示。另外,若利用人的视觉特性对差值进行非均匀量化,则可获得更高压缩比。

2) 变换编码

在变换编码(Transform Coding,TC)中,由于对整幅图像进行变换的计算量太大,所以一般把原始图像分成许多个矩形区域,对子图像独立进行变换。变换编码的主要思想是利用图像块内像素值之间的相关性,把图像变换到一组新的"基"上,使得能量集中到少数几个变换系数上,通过存储这些系数而达到压缩的目的。采用 DCT(Discrete Cosine Transform,离散余弦编码)变换消除相关性的效果非常好,而且算法快速,被普遍接受。

3) 统计编码

最常用的统计编码是哈夫曼(Huffman)编码,其基本原理是根据信源的频率进行编码,出现频率大的符号用较少的位数表示,而出现频率小的符号则用较多位数表示,编码效率主要取决于需要编码的符号出现的概率分布,分布越集中则压缩比越高。哈夫曼编码可以实现熵保持编码,所以是一种无损压缩技术,在语音和图像编码中常常和其他方法结合使用。

还有一种算术编码方法,也属于统计编码。算术编码适合于信源符号概率比较接近的情况。在 JPEG 的扩展系统中,用算术编码代替 Huffman 编码。

4) 脉冲编码调制编码

脉冲编码调制编码(Pulse Code Modulation,PCM)属于数据编码方式之一。主要过程是将话音、图像等模拟信号每隔一定时间进行取样,使其离散化,同时将抽样值按分层单位四舍五入取整量化,同时将抽样值按一组二进制码来表示抽样脉冲的幅值。

5) 混合编码

一般是将预测编码和变换编码合并使用。比如在一个方向上进行变换,在另一个方向上用 DPCM(Differential Pulse Code Modulation,差分脉冲编码调制),对变换系数进行预测编码。或是对动态图像二维变换加上时间方向上的 DPCM 预测。

压缩算法还有很多种不同的分类方法,其余方法不再详述,常用算法如图 3.1 所示。

3. 压缩性能指标

衡量一种数据压缩技术的好坏有以下三个重要指标。

(1) 压缩比要大,即压缩前后所需要的信息存储量之比,越大越好。

(2) 实现压缩的算法要简单,压缩、解压速度要快,尽可能地做到实时压缩解压。

(3) 恢复效果要好,要尽可能地恢复原始数据。

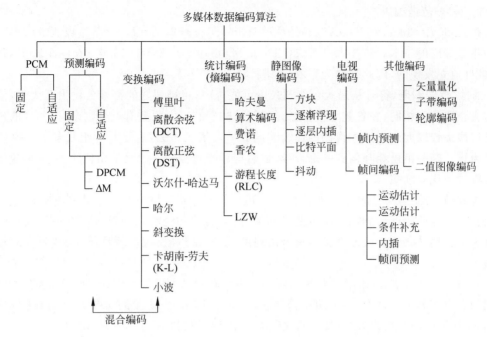

图 3.1　编码算法一览图

3.2　压缩编码算法介绍

信息论中介绍了几种典型的熵编码方法，如香农-范诺(Shannon-Fano)编码法和哈夫曼(Huffman)编码法，其中尤以哈夫曼编码法为最佳，在多媒体编码系统中常用这种方法作熵保持编码，其他编码算法也多用在新媒体数据压缩中，简单介绍如下。

3.2.1　香农-范诺算法

1. 香农简介

克劳德·艾尔伍德·香农(Claude Elwood Shannon)，美国数学家、电子工程师和密码学家，被誉为信息论的创始人。1937年，21岁的香农是麻省理工学院的硕士研究生，他在硕士论文中提出，将布尔代数应用于电子领域，能够构建并解决任何逻辑和数值关系，被誉为有史以来最具水平的硕士论文之一。1948年，香农发表了划时代的论文《通信的数学原理》，奠定了现代信息理论的基础。第二次世界大战期间，香农为军事领域的密码分析、密码破译和保密通信，做出了很大贡献。

香农定理描述了有限带宽，有随机热噪声信道的最大传输速率与信道带宽，信号噪声功率比之间的关系。

在信号处理和信息理论的相关领域中，通过研究信号在经过一段距离后如何衰减以及一个给定信号能加载多少数据后得到了一个著名的公式，叫作香农(Shannon)定理。它以比特每秒(b/s)的形式给出一个链路速度的上限，表示为链路信噪比的一个函数，链路信噪比用分贝(dB)衡量。因此可以用香农定理来检测电话线的数据速率。

2. 香农-范诺编码

香农-范诺(Shannon-Fano)编码是一种基于一组符号集及其概率(估量或测量所得),从而构建前缀码的技术。该技术是香农(Claude Shannon,1948年)和范诺(Robert Fano,1949年)各自独立发现的,因此被称为香农-范诺算法。

香农-范诺编码,符号从最大可能到最少可能排序,将排列好的符号分化为两大组,使两组的概率和近于相同,并各赋予一个二元码符号"0"和"1"。只要有符号剩余,以同样的过程重复这些集合以此确定这些代码的连续编码数字。依次下去,直至每一组只剩下一个信源符号为止。当一组已经降低到一个符号,显然这意味着符号的代码是完整的,不会形成任何其他符号的代码前缀。

香农-范诺编码的目的是产生具有最小冗余的码词(Code Word)。其基本思想是产生编码长度可变的码词。码词长度可变指的是,被编码的一些消息的符号可以用比较短的码词来表示。估计码词长度的准则是符号出现的概率。符号出现的概率越大,其码词的长度越短。

现举例说明香农-范诺编码思想。假入一串编码由 A~E 共 5 个符号组成,这 5 个可被编码的字母有如下出现次数,一组字符串总共 39 个字符,出现 A 的次数为 15,出现 B 的次数为 7,出现 C 的次数为 6,出现 D 的次数为 6,出现 E 的次数为 5,如表 3.2 所示。

表 3.2 字符出现的次数与概率

符号	A	B	C	D	E
计数	15	7	6	6	5
概率	0.384 615 38	0.179 487 18	0.153 846 15	0.153 846 15	0.128 205 13

Shannon-Fano 的编码算法可以用二叉树描述,树是根据一个有效的代码表的规范而建立的。建立方法如下。

(1) 对于一个给定的符号列表,制定了概率相应的列表或频率计数,使每个符号的相对发生频率是已知的。

(2) 排序根据频率的符号列表,最常出现的符号在左边,最少出现的符号在右边。

(3) 清单分为两部分,使左边部分的总频率和尽可能接近右边部分的总频率和。

(4) 该列表的左半边分配二进制数字 0,右半边是分配的数字 1。这意味着,在第一半符号代码都从 0 开始,第二半的代码都从 1 开始。

(5) 对左、右半部分递归应用步骤(3)和(4),细分群体,并添加位的代码,直到每个符号已成为一个相应的代码树的叶。

算法结构树如图 3.2 所示。

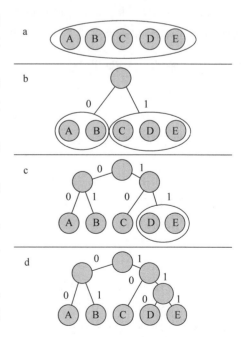

图 3.2 香农-范诺编码算法结构图

从左到右,所有的符号以它们出现的次数划分。在字母 B 与 C 之间划定分割线,得到了左右两组,总次数分别为 22、17。这样就把两组的差别降到最小。通过这样的分割,A 与 B 同时拥有了一个以 0 为开头的码字,C、D、E 的码子则为 1,如表 3.3 所示。随后在树的左半边,于 A,B 间建立新的分割线,这样 A 就成为码字为 00 的叶子节点,B 的码子则为 01。经过 4 次分割,得到了一个树状编码。在最终得到的树中,拥有最大频率的符号被两位编码,其他两个频率较低的符号被三位编码。

表 3.3 编码表

符号	A	B	C	D	E
编码	00	01	10	110	111

根据 A,B,C 两位编码长度,D,E 的三位编码长度,最终的平均码字长度是:

$$\frac{2b \times (15+7+6) + 3b \times (6+5)}{39 \mathrm{Symbol}} \approx 2.28 \mathrm{b/Symbol}$$

从上面的计算表可知,如果用 ASCII 编码每个字符需要的位数是 8b,用香农-范诺(Shannon-Fano)编码每个字符只需要 2.28b,大大节省了存储空间。

3.2.2 哈夫曼编码算法

香农-范诺编码算法并非总能得到最优编码。1952 年,David A. Huffman 提出了一个不同的算法,这个算法可以为任何的可能性提供出一个理想的树。香农-范诺编码是从树的根节点到叶子节点所进行的编码,哈夫曼(Huffman)编码算法却是从相反的方向,即从叶子节点到根节点的方向编码的。

哈夫曼编码方法于 1952 年问世。迄今为止仍经久不衰,广泛应用于各种数据压缩技术中,且仍不失为熵编码中的最佳编码方法。

Huffman 编码法利用了最佳编码定理:在变字长码中,对于出现概率大的信息符号以短字长编码,对于出现概率小的信息符号以长字长编码。如果码字长度严格按照符号概率的大小的相反顺序排列,则平均码字长度一定小于按任何其他符号顺序排列方式得到的码字长度。

哈夫曼码字长度和信息符号出现概率大小次序正好相反,即大概率信息符号分配码字长度短,小概率信息符号分配码字长度长。

(1) 为每个符号建立一个叶子节点,并加上其相应的发生频率。

(2) 当有一个以上的节点存在时,进行下列循环。

把这些节点作为带权值的二叉树的根节点,左右子树为空。

选择两棵根节点权值最小的树作为左右子树构造一棵新的二叉树,且至新的二叉树的根节点的权值为其左右子树上根节点的权值之和。

把权值最小的两个根节点移除。

将新的二叉树加入队列中。

(3) 最后剩下的节点即为根节点,此时二叉树已经完成。

Huffman 算法结构图如图 3.3 所示。

按照 Huffman 编码方法,采用以上 Shannon - Fano 例子所使用的数据表如表 3.2 所

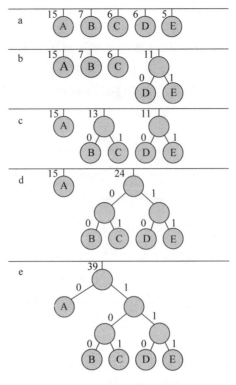

图 3.3　Huffman 算法结构图

示,进行分析。

在这种情况下 D、E 的最低频率和分配分别为 0(D)和 1(E),分组结合的概率为 0.282 051 28。现在最低的一双是 B 和 C,所以它们就分配 0(B)和 1(C)组合,结合概率为 0.333 333 33。这使得 BC 和 DE 最低,每组都分配 0(BC)和 1(DE),加上它们的代码和它们结合的概率。然后离开,只剩余一个 A 和 BCDE,此时分别分配为 0(A)和 1(BCDE),然后结合。生成代码如表 3.4 所示。这次 A 代码的代码长度是 1b,其余字符是 3b。

表 3.4　Huffman 编码

字符	A	B	C	D	E
代码	0	100	101	110	111

结果是:

$$\frac{1b \times 15 + 3b \times (7+6+6+5)}{39 Symbol} \approx 2.23 b1 Symbol$$

从以上计算可知,按照 Huffman 编码,每个字符只需要 2.23b 即可,大大压缩了存储空间。

3.2.3　其他常见的压缩算法

1. 字典算法

字典算法是最为简单的压缩算法之一。它是把文本中出现频率比较多的单词或词汇组

合做成一个对应的字典列表,并用特殊代码来表示这个单词或词汇。例如,有字典列表如下:

```
00 = Chinese
01 = People
02 = China
```

源文本 I am a Chinese people,I am from China,压缩后的编码为 I am a 00 01,I am from 02。压缩编码后的长度显著缩小,这样的编码在 SLG 游戏等专有名词比较多的游戏中比较容易出现。

2. 固定位长算法

这种算法是把文本用需要的最少的位来进行压缩编码。

比如 8 个十六进制数:1、2、3、4、5、6、7、8。转换为二进制为:00000001、00000010、00000011、00000100、00000101、00000110、00000111、00001000。每个数只用到了低 4 位,而高 4 位没有用到(全为 0),因此对低 4 位进行压缩编码后得到:0001、0010、0011、0100、0101、0110、0111、1000。然后补充为字节得到:00010010,00110100,01010110,01111000。所以原来的 8 个十六进制数缩短了一半,得到 4 个十六进制数:12,34,56,78。

这也是比较常见的压缩算法之一。

3. RLE 算法

RLE(Run-Length Encoding,游程编码)又称行程长度编码或变动长度编码法,在控制论中对于二值图像而言是一种编码方法,对连续的黑、白像素数(游程)以不同的码字进行编码。游程编码是一种简单的非破坏性资料压缩法,其好处是压缩和解压缩都非常快。

这种压缩编码是一种变长的编码,RLE 根据文本不同的具体情况会有不同的压缩编码变体与之相适应,以产生更大的压缩比率。

变体 1:重复次数+字符

文本字符串:A A A B B C C C C D D D D,编码后得到:3 A 3 B 4 C 4 D。

变体 2:特殊字符+重复次数+字符

文本字符串:A A A A B C C C C B C C C,编码后得到:B B 5 A B B 4 C B B 3 C。编码串的最开始说明特殊字符 B,以后 B 后面跟着的数字就表示出重复的次数。

变体 3:把文本每个字节分组成块,每个字符最多重复 127 次。每个块以一个特殊字节开头。那个特殊字节的第 7 位如果被置位,那么剩下的 7 位数值就是后面的字符的重复次数。如果第 7 位没有被置位,那么剩下 7 位就是后面没有被压缩的字符的数量。例如,文本字符串 A A A A B C D E F F F,编码后得到 85 A 4 B C D E 83 F(85H= 10000101B、4H= 00000100B、83H= 10000011B)。

以上三种 RLE 变体是最常用的,还有很多其他变体算法,这些算法在 WinZip、WinRAR 压缩软件中是经常用到的。

除此之外还有很多压缩算法,这些编码也是非常的著名而且压缩效率极高,不过这些编码的算法相对比较烦琐,规则也很复杂,由于篇幅就不逐一介绍了。

3.3 数据压缩编码国际标准

从20世纪80年代开始,世界上已有几十家公司纷纷投入到多媒体计算机系统的研制和开发工作。20世纪90年代已有不少精彩的多媒体产品问世,诸如荷兰菲利浦和日本索尼联合推出的CD-I,苹果公司Macintosh为基础的多媒体功能的计算机系统,Intel和IBM公司联合推出的DVI。此外还有Microsoft公司的MPC及苹果的Quick Time等,这些多媒体计算机系统各具特色,丰富多彩,竞争异常激烈。

在色彩缤纷、变幻无穷的多媒体世界中,用户如何选择产品,如何自由地组合、装配来自不同厂家的产品部件,构成自己满意的系统,这就涉及一个不同厂家产品的兼容性问题,因此需要一个全球性的统一的国际技术标准。

国际标准化协会(International Standardization Organization,ISO)、国际电子学委员会(International Electronics Committee,IEC)、国际电信协会(ITU)等国际组织,于20世纪90年代领导制定了多个重要的多媒体国际标准,如H.261、H.263、JPEG和MPEG等标准。

1. JPEG编码

JPEG(Joint Photographic Experts Group)是在国际标准化组织(ISO)领导之下制定静态图像压缩标准的委员会,第一套国际静态图像压缩标准ISO 10918-1(JPEG)就是该委员会制定的。由于JPEG优良的品质,使它在短短几年内获得了成功,被广泛应用于互联网和数码相机领域,网站上80%的图像都采用了JPEG压缩标准。

JPEG本身只有描述如何将一个影像转换为字节的数据串流(Streaming),但并没有说明这些字节如何在任何特定的储存媒体上被封存起来。JPEG/JPG是最常用的图像文件格式,由一个软件开发联合会组织制定,是一种有损压缩格式,能够将图像压缩在很小的储存空间,图像中重复或不重要的资料会被丢失,因此容易造成图像数据的损伤。尤其是使用过高的压缩比例,将使最终解压缩后恢复的图像质量明显降低,如果追求高品质图像,不宜采用过高压缩比例。

JPEG压缩技术十分先进,它用有损压缩方式去除冗余的图像数据,在获得极高的压缩率的同时能展现十分丰富生动的图像,也就是可以用最少的磁盘空间得到较好的图像品质。而且JPEG是一种很灵活的格式,具有调节图像质量的功能,允许用不同的压缩比例对文件进行压缩,支持多种压缩级别,压缩比率通常在10∶1到40∶1之间,压缩比越大,品质就越低;相反地,品质就越高。比如可以把1.37Mb的BMP位图文件压缩至20.3KB。当然也可以在图像质量和文件尺寸之间找到平衡点。JPEG格式压缩的主要是高频信息,对色彩的信息保留较好,适合应用于互联网,可减少图像的传输时间,可以支持24位真彩色,也广泛应用于需要连续色调的图像。

用这种压缩格式的文件一般就称为JPEG;此类文件的一般扩展名有.jpeg、.jfif、.jpg或.jpe,其中在主流平台最常见的是.jpg。JPEG只描述一副图像如何转换成一组数据流,而不论这些字节存储在何种介质上。由独立JPEG组创立的另一个进阶标准,JFIF(JPEG File Interchange Format,JPEG文件交换格式)则描述JPEG数据流如何生成适于计算机存储或传送的图像。在一般应用中,从数码相机等来源获得的JPEG文件,指的就是JFIF文件,有时是 ExifJPEG 文件。

JPEG/JFIF 是互联网上最常见的图像存储和传送格式。但此格式不适合用来绘制线条、文字或图标,因为它的压缩方式对这几种图片损坏严重。PNG 和 GIF 文件更适合以上几种图片。不过 GIF 每像素只支持 8 位色深,不适合色彩丰富的照片,但 PNG 格式就能提供 JPEG 同等甚至更多的图像细节。

JPEG 是一种针对像片和影像而广泛使用的一种失真压缩标准方法。使用这种压缩格式的文件一般也被称为 JPEG;虽然在所有平台上.jpg 是最普遍的,但是针对这种格式一般的扩展名是.jpeg、.jfif、.jpg、.JPG 或是.JPE。

2. MPEG 编码

ISO 和 CCITT 于 1988 年成立了"运动图像专家组(Moving Picture Experts Group,MPEG)",研究制定了视频及其伴音国际编码标准。MPEG 阐明了声音电视编码和解码过程,严格规定声音和图像数据编码后组成位数据流的句法,提供了解码器的测试方法等。其最初标准解决了如何在 650MB 光盘上存储音频和视频信息的问题,同时又保留了充分的可发展的余地,使得人们可以不断地改进编、解码算法,以提高声音和电视图像的质量以及编码效率。

目前为止,已经开发的 MPEG 标准有以下几种,简单介绍如下。

1) MPEG-1

运动图像专家组在 1991 年 11 月提出了"用于数据速率大约高达 1.5Mb/s 的数字存储媒体的电视图像和伴音编码",作为 ISO 11172 号建议,于 1992 年通过,习惯上通称 MPEG-1 标准。这个标准主要是针对当时具有这种数据速率的 CD-ROM 开发的,用于在 CD-ROM 上存储数字影视和传输数字影视,PAL 制为 352×288 pixel/frame$\times$25frame/s,NTSC 制为 352×240 pixel/frame$\times$30frame/s。

MPEG-1 主要用于活动图像的数字存储,它包括 MPEG-1 系统、MPEG-1 视频、MPEG-1 音频、一致性测试和软件模拟 5 个部分。重点放在 MPEG 视频和音频压缩技术上。

2) MPEG-2

数字电视标准。MPEG-2 于 1994 年 11 月正式被确定为国际标准。它是声音和图像信号数字化的基础标准,将广泛用于数字电视(包括高清晰度电视 HDTV)及数字声音广播、数字图像与声音信号的传输、多媒体等领域。因而 MPEG-2 是十分重要的,也是非常成功的世界统一标准。

MPEG-2 标准是一个直接与数字电视广播有关的高质量图像和声音编码标准,MPEG-2 视频利用网络提供的更高的带宽(1.5Mb/s 以上)来支持具有更高分辨率图像的压缩和更高的图像质量。MPEG-2 可以说是 MPEG-1 的扩充,这是因为它们的基本编码和算法都相同。与 MPEG-1 视频比较,MPEG-2 可支持隔行扫描电视的编码,还提供了位速率的可变功能等,因而取得更好的压缩效率和图像质量。MPEG-2 要达到的基本目标是:位速率为 $4Mb/s\sim9Mb/s$,最高达 15Mb/s。

同 MPEG-1 标准一样,MPEG-2 标准也包括系统、视频和音频等部分内容,具体说有:系统、视频、音频、一致性测试、软件模拟、数字存储体命令和控制扩展协议、先进声音编码、系统解码器实时接口扩展标准等 10 个部分。它克服并解决了 MPEG-1 不能满足日益增长的多媒体技术、数字电视技术对分辨率和传输率等方面的技术要求的缺陷。

3) MPEG-3

MPEG-3 是在制定 MPEG-2 标准之后准备推出的适用于 HDTV(高清晰度电视)的视频、音频压缩标准,但是由于 MPEG-2 标准已经可以满足要求,故 MPEG-3 标准并未正式推出。

值得注意的是,MPEG-3 与我们常说的音频格式 MP3 不是一回事,MP3 音频压缩所采用的是 MPEG-1 和 MPEG-2 当中音频压缩的第三个层次(Layer 3),采样率 16~48kHz,编码速率 8kb/s~1.5Mb/s。

4) MPEG-4

1999 年发布的多媒体应用标准。MPEG-4 于 1994 年开始工作,它是为视听数据的编码和交互播放开发的算法和工具,是一个数据速率很低的多媒体通信标准。MPEG-4 的目标是要在异构网络环境下能够高度可靠地工作,并且具有很强的交互功能。

MPEG-4 由于适合在低数据传输速率场合下应用,所以它的应用领域主要在公用电话交换网、可视电话、电视邮件和电子报纸等。

5) MPEG-7

MPEG-7 作为 MPEG 家族中的一个新成员,目前还在研究中。正式名称叫作"多媒体内容描述接口(Multimedia Content Description Interface)",还是以 MPEG-1、MPEG-2、MPEG-4 等标准为基础的,它将为各种类型的多媒体信息规定一种标准化的描述,这种描述与多媒体信息的内容本身一起,支持用户对其感兴趣的各种"资料"的快速、有效的检索。

各种"资料"包括:静止图像、图形、音频、动态视频,以及如何将这些元素组合在一起的合成信息。

这种标准化的描述可以加到任何类型的多媒体资料上,不管多媒体资料的表示格式如何,或是什么压缩形式,加上了这种标准化描述的多媒体数据就可以被索引和检索了。

各种类型信息的标准化描述可以分成一些语义上的层次。以视频资料为例:较低层次的描述就是颜色、形状、纹理、空间结构等信息;而最高层次的语义描述信息可以有介于上面层次之间的中间语义描述信息。同样的内容根据不同的应用领域要求,可以携带不同的类型的描述信息。

MPEG-7 的应用领域很广,主要包括以下领域。

(1) 数字图书馆。例如,图像目录、音乐词典等。

(2) 多媒体目录服务。例如,黄页等。

(3) 广播式媒体的选择。例如,无线电频道、TV 频道等。

(4) 个人电子新闻服务、多媒体创作等。

(5) 教育、娱乐、新闻、旅游、医疗和电子商务等。

3. 视频压缩编码标准

所谓视频编码方式就是指通过特定的压缩技术,将某个视频格式的文件转换成另一种视频格式文件的方式。视频流传输中最为重要的编解码标准有国际电联的 H.261、H.263、H.264,国际标准化组织运动图像专家组的 MPEG 系列标准,此外在互联网上被广泛应用的还有 Real-Networks 的 Real Video、微软公司的 WMV 以及 Apple 公司的 QuickTime 等。

1) H.261

H.261 又称为 $P*64$,其中 P 为 64kb/s 的取值范围,是 1~30 的可变参数,它最初是针对在 ISDN 上实现电信会议应用，特别是面对面的可视电话和视频会议而设计的。实际的编码算法类似于 MPEG 算法，但不能与后者兼容。H.261 在实时编码时比 MPEG 所占用的 CPU 运算量少得多，此算法为了优化带宽占用量，引进了在图像质量与运动幅度之间的平衡折中机制，也就是说，剧烈运动的图像比相对静止的图像质量要差。因此这种方法是属于恒定码流可变质量编码而非恒定质量可变码流编码。

H.261 是 1990 年 ITU-T 制定的一个视频编码标准，属于视频编解码器。其设计的目的是能够在带宽为 64kb/s 的倍数的综合业务数字网（ISDN for Integrated Services Digital Network）上传输质量可接受的视频信号。编码程序设计的码率是能够在 40kb/s～2Mb/s 之间工作，能够对 CIF 和 QCIF 分辨率的视频进行编码，即亮度分辨率分别是 352×288 和 176×144，色度采用 4:2:0 采样，分辨率分别是 176×144 和 88×72。在 1994 年的时候，H.261 使用向后兼容的技巧加入了一个能够发送分辨率为 704×576 的静止图像的技术。

H.261 是第一个实用的数字视频编码标准。H.261 使用了混合编码框架，包括基于运动补偿的帧间预测，基于离散余弦变换的空域变换编码，量化，Zig-Zag 扫描和熵编码。H.261 编码时基本的操作单位称为宏块。H.261 使用 YCbCr 颜色空间，并采用 4:2:0 色度抽样，每个宏块包括 16×16 的亮度抽样值和两个相应的 8×8 的色度抽样值。

2）H.263

H.263 标准是由国际电信联盟（ITU）发布的，对视频会议和视频电信应用提供视频压缩（编码）。

视频会议和视频电信有很广泛的程序应用，包括：桌面环境或室内环境下的会议系统，通过 Internet 或电话线路实现的视频通信，电子监视和操作，远程医疗（在远程进行医学咨询和诊断），基于计算机的培训与教育。在每种应用中，视频信息（也许与音频信息一块儿）被通过电信通信连接传输，包括网络、电话线路、ISDN 和广播的形式。视频有宽频的特征（比如说每秒很多字节）这些应用就需要对视频进行压缩或是进行编码来在传输之前降低带宽值。

H.263 是国际电联 ITU-T 的一个标准草案，是为低码流通信而设计的。但实际上这个标准可用在很宽的码流范围，而非只用于低码流应用，它在许多应用中可以认为被用于取代 H.261。H.263 的编码算法与 H.261 一样，但做了一些改善和改变，以提高性能和纠错能力。

3）H.264

H.264 是国际标准化组织（ISO）和国际电信联盟（ITU）共同提出的继 MPEG4 之后的新一代数字视频压缩格式。H.264 是 ITU-T 以 H.26x 系列为名称命名的视频编解码技术标准之一。H.264 是 ITU-T 的 VCEG（视频编码专家组）和 ISO/IEC 的 MPEG（活动图像编码专家组）的联合视频组（Joint Video Team，JVT）开发的一个数字视频编码标准。该标准最早来自于 ITU-T 的称之为 H.26L 的项目的开发。H.26L 这个名称虽然不太常见，但是一直被使用着。H.264 是 ITU-T 以 H.26x 系列为名称命名的标准之一，AVC 是 ISO/IEC MPEG 一方的称呼。

国际上制定视频编解码技术的组织有两个，一个是"国际电联（ITU-T）"，它制定的标准有 H.261、H.263、H.263+等，另一个是"国际标准化组织（ISO）"它制定的标准有 MPEG-1、MPEG-2、MPEG-4 等。而 H.264 则是由两个组织联合组建的联合视频组（JVT）共同制定的新数字视频编码标准,所以它既是ITU-T的H.264,又是ISO/IEC的MPEG-4高级视频编码(Advanced Video Coding,AVC)的第10部分。因此,不论是MPEG-4 AVC、MPEG-4 Part 10,还是ISO/IEC 14496-10,都是指H.264。

  H.264是在MPEG-4技术的基础之上建立起来的,H.264标准的主要目标是:与其他现有的视频编码标准相比,在相同的带宽下提供更加优秀的图像质量。通过该标准,在同等图像质量下的压缩效率比以前的标准(MPEG2)提高了两倍左右。

  H.264是在MPEG-4技术的基础之上建立起来的,其编解码流程主要包括5个部分:帧间和帧内预测(Estimation)、变换(Transform)和反变换、量化(Quantization)和反量化、环路滤波(Loop Filter)、熵编码(Entropy Coding)。

  H.264标准的主要目标是:与其他现有的视频编码标准相比,在相同的带宽下提供更加优秀的图像质量。通过该标准,在同等图像质量下的压缩效率比以前的标准(MPEG2)提高了两倍左右。

  H.264可以提供11个等级、7个类别的子协议格式(算法),其中等级定义是对外部环境进行限定,例如带宽需求、内存需求、网络性能等。等级越高,带宽要求就越高,视频质量也越高。类别定义则是针对特定应用,定义编码器所使用的特性子集,并规范不同应用环境中的编码器复杂程度。

  H.264编码具有以下特点:①低码率,H.264编码和MPEG2和MPEG4 ASP等压缩技术相比,在同等图像质量下,采用H.264技术压缩后的数据量只有MPEG2的1/8,MPEG4的1/3;②图像的高质量,H.264能提供连续、流畅的高质量图像(DVD质量);③容错能力强,H.264提供了解决在不稳定网络环境下容易发生的丢包等错误的必要工具;④网络适应性强,H.264提供了网络抽象层,使得H.264的文件能容易地在不同网络上传输(例如互联网、CDMA、GPRS、WCDMA、CDMA2000等)。

  H.264最大的优势是具有很高的数据压缩比率,在同等图像质量的条件下,H.264的压缩比是MPEG-2的二倍以上,是MPEG-4的1.5～2倍。例如,原始文件的大小如果为88GB,采用MPEG-2压缩标准压缩后变成3.5GB,压缩比为25∶1,而采用H.264压缩标准压缩后变为879MB,从88GB到879MB,H.264的压缩比达到惊人的102∶1。低码率对H.264的高的压缩比起到了重要的作用,和MPEG-2和MPEG-4 ASP等压缩技术相比,H.264压缩技术将大大节省用户的下载时间和数据流量收费。尤其值得一提的是,H.264在具有高压缩比的同时还拥有高质量流畅的图像,正因为如此,经过H.264压缩的视频数据,在网络传输过程中所需要的带宽更少,也更加经济。

小 结

  新媒体信息具有海量数据的特点,对保存和传输都带来极大的挑战,而这些信息本身又具有相当多的冗余,因此具有一定的压缩可能性。本章通过对媒体信息特点进行分析,介绍了数据压缩的基础常识,对多媒体信息压缩编码技术、压缩的分类方法进行了简单的介绍,并重点介绍了香农-范诺、哈夫曼算法理论基础。最后介绍了多媒体图像和视频中常见的JPEG和MPEG国际编码标准。信息编码理论具有较复杂的数学基础和算法,在学习中只要了解基本思路即可,有兴趣的读者可以在此基础上进行深入学习和研究。

思 考 题

1. 简述多媒体信息压缩的必要性和可行性。
2. 什么是有损压缩？什么是无损压缩？分别应用在什么场合？
3. 香农-范诺编码算法的基本思想是什么？
4. 哈夫曼编码算法的基本思想是什么？
5. JPEG 和 MPEG 编码的特点分别是什么？

第 4 章　新媒体技术基础

新媒体系统中的终端通常是智能手机和移动平台,但计算机系统是对传统媒体进行获取、编辑、存储、处理、加工和表现的一种综合处理系统,几乎所有的新媒体素材都要由传统的多媒体计算机系统编辑完成。因此,多媒体计算机也是新媒体系统不可缺少的部分。

4.1　新媒体系统组成

新媒体软硬件系统是指完成新媒体素材加工制作、传播及展示的硬件设备和软件系统,尽管新媒体是以手机等移动终端为主要媒介,手机、iPad 等成为主要的显示设备。但从智能手机的组成部分来看,现在的智能手机就是一台精简的计算机。同时,复杂的新媒体源素材也要通过计算机系统来制作,多媒体计算机系统可以对文本、声音、图形、图像、动画、视频等媒体素材进行良好的编辑处理,因此本章在介绍计算机硬件组成基础上对新媒体相关知识进行阐述。

4.1.1　计算机硬件系统组成

从组成来看,计算机硬件包括:运算器、控制器、存储器、输入设备、输出设备 5 部分;从外观来说,微型计算机硬件包括:主机、显示器、键盘、鼠标、音箱。另外还有打印机和扫描仪等,也是计算机重要的输出、输入设备。

1. 主机

主机,是计算机系统中最重要的设备,几乎所有的文件资料和信息处理都由它来完成,它还要指挥其他的外部设备配合完成所有的工作,其他的设备因此被称为外围设备。其主要部件包括主板、硬盘驱动器、光盘驱动器、声卡、显示卡及其他部件。

主板是计算机主机的集成平台,几乎所有的部件都要直接或间接地通过它连在一起才能发挥作用;在主板上有 CPU(Central Processing Unit,中央处理器)、内存、音频、视频及连接各种外部设备的接口。主板外观如图 4.1 所示。

(1) CPU。CPU(中央处理器)是一块超大规模的集成电路,是一台计算机的运算核心(Core)和控制核心(Control Unit)。它的功能主要是解释计算机指令以及处理计算机软件中的数据。中央处理器主要包括运算器(算术逻辑运算单元,Arithmetic Logic Unit,ALU)和高速缓冲存储器(Cache)及实现它们之间联系的数据总线(Data Bus)、控制总线(Control Bus)及地址总线(Address Bus)。

计算机的性能在很大程度上由 CPU 的性能决定,而 CPU 的性能主要体现在其运行程序的速度上。影响运行速度的性能指标包括 CPU 的工作频率、Cache 容量、指令系统和逻辑结构等参数。

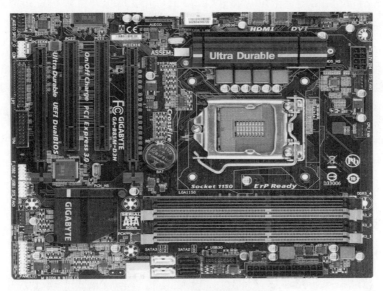

图 4.1　计算机主板

主频也叫时钟频率,单位是兆赫(MHz)或千兆赫(GHz),用来表示 CPU 的运算、处理数据的速度。通常,主频越高,CPU 处理数据的速度就越快。

缓存大小也是 CPU 的重要指标之一,而且缓存的结构和大小对 CPU 速度的影响非常大,CPU 内缓存的运行频率极高,一般是和处理器同频运作,工作效率远远大于系统内存和硬盘。实际工作时,CPU 往往需要重复读取同样的数据块,而缓存容量的增大,可以大幅度提升 CPU 内部读取数据的命中率,而不用再到内存或者硬盘上寻找,以此提高系统性能。

常用的 CPU 外形如图 4.2 所示。

图 4.2　Core i7 CPU 外形

主板的后面有各种输入输出接口,如图 4.3 所示。输入输出接口是 CPU 与外部设备之间交换信息的连接电路,它们通过总线与 CPU 相连,简称 I/O 接口。它是主机和外围设备之间交换信息的连接电路。它在主机和外围设备之间的信息交换中起着桥梁和纽带作用。

(2) 内存。计算机内存分为只读存储器和随机读写存储器,只读存储器是主板上的一个芯片。随机读写存储器(Random Access Memory,RAM)也就是人们通常所说的内存条。内存条是计算机工作过程中储存数据信息的地方,它的单位为字节(B,1GB＝1024MB,1MB＝1024KB,1KB＝1024B,一个汉字占两个字节)。现在的计算机一般都安装 2GB、4GB 甚至更大的 RAM。

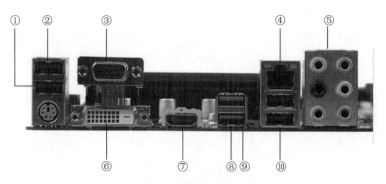

图 4.3　输入输出接口

①、②、⑩是 USB 2.0 接口；③模拟视频接口；④网卡接口；⑤音频、视频接口；⑥数字视频接口；⑦1394 接口；⑧⑨USB 3.0 接口

常见的 DDR3 RAM 外形如图 4.4 所示。

图 4.4　计算机 DDR3 内存

从计算机组成原理上来说,CPU 和内存是计算机的主要组成部分,简称主机。

2. 外部设备

(1) 硬盘。内存容量较小,断电后数据会丢失,长时间保存的数据通常选择保存在硬盘中。硬盘是计算机存放各种数据的地方,是安装软件和存储文件以及保存数据的空间,早期硬盘的容量较少,一般是 300～500GB 的容量,目前常见的硬盘容量在 1～4TB(1TB＝1024GB),是真正的大容量存储器,大容量的存储设备奠定了新媒体信息存放的基础。

传统机械硬盘在传输速率方面受限于物理因素,不可能太快,接口带宽即使是 SATA 3 接口的高速优势在机械硬盘上也难以表现出来。这样固态硬盘 SSD 硬盘技术随之迅速发展。

固态驱动器(Solid State Drive,SSD)简称固盘,由控制单元和存储单元(Flash 芯片)组成,简单地说,是用固态电子存储芯片阵列而制成的硬盘,固态硬盘的接口规范和定义、功能及使用方法与普通硬盘的相同,如图 4.5 所示。

固态硬盘与传统机械硬盘相比,具有低功耗、无噪声、抗振动、低热量、体积小、工作温度范围大的特点。它没有机械马达和风扇,工作时噪声值接近 0dB。基于闪存的固态硬盘在工作状态下能耗和发热量较低。另外,由于固态硬盘不存在任何机械活动部件,不会发生机械故障,也不怕碰撞、冲击、振动等问题。

图 4.5　SSD 硬盘

由于 SSD 固态硬盘具有以上的特点,因此在实际应用中常用来安装操作系统,以减少

开机等待时间。

（2）显示器。是计算机系统最主要的输出设备，它的作用是将主机的运行结果显示出来，它由一根视频电缆与主机的显示卡相连。目前17～22英寸的彩色液晶显示器已非常流行，成为新媒体计算机的主流配置。

（3）键盘。它的功能与显示器相反，它的作用是对主机系统的"输入"数据信息，用户的指令必须通过它才能告诉主机。目前键盘对新媒体计算机系统来说还是一个不可替代的输入设备。

（4）鼠标。随着Windows图形操作界面的流行，很多命令和要求已基本上不需再用键盘输入，只要通过操作鼠标的左键或右键就能指挥计算机完成工作。因此，虽然很小的鼠标，却给计算机使用者带来了很大的方便和许多的乐趣。

（5）音箱。为了适应新媒体的需要，现在，有声有画的多媒体计算机功能越来越壮大，为人们的工作和生活增添了很多的色彩，主机的声音通过声卡传送给音箱，再由音箱表达出来，真正把多媒体的效果体现出来。

（6）打印机。打印机同显示器一样都是一种常用的输出设备，不同的是打印机将信息打印到纸张。其通过一根并口或者USB接口线与主机后面的对应接口相连。

打印机有三种类型：针式打印机、喷墨打印机和激光打印机，其性能是逐级递增的，分别满足不同的用户需求。

4.1.2 多媒体计算机组成

多媒体计算机的硬件标准起源于1990年Microsoft等公司筹建的多媒体PC市场协会（Multimedia PC Marketing Council），并在1991年10月8日发表了第一代多媒体MPC的标准，在1993年5月接着发表了MPC 2.0的技术规范，在1996年发表了MPC 4.0的技术规范。随着计算机技术的不断发展，MPC的标准也在提高。就现在来说，普通MPC的配置已经完全超过了当初规定的硬件标准，并且还将迅速发展。MPC规定了多媒体PC系统的最低要求，凡符合或超过这种规范的系统以及能在该系统上运行的软、硬件都可以称为多媒体计算机。

一个多媒体计算机（MPC）系统最基本的硬件是音频卡（Audio Card）、CD-ROM光盘机（CD-ROM）、视频卡（Video Card）。在普通计算机加上音频卡、视频卡和CD-ROM，就构成了目前人们所说的多媒体计算机。当然，在实际应用中，还应配置必要的其他硬件设备（如摄像机、扫描仪、触摸屏、打印机、影碟机、音响设备等）以及相应的软件，才能构成一个多媒体系统。下面简单介绍一下组成多媒体计算机的音频卡、视频卡和CD-ROM的功能。

1. 音频卡

声卡（Sound Card）也叫音频卡或声效卡，是多媒体计算机中必不可少的组成部分，是实现声音A/D（模/数）、D/A（数/模）转换的硬件电路，即实现模拟信号/数字信号的相互转换的功能。声卡的功能与性能直接影响到多媒体系统中的音频效果。

声卡的种类很多，目前国内外市场上至少有上百种不同型号、不同性能和不同特点的声卡。声卡用来处理音频信息。它可以把话筒、唱机（包括激光唱机）、录音机、电子乐器等输入的声音信息进行模数转换、压缩处理，也可以把经过计算机处理的数字化的声音信号通过还原（解压缩）、数模转换后用扬声器播放出来。声卡外观如图4.6所示。

声卡和多媒体计算机中所处理的数字化声音信息通常有多种不同的采样频率和量化精度可以选择,以适应不同应用场合的质量要求。采样频率越高,量化位数越多,质量越高。目前,相当于激光唱片质量的高质量要求的场合,采样频率为 44.1kHz,量化精度为 16 位,数据速率为 88.2KB/s。MIDI 是声卡功能的另一个重要组成部分。MIDI(Musical Instrument Digital Interface)规定了不同的电子乐器和计算机连接方案和设备间数据传输的协议,通过 MIDI 可进行乐曲创作,以及提供多种乐器声音的效果。

目前,很多微型计算机主板都集成有声卡功能,可以满足日常听音乐等基本要求。如果对声音处理要求比较高,建议购买专业声卡。

2. 显示卡

显卡(Graphic Card),全称是显示接口卡,又称显示适配器,是计算机中负责图像信息处理的专用设备,显卡向显示器提供可识别的数据信号,控制显示器正确显示并产生图像,因此显卡的性能好坏直接决定着计算机的显示效果。

显卡结构如图 4.7 所示。

图 4.6 声卡

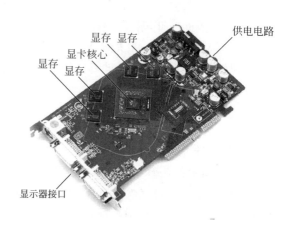

图 4.7 显卡结构图

显卡是由显示主芯片、显示缓存(简称显存)、BIOS、数字模拟转换器(DAC)、显卡的接口以及卡上的电容、电阻等组成,多功能显卡还配备了视频输出以及输入部分。随着技术的发展,目前大多数显卡都将 DAC 集成到了主芯片上。

4.1.3 移动终端设备

新媒体的出现让人们随时随地可以实现信息的收集、接收与传播,极大地丰富了人们接收新知识的手段,移动终端设备成为新媒体现实的主要设备,满足了新媒体传输的要求。

移动终端或者叫移动通信终端是指可以在移动中使用的计算机设备,广义地讲包括手机、笔记本、平板电脑、POS 机甚至包括车载计算机。但是大部分情况下是指手机或者具有多种应用功能的智能手机以及平板电脑。

随着网络技术越来越宽带化的方向发展,移动通信产业将走向真正的移动信息时代。另一方面,随着集成电路技术的飞速发展,移动终端的处理能力已经拥有了强大的处理能力,移动终端正在从简单的通话工具变为一个综合信息处理平台。这也给移动终端增加了更加宽广的发展空间。

移动终端作为简单通信设备伴随移动通信发展已有几十年的历史。自 2007 年开始,智能化引发了移动终端根本性的变革,从根本上改变了终端作为移动网络末梢的传统定位。移动智能终端几乎在一夜之间转变为互联网业务的关键入口和主要创新平台,新型媒体、电子商务和信息服务平台,互联网资源、移动网络资源与环境交互资源的最重要枢纽,其操作系统和处理器芯片甚至成为当今整个 ICT 产业的战略制高点。移动智能终端引发的颠覆性变革揭开了移动互联网产业发展的序幕,开启了一个新的技术产业周期,成为人类历史上渗透广泛、普及迅速、影响巨大、深入至人类社会生活方方面面的终端产品。

1. 智能手机

智能手机是相对普通通信手机而言的,普通手机具有收发短信和通话功能,而智能手机是在此基础上增加一个嵌入式多媒体计算机。如何界定智能手机呢?通常认为具有操作系统(与普通手机最大的区别),有 CPU、内存、存储介质及软件支持,这样的手机就可以称它为智能手机。

智能手机的诞生,是掌上计算机(Pocket PC)演变而来的。最早的掌上计算机并不具备手机通话功能,但是随着用户对于掌上计算机的个人信息处理方面功能的依赖的提升,又不习惯于随时都携带手机和 PPC 两个设备,所以厂商将掌上计算机的系统移植到了手机中,于是才出现了智能手机这个概念。

智能手机同传统手机外观和操作方式类似,不仅包含触摸屏也包含非触摸屏数字键盘手机和全尺寸键盘操作的手机。但是传统手机都使用的是生产厂商自行开发的封闭式操作系统,所能实现的功能非常有限,不具备智能手机的扩展性。所谓的"智能手机"就是一台可以随意安装和卸载应用软件的手机,智能手机的特点如下。

(1) 具备普通手机的全部功能,能够进行正常的通话、发短信等手机应用。

(2) 具备无线接入互联网的能力,即需要支持 GSM 网络下的 GPRS 或者 CDMA 网络下的 CDMA1X 或者 3G、4G 网络。

(3) 具备 PDA 的功能,包括 PIM(个人信息管理)、日程记事、任务安排、多媒体应用、浏览网页。

(4) 具有开放性的操作系统,在这个操作系统平台上,可以安装更多的应用程序,从而使智能手机的功能可以得到无限的扩充。

(5) 具有人性化的一面,可以根据个人需要扩展机器的功能。

(6) 功能强大,扩展性能强,第三方软件支持多。

智能手机除了具备手机的通话功能外,还具备了 PDA 的大部分功能,特别是个人信息管理以及基于无线数据通信的浏览器、GPS 和电子邮件功能。智能手机为用户提供了足够的屏幕尺寸和带宽,既方便随身携带,又为软件运行和内容服务提供了广阔的舞台,很多增值业务可以就此展开,如股票、新闻、天气、交通、商品、应用程序下载、音乐图片下载等。结合 3G 通信网络的支持,智能手机的发展趋势,势必将成为一个功能强大,集通话、短信、网络接入、影视娱乐为一体的综合性个人手持终端设备。

智能手机 iPhone 5S 主板如图 4.8 所示。

图中处理器为 A7 处理器,型号为 APL0698,与 iPhone 5S、Air 中的完全一样,不过主频定在了 1.3GHz,同时 mini 2 内置的是尔必达 F8164A1PD 1GB LPDDR3 内存;内存部分为东芝 THGBX2G7B2JLA01 16GB 闪存;传感器部分为意法半导体的 B334 STMicro MEMS 加速器/陀螺仪,跟 Air 中的完全一样;数字处理器部分为 M7 协处理器,型号为恩智浦 NXP LPC18A1。

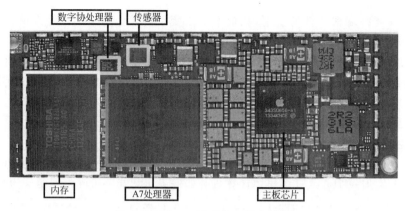

图 4.8 iPhone 5S 手机主板电路图

2. 笔记本

笔记本与台式计算机相比，有着类似的结构组成（显示器、键盘/鼠标、CPU、内存和硬盘），但是笔记本的优势还是非常明显的，其主要优点有体积小、重量轻、携带方便。一般说来，便携性是笔记本相对于台式计算机最大的优势，一般的笔记本的重量只有 1.5kg 左右，无论是外出工作还是旅游，都可以随身携带，非常方便。

1985 年，由日本东芝公司生产的第一款笔记本 T1100 正式问世，这款笔记本目前为止是多数国内媒体公认的第一款笔记本。

1995 年，ThinkPad760cd 问世，这是世界上第一款支持多媒体功能、第一个采用 12.1 英寸 SVGA 高分辨率显示的笔记本。支持多媒体处理意味着笔记本从纯商用开始走向更为广阔的多元化市场，此时的笔记本正如当年的 PC 一样，开始走向普通大众。

1998 年，Intel 公司的移动版 PII/Celeron 问世，这让笔记本的性能得到了一次质的飞跃。1999 年，AMD Mobile K6-2 发布，支持了最新的 3DNow! 而抛开了与 Intel MMX 技术的纠葛，性能上开始有了大幅的提升。

2003 年 1 月 8 日，Intel 发布了全新的笔记本架构 Centrino，即人们所说的迅驰平台。该构架包括代号为 Banias 的 Pentium-M 移动处理器、Intel 855 芯片组（代号 Odem、Montara-GM）和一个支持 802.11b/a 的 WLAN（无线局域网）以及 Mini-PCI 卡（代号 Calexico）。从此，笔记本的平台化开始深入人心。

2005 年 1 月 9 日，迅驰二代 SONOMA 平台正式发布。SONOMA 平台的一些技术的三大中心词就是 FSB=533MHz、Intel 915、NIC(Network Interface Controller)。2005 年 4 月 20 日，东芝发布 20 周年纪念笔记本产品 Dynabook SS SX、Dynabook SS S20。这两款机型都采用东芝公司的新型材料为主板原料，大幅度减少了线路并提高速度。其厚度仅为 9.9mm，整体厚度为 19.8mm，采用了华美的金属材质，最大待机时间长达 5.4 小时。

笔记本发展到现在，已经具备和台式计算机完全相同的功能，在某些应用方面甚至超过了台式计算机，且具有方便携带的特点，成为现在移动办公和移动商务的主要平台设备。

3. 平板电脑

平板电脑的概念由微软公司在 2002 年提出，但当时由于硬件技术水平还未成熟，而且所使用的 Windows XP 操作系统是为传统计算机设计，并不适合平板电脑的操作方式（Windows 7 操作系统不适合于平板电脑）。2010 年，平板电脑突然火爆起来。苹果首席执行官史蒂夫·乔布斯于2010年1月27日在美国旧金山欧巴布也那艺术中心发布iPad,让各IT厂商将目光重新聚焦在了"平板电脑"上。iPad重新定义了平板电脑的概念和设计思想,取得了巨大的成功,从而使平板电脑真正成为一种带动巨大市场需求的产品。这个平板电脑(Pad)的概念和微软那时(Tablet)已不一样。iPad让人们意识到,并不是只有装Windows的才是计算机,苹果的iOS系统也能做到。2011年,Google推出Android 3.0操作系统。Android是Google公司一个基于Linux核心的软件平台和操作系统,目前Android成为iOS最强劲的竞争对手之一。

平板电脑也叫便携式计算机(Tablet PC,Flat Pc,Tablet,Slates),是一种小型、方便携带的个人计算机,以触摸屏作为基本的输入设备。它拥有的触摸屏(也称为数位板技术)允许用户通过触控笔或数字笔来进行作业而不是传统的键盘或鼠标。用户可以通过内建的手写识别、屏幕上的软键盘、语音识别或者一个真正的键盘(如果该机型配备的话)实现输入。平板电脑的特点如下。

平板电脑在外观上,具有与众不同的特点。有的就像一个单独的液晶显示屏,只是比一般的显示屏要厚一些,在上面配置了硬盘等必要的硬件设备。

便携移动。它像笔记本一样体积小而轻,可以随时转移它的使用场所,比台式计算机具有移动灵活性。

平板电脑的最大特点是,数字墨水和手写识别输入功能,以及强大的笔输入识别、语音识别、手势识别能力,且具有移动性。

特有的Table PC Windows XP操作系统,不仅具有普通Windows XP的功能,普通XP兼容的应用程序都可以在平板电脑上运行,增加了手写输入,扩展了XP的功能。

扩展使用PC的方式,使用专用的"笔",在计算机上操作,使其像纸和笔的使用一样简单。同时也支持键盘和鼠标,像普通计算机一样的操作。

平板电脑就像PDA、掌上计算机一样,作普通的笔记本,随时记事,创建自己的文本、图表和图片。同时集成电子"墨迹",在核心Office XP应用中使用墨迹,在Office文档中留存自己的笔迹。

4. 终端设备分辨率

手机、手持平板是移动终端设备的主要显示设备,分辨率是这些设备的主要参数。

显示分辨率就是屏幕上显示的像素个数,分辨率160×128的意思是水平方向含有像素数为160个,垂直方向像素数128个。屏幕尺寸一样的情况下,分辨率越高,显示效果就越精细和细腻。

iPhone 6、iPhone 7手机的分辨率为1334×750,iPhone 6 Plus、iPhone 7 Plus手机的分辨率为1920×1080。

4.1.4 移动操作系统

1. Android

谷歌公司开发的Android操作系统,通常被称为"安卓",尚未有统一中文名称,是由谷歌公司、开放手持设备联盟联合研发,谷歌公司独家推出的智能操作系统,2011年年初数据显示,仅正式上市两年的操作系统Android已经超越称霸十年的塞班操作系统,跃居全球第一。2012年11月数据显示,安卓占据全球智能手机操作系统市场76%的份额,中国市场占有率为90%，彻底占领中国智能手机市场，也成为全球最受欢迎的智能手机操作系统，因为谷歌推出安卓时采用开放源代码（开源）的形式推出，所以导致世界大量手机生产商采用安卓系统生产智能手机，再加上安卓在性能和其他各个方面上也非常优秀，便让安卓一举成为全球第一大智能操作系统。

Android 是 Google 于 2007 年年底发布的基于 Linux 平台的开源手机操作系统，之后又加以改进用在了上网本和 MID 上。该平台由操作系统、用户界面和应用软件组成，号称是首个为移动终端打造的真正开放和完整的移动软件。

简单地说，Android 系统实际上是一个非常开放的系统，它不但能实现用户最常用的笔记本的功能，而且它是专门针对移动设备而研发的操作系统，在系统资源消耗、人机交互设计上都有着优势，是取传统与超前各类优势于一身的操作系统。

但 Android 也存在着非常明显的缺陷，虽然 Google 与超过 30 家技术和无线应用的领军企业进行合作，希望在移动产业内形成一个开放式的生态系统。

因为谷歌公司已经开放安卓的源代码，世界所有手机生产商都可任意采用，并且世界上 80% 以上的手机生产商都采用安卓。中国和亚洲部分手机生产商研发推出了基于安卓智能操作系统的第三方智能操作系统，其中来源于中国手机生产商的基于安卓智能操作系统的第三方智能操作系统最为广泛，例如 Flyme、IUNI OS、腾讯 tita、百度云 OS、阿里云 OS 等。

在优势方面，Android 平台首先就其开发性，开发的平台允许任何移动终端厂商加入到 Android 联盟中来。显著的开放性可以使其拥有更多的开发者，随着用户和应用的日益丰富，一个崭新的平台也将很快走向成熟。

2. iOS 系统

iOS 是美国苹果公司研发推出的智能操作系统，苹果 iOS 采用封闭源代码（闭源）的形式推出，因此仅能苹果公司独家采用，截至 2011 年 11 月，根据 Canalys 的数据显示，iOS 已经占据了全球智能手机系统市场份额的 30%，在美国的市场占有率为 43%，为全球第二大智能操作系统，iOS 在世界上最为强大的竞争对手为谷歌推出的安卓智能操作系统和微软推出的 Windows Phone 智能操作系统，但 iOS 因为具有着独特又极为人性化，极为强大的界面和性能深受用户的喜爱。

iOS 是由苹果公司为旗下产品开发的操作系统，随着 iPad 上市，它也一举被视为最适合平板电脑的操作系统。

iOS 是将触控操作这一概念真正发扬光大的操作系统，用户在界面上使用多点触控直接操作，而控制方法包括滑动、轻触开关及按键等，与系统互动包括滑动、轻按、挤压及旋转等。虽然它做的很好，但实际上 iOS 最被人称道的并不是多点触控，而是它流畅的人机交互的感觉，以及苹果日渐庞大的资源库，苹果庞大的资源库，实际上就是 APP Store 提供的通过审核的第三方应用程序，以及通过 Safari 浏览器支持的一些第三方应用程序，即 Web 应用程序。除此之外，实际上还有一些非法的第三方软件已经可以在这套系统里面运行。而在应用程序之外，像电子书、音乐、电影电视等各类资源，都已经成了苹果的看家产品，并且已经获得了全世界范围内的成功。

虽然 iOS 的成功这么明显，但它的缺点也非常显而易见，首先是苹果特立独行的不支持 Flash，我们暂且不对这个做法进行评判，但却是会影响到用户的使用。其次，目前为止，历代 iOS 都没有支持多线程技术，对于传统用户来说很难接受。而且 iOS 有别于传统操作方式的同步概念,会导致很多传统用户被拒之门外。

其实对于 iOS 的好坏是非常容易判定的,如果是苹果产品的用户,那它绝对是最好的。而如果是传统用户,上手以及接受苹果的理念去适应它的模式,未必是最优的选择。

3. 其他操作系统

1) Windows CE

微软 Windows CE 被设计成针对小型设备的通用操作系统,简单地说就是拥有有限内存的无磁盘系统,不像其他的 Windows 操作系统,Windows CE 并不是代表一个标准的相同的对所有平台适用的软件。

简单地说,Windows CE 属于嵌入式操作系统,使用标准 Win 32 API 子集,很多 Windows 程序可以方便地移植到 CE 上,所以应用程序的兼容性好,而且开发非常方便。但由于实现简便操作,让底层开发做了不少工作,所以 Windows CE 的体积并不小,导致系统资源的占用较大,而且 Windows CE 是经过虚拟地址映射,也导致运行速度和效率低于同类嵌入式操作系统。对于用户来说,这并不是一个适合平板电脑的操作系统,目前多用于工业嵌入式系统。

2) Web OS

Web OS 可以简单地称之为网络操作系统,是一种基于浏览器的虚拟的操作系统,用户通过浏览器可以在这个 WebOS 上运用基于 Web 的在线应用的操作来实现 PC 操作系统上的各种操作,包括文档的存储、编辑、媒体播放等。

可以说 WebOS 是一种脱离了本地操作系统可以随时随地通过网络进行操作的"云计算"的一种模式,也是未来的发展趋势。WebOS 不用依赖于某种特定的本地操作系统,我们更可以把它看作是一种跨平台的形式,也就是跨本地操作系统的平台。简单地说,在本地操作系统支持一个浏览器的情况下,无论采用任何本地操作系统都可以正常地运行。根据"奥卡姆剃刀原理"实际上一个 WebOS 不需要携带一个本地操作系统部分,只要用户安装一个任意的本地操作系统就可以了,或者说,不需要硬件相关部分,只要它可以运行网络浏览器就可以进行操作,因为浏览器就是它的运行环境。

这类系统的优势显而易见,无需高端的硬件配置即可实现复杂的操作,无需固定的终端即可对同一文件随时随地进行操作,可以说它是真正实现终端设备的个性化的基础,到那时候用户再挑选设备就会变成选择体型大小、选择外观设计、选择品牌,而不用像现在这样有这么多因素制约。当然劣势也是有的,就目前的大环境而言,基于 WebOS 系统的机器完全依赖网络的存在,而目前的网络环境还无法满足需求,至少国内近几年无法实现。这么看来,WebOS 在国内目前还是纸上谈兵,真正决定它能否被大家接受的是政策。

4.2　数字音频技术基础

音频是新媒体系统中使用较多的信息媒体。音频可被输入或输出,在新媒体计算机系统中,处理音频信息的硬件是音频卡,通常称为声卡,是多媒体计算机系统不可缺少的重要组成部分。多数情况下声卡集成在主板中,对于专业用户则以插卡的形式安装在计算机主板的扩展槽上。本节主要学习有关声卡及音频处理的相关技术。

4.2.1 声音与计算机音频处理

1. 声音

声音是人们表达思想和情感的重要媒体,通过声音人们传递语言、交流思想、表示信息,通过声音欣赏美妙的音乐,也可以通过声音来感知丰富多彩的大自然。那么声音是怎样产生的?人们又是怎样听到声音的呢?

自然界中,一切能发出声音的物体叫声源。声音就是由于声源的振动而产生的,由于声源的振动,借助于周围的空气介质,把这种振动以机械波的形式由近及远地传播,这样就形成了声波。声波传入人耳后,使耳膜产生振动,这种振动被传导到听觉神经,就产生了"声音"的感觉。

声源产生的声音是一种模拟信号,可以用波形来表示,声音波形可以近似看作逐渐衰减的正弦曲线。一个声音的模拟波形曲线包括三个基本要素:基线、周期和振幅。

基线是波形曲线中最高点和最低点之间的平均线;振幅即波形的最高点(或最低点)与基线间的距离,它表示了声音音量的大小;周期是波形中两个相邻波峰(或波谷)之间的距离,它表示完成一次振动过程所需要的时间,其大小体现了振动速度的快慢。从物理学中可以知道,频率是周期的倒数,周期越短,频率越高。频率的单位为赫兹(Hz)。

人的耳朵只能感觉到振动频率在 20~20 000Hz 之间的声波,超出此范围的振动波不能引起听觉器官的感觉。

2. 声音的计算机处理

人耳听到的声音是一种声波,计算机要处理这种声波,可以通过话筒把机械振动转变成相应的电信号,它是一种连续的模拟信号。而计算机只能处理数字信号,只有把这种模拟信号转换成数字信号,计算机才能够处理声音,这种转换就是模/数(Analog/Digital,A/D)转换,它是由模/数转换电路实现的。

声音经 A/D 转换后得到的数字声音信号交给计算机处理,处理后的数据经过数/模(D/A)转换电路,还原成模拟信号,再进行放大输出到喇叭或耳机,变成人耳能够听到的声音。

综上所述,声音(模拟信号)经过计算机处理并回放的过程是:声音信号经过模/数转换电路,将模拟信号转换成数字信号,经过计算机处理后,再经过数/模转换还原为声音。这一过程就是音频的数字化技术。音频的数字化转换技术是多媒体声音处理技术中最基本的也是最主要的技术。

经过数字化处理之后的数字信息就能够像文字和图形信息一样进行存储、编辑及处理了。模拟的声音曲线转化为离散的数字信息如图 4.9 所示。转换过程包括采样、量化及编码三个步骤,分别介绍如下。

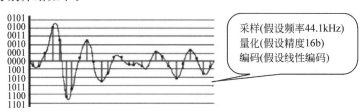

图 4.9 声音信号数字化曲线

1) 采样

在声音信号数字化过程中,最重要的就是采样,那么采样是如何进行的呢？采样的过程就是每隔一段相同的时间间隔读取一次声音波形的振幅,将读取的时间和波形的振幅记录下来。这样记录的数据便不是连续的了,同时振幅的取值也不是连续的。单位时间采样的次数称为采样频率。频率越高,所得到的离散幅值的数据点就越接近于连续的音频信号,同时采样所得到的数据量也越大。

按照奈奎斯特(Harry Nyquist)采样定律,采样频率高于输入信号中最高频率的两倍,就可以从采样信号中重构原始信号。人的耳朵能听到的声音范围为 20Hz～20kHz,因此,采用 40kHz 以上的采样频率就可以听到高保真的声音效果了。多媒体系统中常用的采样频率为 44.1kHz、22.05kHz 及 11.025 kHz。

2) 量化

采样所得到的数据是一定的离散值,将这些离散值用若干二进制的位来表示,这一过程称为量化。

离散化的数据经量化变成二进制表示一般会损失一些精度,这主要是因为计算机只能表示有限的数值。例如,用 8 位二进制表示十进制整数,只能表示出 2^8 个等级,也就是 256 个量化级。如果用 16 位二进制数,则具有 2^{16}(65 536)个量化级。量化级对应的二进制位数称为量化位数,也称"量化精度"。虽然量化位数越多,量化精度就越高,对原始波形的模拟越细腻,声音的音质就越好,但数据量也越大。16 位精度比 8 位精度的声音质量好,但数据量将增大一倍。一般来说,讲话内容以 8 位、11.025 kHz 的频率采样,所得的音质可与调幅广播的音质相媲美。

3) 编码

采样量化后的二进制音频数据还要按一定的规则进行组织,以利于计算机处理,这就是编码。最简单的编码方案是直接用二进制的补码表示,也称作脉冲编码调制(PCM)。关于编码的理论知识和编码方法已在第 3 章简要介绍,此处不再详述。

在声音信号中还有一个重要的指标：声道数。它表示在采集声音波形时,是产生一个还是两个波形,一个波形为单声道,两个波形为双声道,即立体声。立体声听起来要比单声道丰满圆润,但数据量要增加一倍。

计算机要完成模拟信号和数字信号的相互转化,就必须增加相应的转换电路设备,这就是声卡。声卡是一块可以插在计算机主板扩展槽上的电路板,也可以集成到主板上。

4.2.2 声卡的功能

声卡是多媒体计算机的重要设备之一。声卡在多媒体计算机系统中的作用如下。

1. 采集、编辑、还原数字声音文件

通过声卡及相应驱动程序的控制,采集来自话筒、收录机等音源的模拟信号,经过数、模转换器,模拟信号转换为数字信号,存放于个人计算机系统的存储系统中；同时可以将数字化信息还原为声音文件,通过扬声器输出；其次声卡对数字化的声音文件进行编辑加工,以达到某一特殊效果。通过控制音源的音量,对各种音源进行混合完成混响器的功能。

2. 压缩音频信号

音频压缩技术指的是对原始数字音频信号流(PCM 编码)运用适当的数字信号处理技

术,在不损失有用信息量或所引入损失可忽略的条件下,降低(压缩)其码率,也称为压缩编码。声卡在采集数据信号的同时,对数字化声音信号进行压缩,以便存储;播放时,对压缩的数字化声音文件进行解压缩。

3. 语音合成

通过声卡朗读文件信息(如读英文单词或句子),完成信息的输出。语音合成是通过机械的、电子的方法产生人造语音的技术。它是将计算机自己产生的或外部输入的文字信息转变为可以听得懂的、流利的汉语口语输出的技术。

4. 语音识别

语音识别技术所涉及的领域包括:信号处理、模式识别、概率论和信息论、发声机理和听觉机理、人工智能等。语音识别是一门交叉学科。近二十年来,语音识别技术取得显著进步,开始从实验室走向市场。近几年语音识别技术已进入工业、家电、通信、汽车电子、医疗、家庭服务、消费电子产品等各个领域。通过声卡识别操作者的声音实现人机对话,完成信息的输入。

5. 提供 MIDI 功能

使计算机可以控制多台具有 MIDI 接口的电子乐器。同时在驱动程序的控制下,声卡将以 MIDI 格式存放的文件输出到相应的电子乐器中,发出相应的声音。

4.2.3 声卡的组成

声卡由声音处理芯片、功率放大器、总线连接端口、输入输出端口、MIDI 及游戏杆接口(共用一个)、CD 音频连接器等构成。

1. 声音处理芯片

声音处理芯片通常是声卡中最大的一块集成电路。声音处理芯片决定了声卡的性能和档次,其基本功能包括采样和回放控制、处理 MIDI 指令等,有的还有混响、合声等功能。

2. 功率放大器

从声音处理芯片出来的信号不能直接驱动喇叭,功率放大器(简称功放)将信号放大以实现这一功能。

3. 总线接口

声卡插入到计算机主板上的接口称为总线连接端口,它是声卡与计算机交换信息的桥梁。根据总线接口类型可把声卡分为 PCI 声卡和 ISA 声卡。目前市场多为 PCI 声卡。

4. 输入输出端口

在声卡与主机箱连接的一侧有三四个插孔,声卡与外部设备的连接通常包括 Speaker、Line In、Line Out、Mic 等接口。

(1) Speaker:连接外部音箱或耳机,将信息输出。

(2) Line In:连接外部音响设备的 Line Out 端,向声卡输入信息。

(3) Line Out:连接外部音响设备的 Line In 端,从声卡输出信息。

(4) Mic In:用于连接话筒,可录制解说或者通过其他软件(如汉王、天音话王等)实现语音录入和识别。

上述 4 种端口传输的是模拟信号,如果要连接高档的数字音响设备,需要有数字信号输出、输入端口。高档声卡能够实现数字声音信号的输入、输出功能,输出端口的外形和设置随厂家不同而异。

4.2.4 声音的压缩与合成

1. 声音压缩

1) 声音文件压缩的必要性

声音信号数据化处理后得到的数据量可用下式来计算。

数据量＝采样频率×采样精度/8×通道个数×时间(s)（单位：B）。

例如，一段1min双声道、采样频率44.1kHz、采样精度16位的声音数字化后不压缩，数据量为：44.1×1000×2×16/8×60≈10.1MB。表4.1列出了1min立体声，不同采样频率及采样精度的声音文件的数据量及使用范围。

表4.1 分钟声音文件的数据量一览表

采样频率/kHz	采样精度/b	存储容量/MB	音质及应用范围
44.1	16	10.1	相当于CD音质，质量很高
22.05	16	5.05	相当于FM音质，可用于伴音、音效
	8	2.52	
11.025	16	2.52	相当于AM音质，可用于解说、伴音
	8	1.26	

由此可见，未经压缩的数字音频的数据量相当大，因此对声音文件进行压缩处理是十分必要的。

2) 数据压缩的分类

数据压缩就是采用一定的算法将数据尽可能减少的处理。其实质就是查找和消除信息的冗余量。被压缩的对象是原始数据，压缩后得到的数据是压缩数据，二者容量之比为压缩比，对应压缩的逆处理就是解压缩。

无损压缩：压缩后信息没有损失的压缩方法。用在要求重构的信号与原始信号完全一致的情况下。无损压缩方法可以把数据压缩到原来的1/2或1/4，即压缩比为2∶1或4∶1，其基本方法是将相同的或相似的数据归类，使用较少的数据量来描述原始数据，达到减少数据量的目的。一般用于磁盘文件的压缩。常用的无损压缩方法有 Haffman、Lempei-Eiv法。

有损压缩：压缩后的信息有一些损失的压缩方法。用在重构的信号不一定非得要与原始信号完全相同的场合。这种压缩采取在压缩的过程中丢掉某些不致对原始数据产生误解的信息，它是有针对性地化简一些不重要的数据，从而加大压缩力度，大大提高压缩比。

有损压缩包括ADPCM(Adaptive Differential Pulse Code Modulation，自适应差值脉冲编码调制算法)、MPEG等算法。

压缩算法往往涉及许多较复杂的数学理论，这里只介绍压缩的基本思想，具体压缩算法见第3章相关内容。

2. 声音合成

在计算机中对声音信号处理时会产生大量的数据量，在数据传输时，还必须考虑传输速度问题，为了达到使用少量的数据来记录音乐的目的，产生了合成音效技术。目前常用的有调频合成(Frepuency Modulation,FM)和波表合成(Wave Table,WT)两种方式。

1) FM 合成

FM 合成音乐的方法是：利用硬件电子电路产生具有一定基频的正弦波,通过频率的高低控制音高,通过波形的幅度去控制响度,时值的控制由信号的持续时间来确定。利用处理谐波可以改变增益、衰减等参数,这样便可创造出不同音色的音乐。

FM 合成方法的成本较低,但由于很难找出模拟真实乐器的完美谐波的组合,合成出来的乐器声音与真实乐器的声音相比较,还有一定的差距,FM 合成的声音比较单调,缺乏真实乐器的饱满度和力度的变化,真实感较差。

2) 波表合成

波表合成是为了改进 FM 合成技术的缺点而发展起来的。其原理是：将乐器发出的声音采样后,将数字音频信号事先存放于 ROM 芯片或硬盘中构成波形表。存储于 ROM 中的采样样本通常称为硬波表,存储于硬盘中的称为波表。当进行合成时,再将波表中相应乐器的波形记录播放出来。因此所发出的声音比较逼真,但各波形文件也需要大量的存储空间来记录真实乐音,因此一般同时要采用数据压缩技术。

目前,许多带波表合成的声卡上都有处理芯片及存储器等部件,配备了音乐创作和演奏软件,提供 FM 音乐文件,并可利用文字编辑器写成类似简谱格式的文件,然后生成 FM 音乐文件。因此,波表合成声卡价格比一般声卡价格高。

4.2.5 声音文件格式与特点

在对声音进行处理的过程中,不同的压缩与编码方法,将生成不同格式的声音文件,声音的文件格式多种多样,常见的主要有以下几种。

1. WAV 格式

WAV 格式也称为波形文件,是最常见的声音文件之一。WAV 是微软公司专门为 Windows 开发的一种标准数字音频文件,该文件能记录各种单声道或立体声的声音信息,并能保证声音不失真。它把声音的各种变化信息(频率、振幅、相位等)逐一转成 0 和 1 的电信号记录下来,其记录的信息量相当大,具体大小与记录的声音质量高低有关。WAV 文件有一个致命的缺点,就是它所占用的磁盘空间太大,因此常用于配备解说及短时间的声音。

2. MP3 格式

MP3 格式是目前最流行的音乐文件,采用 MPEG2 Layer 3 标准对 WAVE 音频文件进行压缩而成的,其特点是能以较小的比特率、较大的压缩率达到近乎完美的 CD 音质(其压缩率可达 12∶1 左右,每分钟 CD 音乐大约需要 1MB 的磁盘空间)。正是基于这些优点,可先将 CD 上的音轨以 WAV 文件的形式抓取到硬盘上,然后再将 WAV 文件压缩成 MP3 文件,这样既可以从容欣赏音乐又可以减少光驱磨损。

3. WMA 格式

WMA(Windows Media Audio)是微软公司推出的与 MP3 格式齐名的一种新的音频格式。WMA 格式文件在压缩比和音质方面都超过了 MP3,更是远胜于 RA(Real Audio),即使在较低的采样频率下也能产生较好的音质。同样的声音文件在音质不变的情况下,WMA 格式文件的体积是 MP3 的 1/2 甚至 1/3,非常适用于网络传输。

4. MIDI 格式

MIDI 由世界上主要电子乐器制造厂商建立起来的一个通信标准,用以规范计算机音乐程序以及电子合成器和其他电子设备之间交换信息与控制信号的方法。

MIDI 文件并没有记录任何声音信息,而只是记载了用于描述乐曲演奏过程中的一系列指令,这些指令包含音高、音长、通道号等主要信息,并以扩展名为.MID 的文件格式存储起来。在播放时对这些记录进行合成,因而占用的磁盘空间非常小,但其效果相对来说要差一些。MID 文件只适合于记录乐曲,而不适合对歌曲进行处理。

5. Real Audio

Real Audio(即时播音系统)是 Progressive Networks 公司所开发的一种新型流式音频 Streaming Audio 文件格式。RealAudio 主要适用于网络上的在线播放。常用的 Real Audio 文件格式主要有 RA(RealAudio)、RM(RealMedia,RealAudio G2)、RMX(RealAudio Secured)等三种,这些文件的共同性在于随着网络带宽的不同而改变声音的质量,在保证大多数人听到流畅声音的前提下,令带宽较宽敞的听众获得较好的音质。

其他声音文件格式还有很多,此处不再详述。

4.3 图形图像技术基础

图形和图像是人们非常乐于接受的信息载体,是新媒体技术的重要组成部分。一幅图画可以形象生动地表示大量的信息,具有文本和声音所无法比拟的优点。因此了解图形图像处理相关知识是非常必要的。

4.3.1 图形和图像

在计算机领域,图形(Graphics)和图像(Picture 或 Image)是两个不同的概念。

1. 图形

图形又称矢量图形,是计算机根据数学模型计算而生成的几何图形,如直线、圆、矩形、任意曲线和图表等。图形是由点、线、二维或三维图片构成的,构成图形的点、线和面由坐标及相关参数生成。如用 Illustrator、CorelDraw 等绘制的图形。图形的优点是可以不失真缩放、占用存储空间小。但矢量图形仅能表现对象结构,表现对象质感方面的能力较弱。

2. 图像

图像是指由输入设备捕获的实际场景画面或以数字化形式存储的自然画面,是真实物体重现的影像。计算机对图片逐行、逐列进行采样(取样点),并用光点(称为像素点)表示并存储,即为数字图像,又称为位图(Bitmap)或点阵图。

图像主要用于表现自然景色、人物等,能表现对象的颜色细节和质感。具有形象、直观、信息量大的优点。但图像文件的数据量很大,存储一幅 640×480 大小、24 位真彩色的 BMP 格式图像,约需 900KB 存储空间。所以需要对图像数据进行压缩,即利用视觉特征,去除人眼不敏感的冗余数据。目前最为流行、且压缩效果好的位图压缩格式为 JPEG,其压缩比高达 30∶1 以上,而且图像失真较小。

图形和图像的共同特点是:二者都是静态的,和时序无关。它们之间的差别是:图形是用一组命令通过数学计算生成的,这些命令用来描述画面的直线、圆、曲线等的形状、位置、颜色等各种属性和参数；而图像是通过画面上的每一个像素的亮度或颜色来形成画面的；图形可以容易地分解成不同成分单元，分解后的成分间有明显的界限，而要将图像分解成不同的成分则较难，各个成分间的分界往往有模糊之处，有些区间很难区分该属于哪个成分，它们彼此平滑地连接在一起。

当图形很复杂时，计算机需要花费很长时间去执行绘图指令。此外，矢量图也很难描述一幅真实世界的彩色场景，因此自然景物适合用位图表示。

矢量图与位图相比，显示位图比显示矢量图要快；矢量图和位图之间可以用软件进行转换，由矢量图转换成位图采用光栅化(Rasterizing)技术，这种转换相对要容易一些；由位图转换成矢量图用跟踪(Tracing)技术，这种技术在理论上说比较容易，但在实际中很难实现，尤其对复杂的彩色图像更是如此。

4.3.2 图像的文件格式

多媒体计算机中，可以通过扫描仪、数字化仪或者光盘上的图像文件等多种方式获取图像，每种获取方法又是由不同的软件开发商研制开发的，因而就出现了多种不同格式的图像文件。常见的图形图像文件格式有以下几种。

1. GIF 格式

GIF(Graphics Interchange Format)是美国 Compu Serve 公司制定的格式，分为静态 GIF 和动态 GIF 两种，支持透明背景图像，适用于多种操作系统，"体型"很小，适合在 Web 中使用，是 Internet 上重要文件格式之一，支持 64 000 像素的图像。

2. BMP 格式

BMP(Bitmap)是一种与设备无关的图像文件格式，它是和微软 Windows 操作系统绑定在一起的一种位图图像格式，Windows 软件的画图程序生成的图像信息默认以该格式存储。最大优点是能被大多数软件"接受"，所以又称为"通用格式"。其文件分为三部分：文件头、信息头和图像数据。文件头用来说明文件类型、实际图像数据长度和起始位置、分辨率等，信息头是彩色映射。

3. PCX 格式

PCX 格式是 ZSOFT 公司在开发图像处理软件 Paintbrush 时开发的一种格式，基于 PC 的绘图程序的专用格式，一般的桌面排版、图形艺术和视频捕获软件都支持这种格式。PCX 支持 256 色调色板或全 24 位的 RGB，图像大小最多达 64k×64k 像素。不支持 CMYK 或 HSI 颜色模式，Photoshop 等多种图像处理软件均支持 PCX 格式。PCX 压缩属于无损压缩。

4. TIFF 格式

TIFF(Tagged Image File Format)也缩写成 TIF，它是由原 Aldus 和微软公司合作开发的用于扫描仪和桌面出版系统的文件格式，称为标记图像文件格式。有压缩和不压缩两种格式，以其灵活而获得青睐，多数应用程序都支持这种格式。

5. JPG 格式

JPEG 是由静态图像专家组(Joint Photographic Expert Group)制定的图像标准，其目的是解决专业摄影人员高质量图片的存放问题。JPEG 文件的扩展名为 JPG，其最大特点是采用 JPEG 方法压缩而成，其压缩比高，并可在压缩比和图像质量之间平衡，用最经济的存储空间得到较好的图像质量。文件非常小,而且可以调整压缩比,用 JPG 格式储存的文件大小是其他格式的 1/10～1/20,一般文件大小只有几十 Kb 或一二百 Kb,而色彩数可达到 24 位,图像质量与照片没有多大差别,所以它被广泛运用于 Web 上。

6. PSD 格式

PSD 格式是图像处理软件 Photoshop 专用的图像文件格式,文件一般比较大。

7. PCD 格式

PCD 格式是 PhotoCD 专用的存储格式,一般应用在 CD-ROM 上。PCD 文件中含有从专业摄影照片到普通显示用的多种分辨率的图像,所以文件都非常大。但是 PhotoCD 的应用非常广,现在的图像处理软件基本上都可以读取 PCD 文件或将其转换成其他格式图像文件。

8. EPS 格式

EPS(Encapsulated PostScript)是 Adobe System 公司的 PostScript 页面描述语言的产物,它是用来表示矢量图形的 PostScript 语言。由于桌面出版领域多使用 PostScript 打印输出,因此无论是 Windows 还是 Macintosh 平台,几乎所有的图像、排版软件都支持 EPS 格式。

9. WMF 格式

WMF(Windows MetaFile)是一种比较特殊的文件格式,可以说是位图和矢量图的一种混合体,在桌面出版领域应用十分广泛,其主要特点是文件非常小,可以任意缩放而不影响图像质量。

除上述标准格式外,多数图像软件还支持其他格式文件的输入/输出,有的系统还有自己的图像文件格式。表 4.2 列出了在 PC 上的一些其他常用图像文件格式。

表 4.2 其他常见图像文件格式

扩展名	文件简要描述
AI	矢量格式,是 Adobe Illustrator 文件格式
CDR	矢量格式,是 CorelDRAW 的标准文件格式
CPT	矢量格式位图格式,是 CorelPhoto-Paint 的文件格式
DXF	矢量格式,AutoCAD 的绘图交换文件格式
3DS	矢量格式,为 3D Studio 的动画原始图形文件格式
FIF	位图格式,分形图像文件格式,使用分形方法进行压缩
DRW	矢量格式,一种绘图文件格式
WPG	矢量格式位图格式,是 WordPerfect 使用的图形文件格式

4.3.3 图像的获取方法

计算机获取图像的方法常用的有以下几种。

1. 用图形图像处理软件制作

利用 Paint Brush、Photoshop、CorelDRAW 等图形图像软件去创作所需要的图片,这些软件都具有大致相同的功能,能用鼠标(或数字化仪)描绘各种形状的图形,并可填色、填图案、变形、剪切、粘贴等,也可标注各种文字符号。用这种方法可以很方便地生成一些小型简单的画面,如图案、标志等,设计修改都很方便,成本较低。

2. 用工具软件获取图像

获取图像的工具软件很多，常见的有 SnagIt、Hapersnag 等。SnagIt 是一款非常著名的优秀屏幕、文本和视频捕获、编辑与转换软件。可以捕获 Windows 屏幕、DOS 屏幕；RM 电影、游戏画面；菜单、窗口、客户区窗口、最后一个激活的窗口或用鼠标定义的区域。捕获视频只能保存为 AVI 格式，文本只能够在一定的区域进行捕捉，图像可保存为 BMP、PCX、TIF、GIF、PNG 或 JPEG 格式，使用 JPEG 可以指定所需的压缩级（从 1% 到 99%）。可以选择是否包括光标，添加水印。另外，还具有自动缩放，颜色减少，单色转换，抖动，以及转换为灰度级。

此外，SnagIT 在保存屏幕捕获的图像之前，还可以用其自带的编辑器编辑；也可选择自动将其送至 SnagIt 虚拟打印机或 Windows 剪贴板中，或直接用 E-mail 发送。

SnagIt 具有将显示在 Windows 桌面上的文本块直接转换为机器可读文本的独特能力，有些类似某些 OCR 软件，这一功能甚至无须剪切和粘贴。还能嵌入 Word、PowerPoint 和 IE 浏览器中。

3. 图像扫描

图像扫描仪主要应用在图纸之类平面图像采集的场合，根据其外形和产生图像的方式通常将其分为手持式、平板式和滚筒式等三种类型，根据其对颜色的辨别能力又分为单色、灰度和彩色三种。

滚筒式扫描仪多用于输入较大尺寸的图像。平板式扫描仪带有感应窗的自动移动装置，只需将扫描对象平放在扫描面板上即可，是投资较低并能获得较高质量图像的较理想的选择。手持式扫描仪造价低廉，可直接对书本杂志上的图像进行扫描，而不必将图像裁剪下来，因而在 MPC 中使用较多。

4. 数字摄像输入

利用电视摄像机或数字式照相机，可把照片、艺术作品甚至实际场景输入计算机来产生一幅幅数字图像。这种方式与普通照相机、录像机相比，省去了胶片及冲洗过程，可以直接将采集的数字图像信息保存在内部存储器中。

摄像机与扫描仪的差别是：扫描仪只能输入平面的图像，而摄像机可以捕获三维空间的景物，即使是输入平面的图像，速度也比扫描仪快。扫描仪只能输入静止的图像，而摄像机既可输入静止图像，也能输入活动图像。

5. 视频抓帧

打开视频播放器，播放相关内容；播放到某一精彩画面时，立即按下暂停键，让画面静止；然后再单击截屏按钮，出现一个对话框，提示将此时的图像画面存盘，然后在对话框中输入存储文件名及存盘路径，单击"保存"按钮即可将这一精彩镜头抓取存盘，此图像文件以后就可以随时调用。

6. 从图片库中获取

现有的图片大多都以光盘形式保存，收集了世界上各地著名摄影师所拍摄的各类图片，包括：自然风光、花鸟鱼虫、风土人情、城市景观、边框水纹、装饰按钮等，可以根据不同场合选择使用。

7. 从网络下载

现在互联网已经普及，网络图像资源十分丰富，各种类型的图像可以通过网络下载获取。

除去以上获取图片的方法外,还可以使用键盘上的 Print Screen 键来截取显示器上的静止图像;通过 Alt+Print Screen 键来截取当前活动窗口。截取后的图像存放在系统的粘贴板上,通过在应用程序中粘贴操作,将截取的内容展现在程序文件中。

4.3.4 图像技术基础

1. 色彩基础

在太阳光线照射下,人们会看到大千世界万紫千红,呈现出一幅幅美丽的画卷。在不同的光线照射下,同一种景物具有各种不同的颜色,这是由于物体的表面具有不同的吸收光线与反射光线的能力,反射光不同,眼睛就会看到不同的色彩,因此,色彩的发生,是光对人的视觉和大脑发生作用的结果,是一种视知觉。由此看来,需要经过光-眼-神经的过程才能见到色彩。色彩是光的产物,没有光便没有色彩感觉,色彩的形成和光有最密切的关系——光是色之母,色是光之子,无光也就是无色。

1) 光

光进入视觉通过以下三种形式。

光源光:光源发出的色光直接进入视觉,像霓虹灯、饰灯、烛灯等的光线都可以直接进入视觉。

透射光:光源光穿过透明或半透明物体后再进入视觉的光线,称为透射光,透射光的亮度和颜色取决于入射光穿过被透射物体之后所达到的光透射率及波长特征。

反射光:反射光是光进入眼睛的最普遍的形式,在有光线照射的情况下,眼睛能看到的任何物体都是该物体的反射光进入视觉所致。

2) 三原色

三原色通常分为两类,一类是色光三原色,另一类是颜料三原色,但在美术上又把红、黄、蓝定义为色彩三原色。但是美术实践证明,品红加少量黄可以调出大红(红=M100+Y100),而大红却无法调出品红;青加少量品红可以得到蓝(蓝=C100+M100),而蓝加绿得到的却是不鲜艳的青;用黄、品红、青三色能调配出更多的颜色,而且纯正并鲜艳。用青加黄调出的绿(绿=Y100+C100),比蓝加黄调出的绿更加纯正与鲜艳,而后者调出的却较为灰暗;品红加青调出的紫是很纯正的(紫=C20+M80),而大红加蓝只能得到灰紫等。此外,从调配其他颜色的情况来看,都是以黄、品红、青为其原色,色彩更为丰富、色光更为纯正而鲜艳。

综上所述,无论是从原色的定义出发,还是以实际应用的结果验证,都足以说明,把黄(柠檬黄)、品红、青(湖蓝)称为三原色,较红、绿、蓝为三原色更为恰当。

间色:是指两个不同的原色相混合所产生的另一个色,故称第二次色,也称间色。间色是指橙、绿、紫。

固有色:(灰)从视觉感觉的概念出发,人们习惯于把白色阳光下物体呈现的色彩效果称为"固有色"。例如,绿色的草原、金黄色的麦浪,红色的旗帜等。

环境色:(暗)指一个物体的周围物体所反射的光色,它体现在距离较近的物与物之间或某种大范围内所形成的某种色彩环境。

3) 色彩三要素

视觉所感知的一切色彩形象,都具有明度、色相和纯度三种性质,这三种性质是色彩最基本的构成元素。

（1）明度(Value,V)。色彩的明暗强度就是所谓的明度，明度高是指色彩较明亮，而相对的明度低，就是色彩较灰暗。

计算明度的基准是灰度测试卡。黑色为0，白色为10，在0～10之间等间隔地排列为9个阶段。色彩可以分为有彩色和无彩色，但后者仍然存在着明度。作为有彩色，每种色各自的亮度、暗度在灰度测试卡上都具有相应的位置值。彩度高的色对明度有很大的影响，不太容易辨别。在明亮的地方鉴别色的明度比较容易，在暗的地方就难以鉴别。

（2）色相即色名(Hue,H)，是区分色彩的名称，也就是色彩的名字。

色彩是由于物体上的物理性的光反射到人眼视神经上所产生的感觉。色的不同是由光的波长的长短差别所决定的。作为色相，指的是这些不同波长的色的情况。波长最长的是红色，最短的是紫色。把红、橙、黄、绿、蓝、紫和处在它们各自之间的红橙、黄橙、黄绿、蓝绿、蓝紫、红紫这6种中间色——共计12种色作为色相环，如图4.10所示。在色相环上排列的色是纯度高的色，被称为纯色。这些色在环上的位置是根据视觉和感觉的相等间隔来进行安排的。在色相环上，与环中心对称，并在180°的位置两端的色被称为互补色。

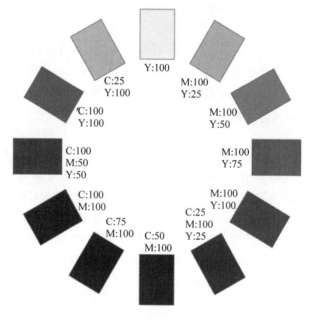

图4.10 十二色相环

（3）纯度也称为彩度(Chroma,C)，指的是色彩的鲜艳程度。用数值表示色的鲜艳或鲜明的程度称为彩度。有彩色的各种色都具有彩度值，无彩色的色的彩度值为0，对于有彩色的色的彩度（纯度）的高低，区别方法是根据这种色中含灰色的程度来计算的。彩度由于色相的不同而不同，而且即使是相同的色相，因为明度的不同，彩度也会随之变化的。

2. 色彩模式

计算机是通过数字化方式定义颜色特性的，通过不同的色彩模式显示图像，比较常用的色彩模式有RGB模式(R：红色、G：绿色、B：蓝色)，CMYK模式(C：青色、M：品红色、Y：黄色、K：黑色)、Lab模式、Crayscale灰度模式、Bitmap(位图)模式。

RGB 模式：RGB 模式是基于自然界中三种基色光的混合原理，将红(R)、绿(G)、蓝(B)三种基色按照从 0(黑色)到 255(白色)的亮度值在每个色阶中分配，从而指定其色彩。当不同亮度的基色混合后，便会产生出 256×256×256 种颜色，约为 1670 万种。例如，一种明亮的红色其各项数值可能是 R=246、G=20、B=50。当三种基色的亮度值相等时，产生灰色；当三种亮度值都为 255 时，产生纯白色；当三种基色亮度值都为 0 时，产生纯黑色。三种色光混合生成的颜色一般比原来的颜色亮度值高，所以 RGB 模式又被称为色光加色法。

CMYK 模式：是一种印刷模式，其中 4 个字母分别指青(Cyan)、品红(Megenta)、黄(Yellow)、黑(Black)，在印刷中代表 4 种颜色的油墨。CMYK 模式和 RGB 模式是使用不同的色彩原理进行定义的。在 RGB 模式中由光源发出的色光混合生成颜色，而在 CMYK 模式中是由光线照到不同比例青、品红、黄、黑油墨的纸上，部分光谱被吸收后，反射到人眼中的光产生的颜色。由于青、品红、黄、黑在混合成色时，随着青、品红、黄、黑 4 种成分的增多，反射到人眼中的光会越来越少，光线的亮度会越来越低，所以 CMYK 模式产生颜色的方法又被称为色光减色法。

LAB 模式：LAB 模式的原型是由 CIE 协会在制定的一个衡量颜色的标准，此模式解决了由于使用不同的显示器或打印设备所造成的颜色复制差异，因此该模式不依赖于设备。

Lab 模式由三个通道组成，但不是 R、G、B 通道。其中，L 表示亮度，取值范围 0～100，a 分量表示由绿色到红色的光谱变化，b 分量表示由蓝色到黄色的光谱变化，a 和 b 的取值范围是－120～120，a 通道包括的颜色是从深绿色(底亮度值)到灰色(中亮度值)再到亮粉红色(高亮度值)；b 通道则是从亮蓝色(底亮度值)到灰色(中亮度值)再到黄色(高亮度值)。因此，这种色彩混合后将产生明亮的色彩。

Lab 模式所包含的颜色范围最广，而且包含所有 RGB 和 CMYK 中的颜色。CMYK 模式所包括的色彩最少，有些在屏幕上看到的颜色在印刷品上却无法实现。

4.3.5 图像的属性参数

图像的属性参数主要包含分辨率、像素深度、图像的表示法和种类等。

1. 分辨率

常见的分辨率有 4 种：显示分辨率、图像分辨率、像素分辨率和打印分辨率。

1) 显示分辨率

显示分辨率又称屏幕分辨率，是指显示屏幕上能够显示出的像素数目，具体与显示模式有关。例如，标准 VGA 图形卡的最高屏幕分辨率为 640 像素×480 像素，整个显示屏就含有 307 200 个像素点。同样大小屏幕能够显示的像素越多，分辨率就越高，显示的图像质量越高。

2) 图像分辨率

图像分辨率是指组成一幅图像的像素密度，即数字化图像的大小，以水平和垂直的像素点数来表示。同一幅图，如果组成该图的图像像素数目越多，则说明图像的分辨率越高，看起来就越逼真。相反，图像就显得粗糙。图像分辨率实际上决定了图像的显示质量。

在用扫描仪扫描彩色图像时，通常要指定图像扫描的分辨率，也称为扫描分辨率，用每英寸像素点的数目来表示，即 DPI(Dots Per Inch)。扫描分辨率可以用来间接地描述图像分辨率。例如，用 300DPI 来扫描一幅 8″×10″的彩色图像，就得到一幅 2400×3000 个像素的图像。

图像分辨率与显示分辨率是两个不同的概念。图像分辨率是确定组成一幅图像的像素数目,而显示分辨率是确定显示图像的区域大小。如果显示器的分辨率为640×480,那么一幅320×240的图像只占显示屏的1/4;相反,2400×3000的图像在这个显示屏上就不能显示一个完整的画面,只能通过滚动的方式浏览全部图像内容。另外,图像的质量与显示分辨率没有直接联系,也就是说,即使提高了显示分辨率,也无法真正改善图像的质量。

3) 像素分辨率

像素分辨率是指一个像素的宽和高之比,通常为1∶1,不同的像素宽高比将导致图像变形,因此在这种情况下必须进行比例调整。

4) 打印分辨率

打印分辨率表示一台打印机输出图像的技术指标,由打印头每英寸输出的点的数量决定,单位是DPI,高清晰度的打印速度一般在600DPI以上。

2. 色彩深度

色彩深度是指存储每个像素所用的二进制位(bit)数,用来度量图像的颜色数,也叫色像素深度。色彩深度决定了彩色图像的每个像素可能有的颜色数,或者确定灰度图像的每个像素可能有的灰度级数。

位图中每个像素点的色彩深度可分为2色、16色、256色或16位、24位、32位真彩色等格式。色彩深度为1的图像只能有两种颜色(黑色和白色),通常称为单色图像;深度为4的图像可以有16种颜色(2^4);深度为8的图像可表示256种颜色(2^8)。

3. 图像数据量

一幅位图图像在计算机中所需的存储空间也叫图像数据量,可用下式计算:

图像文件的数据量=位图高度(像素数)×位图宽度(像素数)×色彩深度(位)/8

例如,一幅分辨率为640×480的256色原始图像(未经压缩)的数据量为:

(640像素×480像素×8位)/8=307 200B

图像的每个像素都是用R(Red)、G(Green)、B(Blue)三个分量表示的,即每个像素是由红、绿、蓝三种颜色按一定的比例混合而得到的,若每个分量用8位,那么一个像素共用24位表示,就说像素的深度为24,每个像素可以是2^{24}=16 777 216(16M)种颜色中的一种,由于组成的颜色数目几乎可以模拟出自然界中的任何颜色,所以也称为真彩色(True Color)。

4.3.6 图像数字化过程

要在计算机中处理图像,必须先把真实的图像(照片、画报、图书、图纸等)通过数字化转变成计算机能够接受的显示和存储格式,然后再用计算机进行分析处理。图像的数字化过程主要分为采样、量化与压缩编码三个步骤。

1. 采样

采样的实质就是要用多少点来描述一张图像。采样的结果就是通常所说的图像的分辨率。简单来讲,对二维空间上连续的图像在水平和垂直方向上等间距地分割成矩形网状结构,所形成的微小方格称为像素点。一幅图像就被采样成有限个像素点构成的集合。例如,一幅640像素×480像素的图像,表示这幅图像是由307 200个像素点组成。采样频率是指一秒钟内采样的次数,它反映了采样点之间的间隔大小,采样频率越高,得到的图像样本越细腻逼真,图像的质量越高,但占用的存储空间也越大。

在进行采样时,采样点间隔大小的选取很重要,它决定了采样后的图像能真实地反映原图像的程度。一般来说,原图像中的画面越复杂,色彩越丰富,则采样间隔应越小。由于二维图像的采样是一维的推广,根据信号的采样定理,要从取样样本中精确地复原图像,可得到图像采样的奈奎斯特(Nyquist)定理,图像的采样频率必须大于或等于源图像最高频率分量的两倍。

2. 量化

量化是指要使用多大范围的数值来表示图像采样之后的每一个点。量化的结果是图像能够容纳的颜色总数,它反映了采样的质量。例如,如果以 4 位存储一个像素点,就表示图像只能有 16 种颜色;若采用 16 位存储一个点,则有 $2^{16}=65\,536$ 种颜色,所以量化位数越大,表示图像可以拥有更多的颜色数。也就可以产生更为细致的图像效果,但是也会占用更大的存储空间。两者的基本问题都是视觉效果和存储空间的取舍。

经过这样采样和量化得到的一幅空间上表现为离散分布的有限个像素点,在量化时所确定的离散取值个数称为量化级数。为表示量化的色彩值(或亮度值)所需的二进制位数称为量化字长,一般可用 8 位、16 位、24 位或更高的量化字长来表示图像的颜色,量化字长越大,则越能真实地反映原有图像的颜色,但得到的数字图像的容量也越大。

3. 压缩编码

数字化后得到的图像数据量十分巨大,必须采用编码技术来压缩其信息。从一定意义上讲,编码压缩技术是实现图像传输与存储的关键。

目前已有许多成熟的编码算法应用于图像压缩,常见的有图像的预测编码、变换编码、分形编码、小波变换图像压缩编码等。

当需要对所传输或存储的图像信息进行高比率压缩时,必须采取复杂的图像编码技术。但是如果没有一个共同的标准作基础,不同系统间不能兼容,除非每一编码方法的各个细节完全相同,否则各系统间的连接十分困难。

为了使图像压缩标准化,20 世纪 90 年代后,国际电信联盟(ITU)、国际标准化组织(ISO)和国际电工学会(IEC)已经制定并仍在继续制定一系列静止和活动图像编码的国际标准。现在使用的标准主要有 JPEG 标准、MPEG 标准、H.261 等。这些国际标准的出现,也使图像编码尤其是视频图像编码压缩技术得到了飞速发展,目前按照这些标准做的硬件、软件产品和专用集成电路已经在市场上大量涌现(如图像扫描仪、数码相机、数码摄录像机等),这对现代图像通信的迅速发展及开拓图像编码新的应用领域发挥了重要作用。

4.4 视频技术基础

视觉是人类感知外部世界的一个最重要的途径。在人类的信息活动中,所接收的信息 70% 来自视觉,视觉媒体以其直观生动而备受人们的欢迎,而活动图像是信息量最丰富、直观、生动、具体的一种承载信息的媒体,它是人类通过视觉传递信息的媒体,简称视频。视频是多媒体的重要组成部分,是人们容易接受的信息媒体,包括静态视频(静态图像)和动态视频(电影、动画)。

动态视频信息是由多幅图像画面序列构成的,每幅画面称为一帧。每幅画面保持一个极短的时间,利用人眼的视觉暂留效应快速更换到另一幅画面,如此连续不断,就在人的视觉上产生了连续运动的感觉。如果把音频信号也加进去,就可以实现视频、音频信号的同时播放。

4.4.1 新媒体视频

1. 视频基础知识

1) 视频

人们通常所说的视频是指动态视频,就其本质而言,它是内容随时间变化的一组静态图像(25帧/秒或30帧/秒),直观理解就是以一定速度连续投射到屏幕上的一幅幅静止的图像。按照处理方式的不同,视频分为模拟视频和数字视频。

需要说明的是,图像和视频是两个既有联系又有区别的概念:静止的图片称为图像;运动的图像称为视频。

2) 模拟信号与模拟视频

模拟信号是指用连续变化的物理量所表达的信息,如温度、湿度、压力、长度、电流、电压等,通常又把模拟信号称为连续信号,它在一定的时间范围内可以有无限多个不同的取值。

模拟视频是由连续的模拟信号组成的视频图像,早期视频的记录、存储和传输都是采用模拟方式。例如,人们在普通电视机上所看到的视频是以一种模拟电信号的形式来记录的,它依靠模拟调幅的手段在空间传播,再用盒式磁带录像机将其作为模拟信号存储在磁带上。模拟视频具有成本低和还原度好的优点。但其缺点是经长期存放后,视频质量会下降,经多次复制后,图像会有明显失真,而且模拟视频不适合网络传输,也不便于分类、检索和编辑。

3) 数字信号与数字视频

数字信号就是一系列的 0 和 1 组成的一串数字组成的信号,因为只有 0 和 1,在传输过程中很容易用电平的低和高来表示(低电平代表 0,高电平代表 1),容易传输,也就不容易失真。

数字视频是基于数字技术生成的视频。数字视频有两层含义:一是将模拟视频信号输入计算机进行视频数字化转换、编辑和存储,最后制成数字化视频产品;二是视频图像由数字摄像机拍摄下来,从信号源开始就是无失真的数字视频。当输入计算机时,也不再考虑视频质量的衰减问题,可直接进行视频编辑,制成数字化视频产品。

现在的数字视频技术主要是指第一层含义,即模拟视频的数字化。当视频信号数字化后,就克服了模拟视频的缺点,可以不失真地无限次复制;可以用许多新方法对数字视频进行创造性的编辑,如增加电视特技等,而且再现性好;可以适合网络应用,从而大大降低视频的传输和存储费用;可以真正实现将视频融进计算机系统中以及实现用计算机播放电影节目。

4) 全动态和全屏幕视频

全动态视频就是每秒显示 30 帧图像的视频。用这种显示速度去刷新画面,足以消除任何不稳定的感觉,不会产生闪烁和跳跃。

全屏幕视频是指显示的视频图像充满整个屏幕,而不是局限于一个小窗口中,这与显示分辨率有关。在 VGA 方式(640×480)中可以将原先的视频基本充满屏幕。但在 SVGA 方式(800×600 或 1024×768)中,全动态视频的画面将只占屏幕的一部分,而不是充满整个屏幕。如果充满全屏，画面就会变得粗糙许多。

5）视频的数字化

各种制式的普通电视信号都是模拟信号，然而计算机只能处理数字信号，因此必须将模拟信号的视频转化为数字信号的视频，即视频的数字化。视频的数字化就是指在一段时间内，以一定的速度对视频信号进行捕获并加以采样后形成数字化数据的处理过程。

视频信号数字化与音频信号数字化一样，要经过采样、量化（A/D 转换）、编解码和彩色空间变换等处理过程。将视频数字化的过程也常称为视频捕捉或视频采集。完成视频捕捉的多媒体硬件是视频采集卡，简称视频卡。

2．视频文件格式

视频信号数字化后的数据以不同的文件格式存储。常用的视频文件格式有以下几种。

1）AVI 文件

Windows 默认的视频文件格式称为 AVI（Audio Video Interactive）格式，也称音频-视频交错文件，因其扩展名规定为 AVI，简称 AVI 文件。

由于数字化的视频信号实际上包括图像和声音两部分数据，而 AVI 文件能将这两部分数据交叉组合在一起，形成一个文件，因而在播放时可以达到声音与图像同步播放的效果。

2）MPEG 文件

MPEG 是 PC 上视频文件的另一主要格式，扩展名为 *.MPG 或 *.MPEG，也可简称为 MPG 文件。它是按 MPEG 标准进行压缩的全运动视频图像，在 1024×768 的分辨率下可以以每秒 25 帧或 30 帧的速率同步播放，有 128 000 种颜色的全运动视频图像和 CD 音质的伴音。一般需要有专门的 MPEG 压缩卡来制作它们的文件，播放时也要有 MPEG 压缩技术支持，或是在带图形加速功能的显示适配器的配合下，采用软件解压缩方法来处理。

3）DAT 文件

DAT 是 Video CD 或 Karaoke CD 数据文件的扩展名。这种文件的结构与 MPG 文件格式基本相同。目前市场上流行的 VCD 光盘中的节目大多以 DAT 文件格式存放。DAT 文件中的片段可以通过某些解压软件提供的摄像功能来截取并转换成 MPG 文件。

4）MOV 文件

MOV 是 Apple 公司在 QuickTime For Windows 视频应用软件中使用的专用视频文件。该视频应用软件原先在 Macintosh 系统中运行，现已和 Microsoft 的 Windows 环境互相兼容。

5）Dir 文件

Dir（Director Movies）是 Macromedia 公司使用的 Director 多媒体创作工具生成的电影文件格式。

3．电视视频制式标准

电视信号是视频处理的重要信息源，电视信号的标准也称为电视制式。目前世界上常用的彩色电视制式有三种：NTSC 制、PAL 制和 SECAM 制，此外还有正在普及的 HDTV。

1）NTSC 制式

NTSC 是美国国家电视标准委员会（National Television Standard Committee）1952 年制定的彩色电视广播标准，称为正交平衡调幅制，主要定义了彩色电视机对于所接收的电视信号的解码方式、色彩处理方式、屏幕扫描频率等指标。主要在美国、加拿大、日本、韩国、菲律宾和中国台湾等国家和地区应用。

2) PAL 制式

PAL(Phase-Alternative Line)是原西德1962年制定的一种兼容的彩色电视广播标准，称为相位逐行交变，又称逐行倒相制。德国、英国以及中国、朝鲜等国家采用这种制式。

3) SECAM 制式

SECAM(Sequential Color and Memory System)称为顺序传送彩色与存储制，由法国制定。法国、俄罗斯及东欧国家采用这种制式。

NTSC 制、PAL 制和 SECAM 制都是兼容制式。也就是说，黑白电视机能接收彩色电视信号，显示的是黑白图像；彩色电视机能接收黑白电视信号，显示的也是黑白图像。

三种电视制式的主要参数见表4.3。

表4.3 电视制式的主要参数

制 式	行数/行	行频/kHz	场频/Hz	颜色频率/MHz
PAL	625	15.625	50.00	4.433 619
NTSC	525	15.734	59.94	3.579 545
SECAM	625	15.625	50.00	4.433 69

4.4.2 数字高清电视系统

1. HDTV

HDTV(High Definition Television,高清晰度电视)技术源之于"数字电视"(Digital Television,DTV)技术。HDTV技术和DTV技术都是采用数字信号，而HDTV技术则属于DTV的最高标准，拥有最佳的视频、音频效果。

高清晰度电视是一种新的电视业务，国际电信联盟给出的定义是：高清晰度电视应是一个透明系统，一个正常视力的观众在距该系统显示屏高度的三倍距离上所看到的图像质量应具有观看原始景物或表演时所得到的印象。水平和垂直清晰度是常规电视的两倍左右，配有多路环绕立体声。

HDTV与采用模拟信号传输的传统电视系统不同，HDTV采用了数字信号传输。HDTV从电视节目的采集、制作到电视节目的传输，以及到用户终端的接收全部实现数字化，因此HDTV给我们带来了极高的清晰度，分辨率最高可达1920×1080，帧速高达60FPS(Frame Per Second)，另外，HDTV的屏幕宽高比也由原先的4∶3变成了16∶9，若使用大屏幕显示则有亲临影院的感觉。同时由于运用了数字技术，信号抗噪能力也大大加强，在声音系统上，HDTV支持杜比5.1声道传送，带给人们高保真"Hi-Fi"(High-Fidelity)级别的听觉享受。

数字电视(Digital TV)包括数字HDTV、数字SDTV和数字LDTV三种。三者区别主要在于图像质量和信道传输所占带宽的不同。从视觉效果来看，数字HDTV(1000线以上)图像质量可达到或接近35mm宽银幕电影的水平；SDTV(500～600线)即标准清晰度电视，主要是对应现有电视的分辨率量级，其图像质量为演播室水平；LDTV(200～300线)即普通清晰度电视，主要是对应现有VCD的分辨率量级。因为电视全数字化是今后的趋势，所以目前提HDTV以及SDTV、LDTV如无特别说明，均指全数字体制。

HDTV 具有以下特点：频道利用率高，现有模拟电视信号带宽可传输 1 路数字 HDTV 信号或 4 路 SDTV 或 6~8 路数字 LDTV 信号，抗干扰能力强，清晰度高，音频效果好。

2. 高清 4K 电视

4K 电视是屏幕的物理分辨率高的电视，4K 电视能接收、解码、显示相应分辨率视频信号的电视。所谓 4K 电视指的是 4096 像素×2160 像素分辨率的电视机，它的分辨率是 2K 投影机和高清电视的 4 倍，在此分辨率下，观众将可以看清画面中的每一个细节，每一个特写，得到一种身临其境的观感体验。

分辨率这个参数对于显示设备而言拥有非常重要的意义，在同尺寸屏幕大小的情况下，分辨率越高意味着屏幕更加细腻，即能够将画面的细节呈现得更加清晰，如图像以及文字等，能大大增加用户的视觉体验。

对于桌面显示器而言，更高的分辨率也意味着在一屏幕内能够显示出更多的内容，如同时并排显示更多的网页、Word 文档、Excel 表格、软件界面等，可以增加办公人员、程序开发者以及设计制图等专业人士的工作效率。因此手机、平板电脑、桌面显示器、平板电视、投影机等各种显示设备的分辨率不断在提升，其中屏幕尺寸更大的平板电视与桌面显示器已经进入了 4K UHD 超高清时代，是之前 1080p 全高清分辨率的 4 倍，即总像素数量达到了以前的 4 倍。

国际电信联盟(ITU)于 2012 年 8 月发布了超高清电视(Ultra HDTV)的国际标准：ITU-R Recommendation BT.2020。对超高清电视的分辨率、色彩空间、帧率、色彩编码等进行了规范。主要包括：

(1) 分辨率。在 Rec.2020 标准中，单个像素的宽高比为 1∶1，按照从左往右、从上至下的顺序进行像素寻址。①超高清 4K：水平清晰度 3840，垂直清晰度 2160，宽高比 16∶9，总约 830 万像素。②超高清 8K：水平清晰度 7680，垂直清晰度 4320，宽高比 16∶9，总约 3320 万像素。

(2) 帧率。在 Rec.2020 中，超高清电视只有逐行扫描(Progressive)，支持帧率 120p、60p、59.94p、50p、30p、29.97p、25p、24p 和 23.976p，共 9 种帧率。

另外，4K 电视在其他方面也做了一定的要求：配备专业级 UHD 超高清显示屏；必须具备四核及以上处理器且内置 4K 解码芯片，搭载 Android 4.2 及以上版本操作系统；应用成熟的 2K 转 4K 画质提升技术；具备 USB 3.0、HDMI 1.4 及以上版本的高速传输端口；搭载丰富智能云应用，实现家庭多终端互连互通，并拥有时尚外观设计等。

3. 家庭影院

家庭影院系统(Speakers, A/V & Home Theater)是要在家庭环境中搭建的一个接近影院效果的可欣赏电影享受音乐的系统。家庭影院系统可让家庭用户在家欣赏环绕影院效果的影碟片、聆听专业级别音响带来的音乐，并且支持卡拉 OK 娱乐。

一般来说，一套家庭影院需要三个部分：信号源、功放及终端。信号源包括 VCD、DVD、光碟机、个人计算机、CD 等，终端包括显示设备(平板电视机及投影机)和音箱，音箱本身要求回放质量要好，功放对于家庭影院很重要，一般用专门的 AV 功放，AV 功放主要由信号源选择器、信号处理前置放大器和后级功率放大器组成，可以切换信号源，对信号处理，如杜比解码、虚拟环绕、DSP 等处理，调节音调音量，最后通过功率放大器驱动多个音箱。

5.1声道是指中央声道,前置左、右声道,后置左、右环绕声道,及所谓的0.1声道和重低音声道。一套系统总共可连接6个喇叭。5.1声道已广泛运用于各类传统影院和家庭影院中,一些比较知名的声音录制压缩格式,譬如杜比AC-3(Dolby Digital)、DTS等都是以5.1声音系统为技术蓝本的,其中".1"声道,则是一个专门设计的超低音声道,这一声道可以产生频响范围20~120Hz的超低音。

5.1声道就是使用5个喇叭和1个超低音扬声器来实现一种身临其境的音乐播放方式,它是由杜比公司开发的,所以叫作"杜比5.1声道"。在5.1声道系统里采用左(L)、中(C)、右(R)、左后(LS)、右后(RS)5个方向输出声音,使人产生犹如身临音乐厅的感觉。5个声道相互独立。正是因为前后左右都有喇叭,所以就会产生被音乐包围的真实感。

4. 视频信号的压缩

视频信号所占用的存储空间远远大于声音和图形图像文件,因此必须进行压缩处理,以减少存储空间和传输时间。压缩方式有硬件压缩和软件压缩,现在主要采用软件的方式进行压缩。软件压缩包括有损压缩和无损压缩。

如果丢失个别的数据不会造成太大的影响,这时忽略它们可以减少信号量,这种压缩就是有损压缩。如果要求压缩数据必须准确无误,这就是无损压缩。

数据图像压缩一般采用有损压缩。有损压缩利用了图像的两种特性:一种是利用图像信息本身包含的许多冗余信息。例如,相邻像素之间往往含有相同的颜色值,这叫作像素之间的冗余度。此外,还有相邻的行或列间,帧与帧之间都有很大的相关性,因而整体上数据的冗余度很大,使视频图像数据具有很大的压缩潜力,因此在允许一定限度失真的前提下,可以对视频图像数据进行大幅度的压缩;另一种是利用人的视觉和听觉对某些信号不那么敏感的生理特性,因而对丢失一些信息不至于产生误解。

图像的压缩有静态图像压缩编码国际标准(JPEG)和动态图像压缩编码国际标准(MPEG)。JPEG是一种压缩比为20:1的帧内压缩方法,MPEG是一种压缩比可达100:1的帧间压缩法。

MPEG标准包括MPEG视频、MPEG音频和MPEG音视频同步系统三个部分。该压缩标准的目标是将具有电视质量的视、音频联合,单一数据流速率降至1.5Mb/s,是针对运动图像设计的。其基本方法是:在单位时间里采集并保存第一帧的信息,以后就只存储其余帧相对第一帧发生变化的部分,以达到压缩的目的。MPEG压缩标准实现帧间压缩,压缩效率非常高,在微机上有统一格式,兼容性好。

视频信号压缩后,必须经过解压处理,才能在计算机上播放,早期采用硬件解压卡对视频信号解压处理,但是随着计算机技术的发展,硬件解压卡逐渐被解压软件所取代,包括Windows系统中的媒体播放机、豪杰超级解霸、金山影霸、暴风影音等,这些软件为人们欣赏视频作品提供了极大的方便。

4.4.3 手机电视技术标准

目前手机电视的三大技术标准有:以数字广播为基础的T-DMB(通常被人们称为韩国标准)、欧洲的DVB-H以及美国高通的Media FLO,以下分别对这三种标准进行介绍。

1. 新媒体移动标准 DVB-H

DVB-H(Digital Video Broadcasting Handheld)是 DVB 组织为通过地面数字广播网络向便携及手持终端提供多媒体业务所制定的传输标准。该标准被认为是 DVB-T 标准的扩展应用，但是和 DVB-T 相比，DVB-H 终端具有更低的功耗，移动接收和抗干扰性能更为优越，因此该标准适用于移动电话、手持计算机等小型便携设备通过地面数字电视广播网络接收信号。简而言之，DVB-H 标准就是依托目前 DVB-T 传输系统，通过增加一定的附加功能和改进技术，使手机等便携设备能够稳定地接收广播电视信号。

一直以来，凡是与移动业务相关的标准都非常令人关注，DVB-H 标准也是如此，从该标准起草开始，其相关新闻就不断出现在各种技术期刊上。事实上，由于 DVB-H 是一种支持新媒体业务的标准，除了电视业务外，它还可以提供电子报纸、电子拍卖、旅游向导、游戏、视频点播和交互等多种综合性业务。虽然目前的 2.5G 和 3G 等标准也能够完成这类业务，但是与 DVB-H 相比显然它们都较为昂贵，因此 DVB-H 为移动运营商和用户又提供了一种方案，从而使这一领域的竞争更为激烈。

2. 数字多媒体广播标准 DMB

DMB(Digital Multimedia Broadcasting，数字多媒体广播)是在数字音频广播(Digital Audio Broadcasting，DAB)基础上发展起来的技术。

DMB 技术分为两种：一种是 T-DMB(地面数字多媒体广播)。此标准从严格意义上讲，仍算是欧洲的国际标准。这种技术建立在欧洲厂商开发的尤里卡 147 数字音频广播(DAB)系统的基础上，进行一定修改后可以向手机、PDA 和便携电视等手持设备传播空中数字音视频节目。

另一种是 S-DMB(卫星数字多媒体广播)。其将数字视频或音频信息通过 DMB 卫星进行广播，由移动电话或其他专门的终端实现移动接收，是一种可以在很宽广的地区充分满足在移动环境下接收广播电视这一个性能要求的极具竞争力的解决方案。

3. 手机电视新标准——Media FLO

Media FLO 是手机电视标准中的一个新标准。美国高通公司在 2005 年才宣布推出这一标准，并计划投入 8 亿美元建设一个覆盖全美的网络，与 CNN、NBC 等美国著名的节目提供公司进行了接触。Media FLO 在电视的易用性基础上，充分利用了移动电话网数字通信的灵活性，其中作为内容主体的视频与声音利用电视信号进行传输(在美国使用 700MHz 频带)，因此，可以满足收视者人数众多的大型活动的转播需求，而这正是流式发送感到难以胜任之处。可收视节目数量之多也将成为其一大优势，它能利用 20 个频道播放采用 H.264(AVC)技术压缩的 QVGA 画质、30fps 的高品质影像。

4. 中国移动电视 STiMi 技术

STiMi 技术是面向移动多媒体广播的业务需求而专门设计的无线信道传输技术，构成了中国自主研发的 CMMB 体系架构中的核心技术。STiMi 技术充分考虑到移动多媒体广播业务的特点，针对手持设备接收灵敏度要求高、移动性和电池供电的特点，采用了最先进的信道纠错编码(LDPC 码)技术和 OFDM 调制技术，提高了系统的抗干扰能力，支持高移动性，并且采用了时隙节能技术来降低终端功耗，提高终端续航能力。主要技术特点如下：

1) RS 编码和奇偶校验码(LDPC)技术

STiMi 采用了 RS 编码和高度结构化低密度奇偶校验码(LDPC)技术。在目前已有的编码方法中,LDPC 是一种能够逼近 Shannon 限的性能优秀的信道纠错编码方法,因其卓越的性能使它成为高速宽带系统应用中理想的编码方式。STiMi 技术采用了创新的 LDPC 构造方法和低复杂度的译码方法,不仅提高了接收灵敏度,而且极大地降低了整个编译码器硬件执行的复杂性,利于芯片实现。

2) CMMB 系统结构

在 CMMB 的系统构成中,CMMB 信号主要由 S 波段卫星覆盖网络和 U 波段地面覆盖网络实现信号覆盖。S 波段卫星网络广播信道用于直接接收,Ku 波段上行,S 波段下行;分发信道用于地面增补转发接收,Ku 波段上行,Ku 波段下行,由地面增补网络转发器转为 S 波段发送到 CMMB 终端。为实现城市人口密集区域移动多媒体广播电视信号的有效覆盖,采用 U 波段地面无线发射构建城市 U 波段地面覆盖网络。地面增补网与卫星系统同步的关键是确保 S 波段卫星信号到达接收终端的时间与 S 波段地面增补设备转发信号到达接收终端的时间一致。CMMB 直播卫星将采用 S 波段卫星网络对农村、公路、铁路、海域等区域进行覆盖。届时 CMMB 信号将可以覆盖到全国城乡各地区。

3) OFDM 调制

OFDM 的基本原理是将高速串行数据变换成多路相对低速的并行数据并对不同的载波进行调制。这种并行传输体制大大扩展了符号的脉冲宽度,提高了抗多径衰落的性能。同时使各子载波上的频谱相互重叠,但这些频谱在整个符号周期内满足正交性,从而不仅保证接收端能够不失真地复原信号,而且大大提高了频谱利用率。

在 OFDM 系统中,接收机需要进行帧同步捕获和 OFDM 符号同步捕获,然后才能进行正确解调。STiMi 技术创造性地使用了时间域扩频信标用于同步捕获,具有同步捕获时间短、抗载波频偏能力强、抗信道多径时延扩展能力强的特点。这种方式大大减小了用户开机到正常接收所需要的同步时间。尤其在紧急广播环境下,可以保证用户的快速、可靠接收。

4) 时隙技术

STiMi 物理层信号每一秒为一帧,划分为 40 个时隙。每个时隙的长度为 25ms,包括 1 个信标和 53 个 OFDM 调制数据块。

STiMi 系统的系统净荷数据率支持从 2.046Mb/s 到 16.243Mb/s 的不同速率(8MHz 带宽模式),以及从 0.409Mb/s 到 3.248Mb/s 的不同速率(2MHz 带宽模式),相应地,系统的频谱效率可支持从 0.255(b/s)/Hz 到 2.03(b/s)/Hz(8MHz 带宽模式),以及从 0.205(b/s)/Hz 到 1.624(b/s)/Hz(2MHz 带宽模式)。

4.5 流媒体技术

流媒体指的是使用流式传输技术通过网络传输的、能够在本地终端实时回放的、具有实时特征的媒体编码数据流。所谓流式传输就是把声音、影像或动画等信息由网络中音视频服务器向用户终端(如 PC、PDA 等)连续、实时传送。在采用流式传输的系统中,用户不必像采用普通下载方式那样等到整个文件全部下载完毕,而只需经过几秒或十数秒的启动延时(缓冲)即可在终端利用解压设备(硬件或软件)对压缩的多媒体数据解压回放。当音频、视频等媒体数据在客户终端上播放时,剩余的数据将在后台从服务器继续下载,流媒体在播放前并不下载整个文件,当用户发出播放指令后,只需要将媒体的开始部分存入内存,然后开始播放，这样一边下载传送，一边播放。这种对多媒体数据边下载边回放的方式不仅使启动延时大大缩短，而且不需要占用本地终端太大的缓存容量。

流媒体数据流具有三个特点：连续性（Continuous）、实时性（Real-time）、时序性，即其数据流具有严格的前后时序关系。

4.5.1 流媒体技术原理

流媒体实现的关键技术就是流式传输，即通过网络获得平滑的数据流。为了实现流式传输，需要采取一些技术手段。

1. 流媒体技术

由于目前的存储容量和网络带宽还不能完全满足巨大的 A/V、3D 等多媒体数据流量的要求，所以对 A/V、3D 等多媒体数据一般要进行预处理后才能进行存储或传输。预处理主要包括采用先进高效的压缩算法和降低质量（有损压缩）两个方面。同样，在流媒体技术中，进行流式传输的多媒体数据应首先经过特殊的压缩，然后分成一个个压缩数据包，由服务器向用户计算机连续、实时传送。

另外，与下载方式相比，尽管流式传输对于系统存储容量的要求大大降低，但它的实现仍需要缓存。这是因为 Internet 是以分组传输为基础进行统计时分复用，数据在传输过程中要被分解为许多分组，在网络内部采用无连接方式传送。由于网络是动态变化的，各个分组选择的路由可能不尽相同，故到达用户计算机的路径和时间延迟也就不同。所以，必须使用缓存机制来弥补延迟和时延抖动的影响，使媒体数据能连续输出，不会因网络暂时拥塞而使回放出现停顿。高速缓存使用环形链表结构来存储数据，通过丢弃已经播放的内容，可以重新利用空出的高速缓存空间来缓存后续的媒体内容。

如果在终端之间用无连接方式（如 UDP/IP）通信，还必须保证数据包传输顺序的正确。在网络质量有一定保证的前提下，缓存机制是实现流媒体技术的重要问题。

2. 流式传输方法

实现流式传输主要有两种方法：顺序流式传输（Progressive Streaming）和实时流式传输（Realtime Streaming）。

1) 顺序流式传输

顺序流式传输是顺序下载，在下载文件的同时用户可以在线观看媒体。其特点是在给定时刻，用户只能观看已下载的部分，而不能跳到还未下载的部分，且传输速度不能根据用户的连接速度做调整。

标准 HTTP 服务器可发送这种形式的文件，也不需要其他特殊协议，故称之为 HTTP 流式传输。顺序流式传输比较适合片头、片尾和广告等高质量的短剪辑，也适合通过调制解调器发布。顺序流式文件通常放在 HTTP 或 FTP 服务器上，便于管理，基本上与防火墙无关。顺序流式传输不适合长片段和有随机访问要求的视频，如讲座、演说与演示。它也不支持现场广播，严格说来，它是一种点播技术。

2) 实时流式传输

实时流式传输是指保证媒体信号带宽与网络连接匹配，使媒体可被实时观看。特别适合现场事件，也支持随机访问，用户可快进或后退以观看前面或后面的内容。

实时流式传输必须有较大的连接带宽，因此使用调制解调器速率连接时，画面质量较差；而且网络繁忙或出现问题时，由于出错丢失的信息被忽略掉，视频质量难以保证。实时流式传输需要特定服务器，如 QuickTime Streaming Server、RealServer 与 Windows Media Server 等。还需要特殊网络协议，如 RTSP（Realtime Streaming Protocol）或 MMS（Microsoft Media Server）。这些协议在有防火墙时有时会出现问题，导致用户不能看到一些地点的实时内容。

4.5.2 流媒体传输协议

流媒体采用流式传输方式在网络服务器与客户端之间进行传输。流式传输的实现需要合适的传输协议。IETF（Internet Engineering Task Force，因特网工程任务组）制订的很多协议可用于实现流媒体技术。其他的标准化组织也在这方面做了很大的努力，如 MPEG-4 的多媒体递送集成框架（DMIF）。本节主要介绍 IETF 制定的流媒体传输协议。

1. RTP/RTCP

RTP（Real-time Transport Protocol）为交互式音频、视频等具有实时特征的数据提供端到端的传送服务。如果底层网络支持多播，RTP 还可使用多播向多个目的端点发送数据。RTP 包含两个密切相关的部分，即负责传送具有实时特征的多媒体数据的 RTP 和负责反馈控制、监测 QoS 和传递相关信息的 RTCP（Real-time Transport Control Protocol）。在 RTP 数据包的头部中包含一些重要的字段使接收端能够对收到的数据包恢复发送时的定时关系和进行正确的排序以及统计包丢失率等。RTCP 是 RTP 的控制协议，它周期性地与所有会话的参与者进行通信，并采用和传送数据包相同的机制来发送控制包。

值得注意的是，RTP 本身并不提供任何 QoS 必须由下层网络来保证。但是通过 RTCP 控制包可以为应用程序动态提供网络的当前信息，据此可对 RTP 的数据收发做相应调整使之最大限度地利用网络资源。

2. RSVP

IETF 的资源预留协议（Resource Reservation Protocol，RSVP）是网络中预留所需资源的传送通道建立和控制的信令协议，它能根据业务数据的 QoS 要求和带宽资源管理策略进行带宽资源分配，在 IP 网上提供一条完整的路径。通过预留网络资源建立从发送端到接收端的路径，使得 IP 网络能提供接近于电路交换质量的业务。即在面向无连接的网络上，增加了面向连接的服务；它既利用了面向无连接网络的多种业务承载能力，又提供了接近面向连接网络的质量保证。但是 RSVP 没有提供多媒体数据的传输能力，它必须配合其他实时传输协议来完成多媒体通信服务。

3. RTSP

实时流协议（RTSP）是用于控制具有实时特征数据传输的应用层协议。它提供了一个可扩展的框架以控制、按需传送实时数据，如音频、视频等，数据源既可以是实况数据产生装置，也可以是预先保存的媒体文件。该协议致力于控制多个数据传送会话，提供了一种在 UDP、组播 UDP 和 TCP 等传输通道之间进行选择的方法，也为选择基于 RTP 的传输机制提供了方法。

RTSP 可建立和控制一个或多个音频和视频连续媒体的时间同步流。虽然在可能的情况下，它会将控制流插入连续媒体流，但它本身并不发送连续媒体流。因此，RTSP 用于通过网络对媒体服务器进行远程控制。尽管 RTSP 和 HTTP 有很多类似之处，但不同于

HTTP，RTSP 服务器维护会话的状态信息，是通过 RTSP 的状态参数对连续媒体流的回放进行控制。

4. MIME

通用因特网邮件扩展（Multipurpose Internet Mail Extensions，MIME）是 SMTP 的扩展，不仅用于电子邮件，还能用来标记在 Internet 上传输的任何文件类型。通过它，Web 服务器和 Web 浏览器可以识别流媒体并进行相应的处理。Web 服务器和 Web 浏览器都是基于 HTTP，而 HTTP 内建有 MIME。HTTP 正是通过 MIME 标记 Web 上繁多的多媒体文件格式。为了能处理一种特定文件格式，需对 Web 服务器和 Web 浏览器都进行 MIME 类型设置。

4.5.3 流式传输过程

用户选择某一流媒体服务后，Web 浏览器与服务器之间使用 HTTP/TCP 交换控制信息，以便把需要传输的实时数据从原始信息中检索出来；然后客户机上的 Web 浏览器启动 A/V Helper 程序，使用 HTTP 从 Web 服务器检索相关参数（如目录信息、A/V 数据的编码类型等）并对 Helper 程序初始化。

A/V Helper 程序及服务器运行实时流控制协议（RTSP），以交换 A/V 传输所需的控制信息。RTSP 提供了控制播放、快进、快退、暂停及录制等命令。A/V 服务器使用 RTP/UDP 将 A/V 数据传输给 A/V 客户程序，一旦 A/V 数据抵达客户端，A/V 客户程序即可播放输出。而对于变形动画来说，则是通过计算机计算，把一个物体从原来的形状改变成为另一种形状，在改变的过程中把变形的参考点和颜色有序地重新排列，形成变形动画。这种动画适用于场景的转换、特技处理等影视动画制作中。

4.6 手机网页技术基础

WAP（Wireless Application Protocol，无线应用协议）是一种向移动终端提供互联网内容和增值服务的全球统一的开放式协议标准，是简化了的无线 Internet 协议。手机网站按照这种标准提供服务，支持这种标准的手机就可以访问这些网站享受这些服务。

WAP 是指基于 WAP 的手机网站，Web 是指基于 HTTP 的计算机网站，支持 WAP 的手机可以直接访问 WAP 站点，手机访问 Web 站点则需要经过网关转换；同样，计算机可以直接访问 Web 站点，计算机访问 WAP 站点也需要经过网站转换。

WAP 网站的出现只是为了节省流量，适合低端手机的运算能力，现在所有手机基本上都可以访问 WWW 的 Web 网站了，以后 WAP 将逐渐被淘汰掉。WAP 是一种无线应用协议，是一个全球性的开放协议。WAP 定义可通用的平台，把目前 Internet 上 HTML 的信息转换成用 WML 描述的信息，显示在移动电话或者其他手持设备的显示屏上。

Web 就是一种超文本信息系统，Web 的一个主要的概念就是超文本连接，它使得文本不再像一本书一样是固定的、线性的，而是可以从一个位置跳到另外的位置。

WAP 手机可以通过标准的协议接入互联网，手机上网，获取适用于手机浏览的网上信息，以及基于互联网的丰富应用。如新闻浏览、搜索、邮件、访问、查询、无线电子商务等，使人们体验无线互联网的丰富应用，而且这些所有网络应用，都可以在移动环境中进行，使得网络应用十分方便快捷。

4.6.1 手机网络技术

手机网站中的 WAP 是全球统一且开放的标准，于 1999 年 12 月发布。手机 WAP 网站解决了用户通过手机无法访问 Web 网站的问题，让用户可以通过手机浏览各类信息。

1997 年，多家知名手机制造商联合发起设立无线应用协议（WAP）标准。定义了一系列将互联网内容过滤和转化为适用移动通信的标准，使内容可以更容易地在移动终端上显示。

WAP 开发所需要的主要技术包括 HTML、WML、Script、ASP、PHP、JSP、C 语言等。比较主流的技术是利用 JSP 编写程序进行 WML 页面的输出。

1. HTML（HTML5）

HTML(Hyper Text Markup Language，超文本标记语言），是一种规范，一种标准，它通过标记符号来标记要显示的网页中的各个部分。"超文本"就是指页面内可以包含图片、链接，甚至音乐、程序等非文字元素。网页文件本身是一种文本文件，通过在文本文件中添加标记符，可以告诉浏览器如何显示其中的内容（如：文字如何处理，画面如何安排，图片如何显示等）。浏览器按顺序阅读网页文件，然后根据标记符解释和显示其标记的内容，对书写出错的标记将不指出其错误，且不停止其解释执行过程，编制者只能通过显示效果来分析出错原因和出错部位。

超文本标记语言的结构包括"头"部分（英语：Head)和"主体"部分（英语：Body）。

"头"部分提供关于网页的结构信息，<head>和</head>这两个标记符分别表示头部信息的开始和结尾。头部中包含的标记是页面的标题、序言、说明等内容，它本身不作为内容来显示，但影响网页显示的效果。

头部中最常用的标记符是标题标记符<title>和</title>，其中，标题标记符用于定义网页的标题，它的内容显示在网页窗口的标题栏中，网页标题可被浏览器用作书签和收藏清单。

"主体"部分提供网页的具体内容。网页中显示的实际内容均包含在这两个正文标记符之间。正文标记符又称为实体标记。

HTML 最新版本是 5.0，在 2008 年 1 月正式发布。

2. XML

XML（Extensible Markup Language，可扩展标记语言）也称为 XHTML（Extensible HyperText Markup Language，扩展超文本标签语言）。可扩展标记语言是一种很像超文本标记语言的标记语言。它的设计宗旨是传输数据，而不是显示数据，它的标签没有被预定义，需要用户自行定义标签。

1998 年 2 月，W3C（World Wide Web Consortium）正式批准了可扩展标记语言的标准定义，可扩展标记语言可以对文档和数据进行结构化处理，从而能够在部门、客户和供应商之间进行交换，实现动态内容生成，企业集成和应用开发。可扩展标记语言可以使我们能够更准确地搜索，更方便地传送软件组件，更好地描述一些事物，例如电子商务交易等。

可扩展标记语言和超文本标记语言语法区别：超文本标记语言的标记不是所有的都需要成对出现，可扩展标记语言则要求所有的标记必须成对出现；HTML 标记不区分大小写，可扩展标记语言则大小敏感，即区分大小写。

3. WML

WML(Wireless Markup Language,无线标注语言),内置于移动设备中的微型浏览器可以解释这种标记语言,它与 HTML 很相似,但实际上 WML 属于 XML 的一个应用子集。

1996—1998 年,手机的内存、计算能力、屏幕的分辨率都不足以支持 HTML,因此产生了 WML,目的是减少浏览器占用的内存和计算时间。由于 WML 编写的内容面向的是手机,在计算机上浏览时需要安装专用的浏览器。

20 世纪 90 年代后期,互联网在个人计算机上成功应用,带来了信息革命。受其影响,移动通信产业界推动着一场新的变革,将互联网的内容搬到手持设备上。当时,移动电话的计算能力、内存以及显示屏的分辨率还非常有限,业界认同有必要制定一套技术,将互联网各个层面的通信协议简化,万维网的网页标记语言也需要简化,在这个背景下,1997 年 6 月,由诺基亚、爱立信、摩托罗拉和无线星球(Unwired Planet)共同组建了 WAP 论坛,制定整套的无线应用通信协议。

2007 年,Android 发布以后,出现了明显的区分:即智能手机支持 XHTML,而普通功能手机支持 WML。

4. Script

脚本(Script)是批处理文件的延伸,是一种纯文本保存的程序,一般来说,计算机脚本程序是确定的一系列控制计算机进行运算操作动作的组合,在其中可以实现一定的逻辑分支等。脚本简单地说就是一条条的文字命令,这些文字命令是可以看到的(如可以用记事本打开查看、编辑),脚本程序在执行时,通过系统的一个解释器,将其一条条地翻译成机器可识别的指令,并按程序顺序执行。

脚本语言是比较多的,一般的脚本语言的执行只同具体的解释执行器有关,所以只要系统上有相应语言的解释程序就可以做到跨平台,如 JavaScript、VBScript、ASP、JSP、PHP 等。

1) JavaScript

JavaScript 是一种属于网络的脚本语言,已经被广泛用于 Web 应用开发,常用来为网页添加各式各样的动态功能,为用户提供更流畅美观的浏览效果。通常 JavaScript 脚本是通过嵌入在 HTML 中来实现自身的功能的。

2) VBScript

VBScript 是微软开发的一种脚本语言,是基于 Visual Basic 程序语言的脚本语言。使用 VBScript,可通过 Windows 脚本宿主调用 COM,所以可以使用 Windows 操作系统中可被使用的程序库。

3) ASP

ASP(Active Server Page,动态服务器页面)是微软公司开发的代替 CGI 脚本程序的一种应用,它可以与数据库和其他程序进行交互,是一种简单、方便的编程工具。ASP 的网页文件的格式是.asp,现在常用于各种动态网站中。

早期的 Web 程序开发是十分复杂的,以至于要制作一个简单的动态页面需要编写大量的 C 代码才能完成,于是 Microsoft 公司于 1996 年推出一种 Web 应用开发技术 ASP,用于取代对 Web 服务器进行可编程扩展的 CGI 标准。ASP 的主要功能是将脚本语言、HTML、组件和 Web 数据库访问功能有机地结合在一起,形成一个能在服务器端运行的应用程序,该应用程序可根据来自浏览器端的请求生成相应的 HTML 文档并回送给浏览器。使用 ASP 能够创建以 HTML 网页作为用户界面,并能够与数据库进行交互的 Web 应用程序。

4) JSP

JSP(Java Server Pages,Java 服务器页面)是一个简化的 Servlet 设计,它是由 Sun Microsystems 公司倡导、许多公司参与一起建立的一种动态网页技术标准。

JSP 技术与 ASP 技术相似,它是在传统的网页 HTML(标准通用标记语言的子集)文件(＊.htm、＊.html)中插入 Java 程序段和 JSP 标记,从而形成 JSP 文件,后缀名为＊.jsp。

5) PHP

PHP(Hypertext Preprocessor,超文本预处理器)是一种通用开源脚本语言。语法吸收了 C 语言、Java 等的特点,利于学习,使用广泛,主要适用于 Web 开发领域。PHP 独特的语法混合了 C、Java 以及 PHP 自创的语法。它可以更快速地执行动态网页。用 PHP 作出的动态页面与其他的编程语言相比,PHP 是将程序嵌入到 HTML(标准通用标记语言下的一个应用)文档中去执行,执行效率比完全生成 HTML 标记要高许多;PHP 还可以执行编译后代码,编译可以达到加密和优化代码运行,使代码运行更快。

6) MHT

Mono HTML 简称为 MHT 文件,又称为聚合 HTML 文档、Web 档案或单一文件网页。单个文件网页可将网站的所有元素(包括文本和图形)都保存到单个文件中。这种封装可将整个网站发布为单个内嵌 MIME 。MIME 类型通知程序对象所包含的内容(如图形、声音或视频)的聚合 HTML 文档(MHTML)文件,或将整个网站作为一个电子邮件或附件发送。Internet Explorer 4.0 及更高版本支持此格式。

4.6.2 电子阅读器技术

电子阅读器是专门用于显示书籍、杂志、报纸和其他印刷品来源的书面材料的数字版本的便携式、低能耗、高分辨率的设备。某些电子阅读器也提供类似博客、网站、新闻推送等电子文档的访问。

电子阅读器指的是专门为了显示文本而设计的设备,是一种采用 LCD、电子纸为显示屏幕的新式数字阅读器,可以阅读比如 PDF、CHM、TXT 等格式的电子书。现在的电子书阅读器越来越多采用的是电子纸技术,提供类似纸张阅读感受的电子阅读产品。屏幕的大小决定了可以单屏显示字数的多少。应用于电子书阅读器屏幕的技术有电子纸技术、LCD 等显示技术。

电子阅读器通常使用 E-ink(电子墨水),一种旨在模拟印刷纸的显示技术来显示数字化文本。它提供了类似新闻纸的分辨率,相对于一个液晶屏幕而言,消除了眩光和减少了视觉疲劳。由于电子墨水仅在文本变化时消耗电力,如翻页操作,因此一个满载的电池可以维持 7～10 天。相比之下,大多数采用液晶屏显示技术的设备的电池续航能力只有大约 10 小时。文本可以通过有线或无线连接的方式,从本地计算机或者在线商店或者发行商的网站下载到电子阅读器上,随时随地阅读学习。

另一种是基于电子纸技术的电子书阅读器(E-paper Based E-book Reader)是一种很轻巧的平板式阅读器,相当于一本薄薄的平装书,能储存约两百本电子图书。它具有重量轻、大容量、电池使用时间长、大屏幕等特点,是办公无纸化的新选择。部分电子书阅读器具备调节字体大小的功能,并且能显示 JPEG、GIF 格式的黑白图像和 Word 文件、RSS 新闻订阅。电子纸显示屏通过反射环境光线达到可视效果,因此看上去更像普通纸张。这种显示屏的能效非常高,因为这种显示屏一旦开启,就不再需要电流来维持文字的显示,而只有翻页时才消耗能量。

电子书阅读器从最初支持单纯的 TXT 格式以及厂商自己的格式,到现在支持大多数的图书格式,比如 TXT、JPG、BMP、HTML、PDF、DOC、EPUB、DJVU、CHM 等,甚至有的电子书阅读器还可以支持 RAR、ZIP、PPT 等格式文件。

1. Kindle 阅览器

Amazon Kindle 是由 Amazon 设计和销售的电子书阅读器(以及软件平台)。第一代 Kindle 于 2007 年 11 月 19 日发布,用户可以通过无线网络使用 Amazon Kindle 购买、下载和阅读电子书、报纸、杂志、博客及其他电子媒体。

Kindle for Android 是一款 Android 平台完美的电子书阅读工具,非常易于日常使用。用户使用 Kindle 电子书将可以获得几百万册的 Kindle 商店书籍,以及最新和最流行版本的畅销书;Kindle 在线免费电子图书和杂志数以千计。

Kindle 的正版电子书制作得比较精良,在 iPad 3 上测试,显示的字体清晰锐利,翻页速度很快。在不同的设备上,书签、阅读进度等信息会自动通过网络同步,无论是购买、同步、下载的速度都很快。可以调整字体大小、屏幕亮度、更改背景颜色、横屏或竖屏模式等。

2. 超星阅览器

超星阅览器(SSReader)是超星公司(全称:北京世纪超星信息技术发展有限责任公司)专门针对数字图书的阅览、下载、版权保护和下载计费而研究开发的一款专业阅览器。

北京超星公司是中国规模最大的数字图书馆解决方案提供商和数字图书资源提供商。业务范围包括数字图书资源加工、供应、采集、管理以及提供数字图书的创作、发布和交流。用户群体不仅覆盖全国各省区以及各行业、专业的图书馆,而且承担着大量国外图书出版机构的数字化业务。以先进、实用为指导思想,超星公司锐意创新,在数字图书馆相关技术的研发方面取得了显著的成效。目前超星阅览器 SSReader 已经成为国内使用人数最多、技术最成熟、创新点最多的图书阅览器。而超星数字图书馆因其在同行业中处于数字图书资源数量最多、专业资源最为权威、加工能力最大、技术最为成熟、用户最多的优势地位,已被公认为数字图书馆行业的第一品牌。

小　　结

本章主要介绍了新媒体技术中的基础技术知识,由于移动端设备处理能力的限制,很多媒体素材要由计算机来完成,因此对计算机相关知识进行了介绍。主要包括与新媒体有关的计算机硬件组成和软件介绍,声音数字化基础知识,图像构成基础知识,视频基础知识和手机网页知识。新媒体设备众多,各具特色,分别从不同的角度满足人们的需求,由于新媒体技术涵盖内容丰富,而且相关理论都有一定的深度,本书只是从最基础的技术特点进行了介绍,没有对相关内容进行深入的分析,有兴趣的读者可以在此基础上进行深入的学习和研究。

思 考 题

1. 新媒体硬件组成包括哪些部分？
2. 移动终端主要有哪些？各有什么特点？
3. 移动操作系统有哪些？各有什么特点？
4. 声音的数字化过程包括哪些步骤？
5. 图像具有哪些属性参数？分别代表什么意义？
6. HDTV具有哪些标准？4K电视指的是什么？

第 5 章 新媒体素材制作

新媒体以移动通信终端为主要显示设备,新媒体素材与传统多媒体素材具有一定的相似性与通用性,但又存在着较大的差别。由于新媒体以移动展示为主,与传统多媒体素材制作有较大的区别。目前多数新媒体素材制作还要依靠传统计算机完成,因此本章介绍的素材多数是在计算机系统中完成的。

5.1 手机网站制作

移动端网站制作与 PC 端网站制作一样,均采用了响应式 Web 设计的理念,其核心思想是页面的设计与开发应当根据用户行为以及设备环境(系统平台、屏幕尺寸、屏幕定向等)进行相应的响应和调整。具体的实现方式由多方面组成,包括弹性网格和布局、图片、CSS 的使用等。无论用户使用笔记本还是 iPad,页面都应该能够自动切换分辨率、图片尺寸及相关脚本功能等,以适应不同设备。响应式网页设计就是一个网站能够兼容多个终端,而不是为每个终端做一个特定的版本。这样,就可以不必为不断出现的新设备做专门的版本设计和开发了。

5.1.1 手机网页制作工具

1. 入门级 FrontPage

如果对 Word 熟悉,那么用 FrontPage 进行网页设计一定会非常方便。页面制作由 FrontPage 中的 Editor 完成,其工作窗口由三个标签页组成,分别是"所见即所得"的编辑页、HTML 代码编辑页和预览页。FrontPage 带有图形和 GIF 动画编辑器,支持 CGI 和 CSS,系统提供的向导和模板功能使初学者十分方便地编辑网页。

FrontPage 最强大之处是其站点管理功能。在更新服务器上的站点时,不需要创建更改文件的目录。FrontPage 会跟踪文件并复制那些新版本文件。FrontPage 是现有网页制作软件中唯一既能在本地计算机上工作,又能通过 Internet 直接对远程服务器上的文件进行操作的软件。

2006 年,微软公司宣布 Microsoft FrontPage 将会被 Microsoft SharePoint Designer 新产品替代。这两款正在开发中的软件都是部分基于 Microsoft FrontPage 的。Microsoft Office System 2007 已经包含 Microsoft SharePoint Designer。

Microsoft SharePoint 2010 套件可与 Microsoft Office 及第三方平台有效集成并协同工作,这不仅易于用户使用,并且能够与微软统一沟通,与 CRM 和 ERP 无缝集成,因此可以消除冗余的解决方案,简化管理,释放更多 IT 资源以提高效率。此外,使用统一的、随时随地可以访问的位置来共享所有信息,还可以改善工作流程,降低运输成本。

2. 网页制作工具 Dreamweaver

Dreamweaver 是美国 Macromedia 公司开发的集网页制作和管理网站于一身的所见即所得网页编辑器,是针对专业网页设计的视觉化网页开发工具,利用它可以轻而易举地制作出跨越平台限制和跨越浏览器限制的充满动感的网页。

Macromedia 公司成立于 1992 年,2005 年被 Adobe 公司收购。Adobe Dreamweaver 使用所见即所得的接口,也有 HTML 编辑的功能。它包括可视化编辑、HTML 代码编辑的软件包,并支持 ActiveX、JavaScript、Java、Flash、Shockwave 等特性,还能通过拖曳从头到尾制作动态的 HTML 动画,支持动态 HTML 的设计,使得页面没有 plug-in 也能够在浏览器中正确地显示页面的动画,同时它还提供了自动更新页面信息的功能。

Dreamweaver 还采用了 Roundtrip HTML 技术。这项技术使得网页在 Dreamweaver 和 HTML 代码编辑器之间进行自由转换,HTML 句法及结构不变。这样,专业设计者可以在不改变原有编辑习惯的同时,充分享受到可视化编辑带来的益处。

2015 年,Dreamweaver 推出 CC 2015 版,2016 年推出 CC 2017 版,这些版本只能运行在 Windows 7 和 Windows 8 系统,Windows XP 及以下系统不能运行。

3. 结构化语言开发软件

网络技术日新月异,许多网页文件扩展名不再只是 .html(.htm),还有 .php、.asp 等,这些文件都是采用动态网页技术制作出来的。

结构化语言是自然语言加上程序设计语言的控制结构形成的,既具有自然语言灵活性强、表达丰富的特点,又具有结构化程序的清晰易读和逻辑严密的特点。

结构化语言的显著特征是代码和数据的分离。这种语言能够把执行某个特殊任务的指令和数据从程序的其余部分分离出去或隐藏起来。获得隔离的一个方法是调用使用局部(临时)变量的子程序。通过使用局部变量,我们能够写出对程序其他部分没有副作用的子程序。这使得编写共享代码段的程序变得十分简单。

1) PHP

PHP 是当今 Internet 上最受欢迎的脚本语言,其语法借鉴了 C、Java、PERL 等语言,只需要很少的编程知识就能使用 PHP 建立一个真正交互的 Web 站点。它与 HTML 具有非常好的兼容性,使用者可以直接在脚本代码中加入 HTML 标签,或者在 HTML 标签中加入脚本代码,从而更好地实现页面控制。PHP 提供了标准的数据库接口,数据库连接方便,兼容性强,扩展性强,可以进行面向对象编程。

2) ASP

ASP 是微软公司开发的一种类似于 HTML(超文本标识语言)、Script(脚本)与 CGI(公用网关接口)的结合体,它没有提供自己专门的编程语言,而是允许用户使用许多已有的脚本语言编写 ASP 的应用程序。ASP 的最大好处是既可以包含 HTML 标签,也可以直接存取数据库及使用无限扩充的 ActiveX 控件,因此在程序编制上要比 HTML 方便而且更富有灵活性。ASP 在 Web 服务器端运行,运行后再将运行结果以 HTML 格式传送至客户端的浏览器。因此 ASP 与一般的脚本语言相比,要安全得多。

但 ASP 技术并非完美无缺,由于它基本上局限于微软的操作系统平台之上,且主要工作环境是微软的 IIS 应用程序结构,又因 ActiveX 对象具有平台特性,所以 ASP 技术不能很容易地实现在跨平台 Web 服务器上工作。

3) JSP

JSP 是由 Sun Microsystem 公司于 1999 年 6 月推出的新技术,是基于 Java Servlet 以及整个 Java 体系的 Web 开发技术。JSP 和 ASP 在技术方面有许多相似之处,不过两者来源于不同的技术规范组织,以至 ASP 一般只应用于 Windows NT/2000 平台,而 JSP 则可以在 85% 以上的服务器上运行,而且基于 JSP 技术的应用程序比基于 ASP 的应用程序易于维护和管理,所以 JSP 被许多人认为是未来最有发展前途的动态网站技术。

5.1.2 HTML

1. HTML 的概念

HTML 是一种用来制作超文本文档的简单标记语言。对 Web 页面中显示内容的属性以标签的形式进行描述。客户机上的浏览器(Browser)对这些描述进行解释,然后将相应页面内容正确显示在显示器上。一个 Web 页面就是一个 HTML 文档。

所谓超文本,就是在文本中加入超级链接,通过超级链接可以从一个文件跳转到另一个文件,与世界各地主机的文件连接,实现最大范围的资源与信息共享。

2. HTML 文档的构成

HTML 文档由三大元素构成:HEAD 元素、TITLE 元素和 BODY 元素。每个元素又包含各自相应的标记(属性)。

HTML 元素是最外层的元素,网页所有元素都应该包含在< HTML >和< /HTML >标记之间。HTML 中的标记一般成对出现,如< P ></P>、< HTML ></HTML >等,但也有一些不成对出现。

1) HEAD

HEAD 元素中包含对文档基本信息(文档标题、文档搜索关键字、文档生成器等)描述的标记。HEAD 元素成对出现,

< HEAD >标记首部的开始,</HEAD>标记首部的结束。

2) TITLE

TITLE 用来显示网页的标题名,也就是在浏览器中作为窗口名称,显示在窗口最上方标题栏内的信息。

网页标题名称一定要写在< TITLE >和</TITLE>标记之间,而且应包含在< HEAD >和</HEAD>标记之间。

一个网页只能有一个标题名,而且标记中不能包含其他标记。页面标题就像是页面的门面,要短小精悍,能够反映页面的内容,同时由于浏览器标题栏空间有限,标题不能太长。

3) BODY

BODY 元素是文档的主体部分,包含对网页元素(文本、表格、图片、动画、链接等)描述的标记。设计制作网页,实际上主要是设计< BODY >和< /BODY >标记之间的文本和图形内容及各种标记。

与< BODY >相关的属性主要有以下几个。

background:图像设置网页的背景。

bgcolor:设置网页的背景色。

text:设置网页文本的颜色。

link：设置超文本链接尚未访问文本时的颜色，默认为蓝色。
vlink：设置超文本链接已经访问文本的颜色，默认为紫色。
alink：设置超文本链接被选择瞬间时文本的颜色。

4) <META>标记

<META>标记是一个单标记，用于指明 HTML 文件自身的某些信息，自动生成。
HTML 文档的结构形式如下。

```
<html>                          //文档开始
    <head>                      //文档头开始
        <title></title>         //文档标题
    </head>                     //文档头结束
        <body>                  //文档体开始
        </body>                 //文档体结束
</html>                         //文档结束
```

注释行：   //   用作备注，不显示出来。

5) CSS 标记

层叠样式表(Cascading Style Sheets，CSS)是一种用来表现 HTML(标准通用标记语言的一个应用)或 XML(标准通用标记语言的一个子集)等文件样式的计算机语言。CSS 不仅可以静态地修饰网页，还可以配合各种脚本语言动态地对网页各元素进行格式化。

CSS 是一种定义样式结构如字体、颜色、位置等的语言，被用于描述网页上的信息格式化和显示的方式。CSS 样式可以直接存储于 HTML 网页或者单独的样式单文件。无论哪一种方式，样式单包含将样式应用到指定类型的元素的规则。外部使用时，样式单规则被放置在一个带有文件扩展名.css 的外部样式单文档中。

CSS 简化了网页的格式代码，外部的样式表还会被浏览器保存在缓存里，加快了下载显示的速度，也减少了需要上传的代码数量(因为重复设置的格式将被只保存一次)。只要修改保存着网站格式的 CSS 样式表文件就可以改变整个站点的风格特色，在修改页面数量庞大的站点时，显得格外有用。这就避免了一个个网页的修改，大大减少了工作量。

网页文件可以用"记事本"编写，文件扩展名为.html 或.htm。

HTML 其他格式使用方法和以上介绍的标志使用方法相似，但是对不同的标志稍有区别，特别是有的标志不需要成对出现，要注意使用，详细介绍请参考其他相关资料。

5.1.3 自适应网页设计

1. 自适应网页概念

新媒体技术的出现，越来越多的人使用手机上网，自适应网页设计是随着 3G 的普及而出现的。移动设备正超过桌面设备，成为访问互联网的最常见终端。于是，网页设计者不得不面对在不同大小的设备上呈现同样的网页内容的难题。

手机的屏幕比较小，宽度通常在 600 像素以下；PC 的屏幕宽度，一般都在 1000 像素以上(目前主流是 1366×768)，有的还达到了 2000 像素。同样的内容，要在大小不同的屏幕上都呈现出满意的效果，并不是一件容易的事。

很多网站的解决方法，是为不同的设备提供不同的网页，例如专门提供一个 Mobile 版本，或者 iPhone / iPad 版本。这样做固然保证了效果，但是比较麻烦，同时要维护好几个版本,而且如果一个网站有多个 Portal(入口),会大大增加架构设计的复杂度。

于是,就有人设想,能不能"一次设计,普遍适用",让同一个网页自动适应不同大小的屏幕,根据屏幕宽度,自动调整布局(Layout),自适应网页概念应运而生。2010 年,Ethan Marcotte 提出了"自适应网页设计",可以自动识别屏幕宽度,并制作出相应调整的网页设计。

2. 网页宽度自动调整

"自适应网页设计"实现起来并不难。首先,在网页 HTML 文件的代码头部,加入一行 viewport 元标签。

```
<meta name="viewport" content="width=device-width, initial-scale=1" />
```

viewport 是网页默认的宽度和高度,上面这行代码的意思是,网页宽度默认等于屏幕宽度(width=device-width),原始缩放比例(initial-scale=1)为 1.0,即网页初始大小占屏幕面积的 100%。

所有主流浏览器都支持这个设置,包括 IE 9。对于低版本的浏览器(如 IE 6.0、7.0、8.0),需要使用 css3-mediaqueries.js。

```
<!--[if lt IE 9]>
<script src="http://css3-mediaqueries-js.googlecode.com/svn/trunk/css3-mediaqueries.js"></script>
<![endif]-->
```

3. 不能使用绝对宽度

由于网页会根据屏幕宽度调整布局,所以不能使用绝对宽度的布局,也不能使用具有绝对宽度的元素,这一点非常重要。具体地说,就是 CSS 代码不能指定像素宽度。

```
width:xxx px;
```

只能指定百分比宽度:

```
width: xx%;
```

或者

```
width:auto;
```

4. 使用相对大小的字体

字体也不能使用绝对大小(px),而只能使用相对大小(em)。

```
body {
font: normal 100% Helvetica, Arial, sans-serif;
}
```

上面的代码指定,字体大小是页面默认大小的 100%,即 16 像素。

```
h1 {
font-size: 1.5em;
}
```

然后,h1 的大小是默认大小的 1.5 倍,即 24 像素(24/16=1.5)。

```
small {
 font-size: 0.875em;
}
```

small 元素的大小是默认大小的 0.875 倍，即 14 像素（14/16＝0.875）。

5. 流动布局

流动布局的含义是各个区块的位置都是浮动的，不是固定不变的。

```
.main {
 float: right;
 width: 70%;
}
.leftBar {
 float: left;
 width: 25%;
}
```

float 的好处是，如果宽度太小，放不下两个网页元素素材，后面的素材会自动滚动到前面元素素材的下方，不会在水平方向 overflow（溢出），避免了水平滚动条的出现。另外，绝对定位（position：absolute）的使用要非常小心。

6. 选择加载 CSS

自适应网页设计的核心，就是 CSS 3 引入的 Media Query 模块，即自动探测屏幕宽度，然后加载相应的 CSS 文件。

```
<link rel = "stylesheet" type = "text/css"
 media = "screen and (max-device-width: 400px)"
 href = "tinyScreen.css" />
```

上面的代码意思是，如果屏幕宽度小于 400 像素（max-device-width：400px），就加载 tinyScreen.css 文件。

```
<link rel = "stylesheet" type = "text/css"
 media = "screen and (min-width: 400px) and (max-device-width: 600px)"
 href = "smallScreen.css" />
```

如果屏幕宽度在 400～600 像素之间，则加载 smallScreen.css 文件。

除了用 HTML 标签加载 CSS 文件，还可以在现有 CSS 文件中加载。

```
@import url("tinyScreen.css") screen and (max-device-width: 400px);
```

7. CSS 的 @media 规则

同一个 CSS 文件中，也可以根据不同的屏幕分辨率，选择应用不同的 CSS 规则。

```
@media screen and (max-device-width: 400px) {
  .column {
   float: none;
   width:auto;
 }
  #sidebar {
   display:none;
```

    }
}
```

上面的代码意思是,如果屏幕宽度小于 400 像素,则 column 块取消浮动(float:none)、宽度自动调节(width:auto),sidebar 块不显示(display:none)。

### 8. 图片的自适应

除了布局和文本,自适应网页设计还必须实现图片的自动缩放。只要一行 CSS 代码即可:

```
img { max-width: 100%;}
```

这行代码对于大多数嵌入网页的视频也有效,所以可以写成:

```
img, object { max-width: 100%;}
```

旧版本的 IE 不支持 max-width,所以要写成:

```
img { width: 100%; }
```

此外,Windows 平台缩放图片时,可能出现图像失真现象。这时,可以尝试使用 IE 的专有命令:

```
img { -ms-interpolation-mode: bicubic; }
```

或者,Ethan Marcotte 的 imgSizer.js。

```
addLoadEvent(function() {
    var imgs = document.getElementById("content").getElementsByTagName("img");
    imgSizer.collate(imgs);
});
```

如果有条件的话,最好还是根据屏幕的不同大小,加载不同分辨率的图片。有很多方法可以做到这一条,服务器端和客户端都可以实现。

5.2 手机音频编辑

5.2.1 音频编辑软件介绍

各种各样的支持手机及移动设备的音频编辑软件很多,一般都有友好直观的操作界面,操作使用简单方便,如 iOS 系统手机的录音专家,功能强大,小巧实用;Animator Studio 中的 SoundLab 和 Ulead Media Studio 中的 Audio Editor 都非常不错;超级解霸中的音频解霸能将波形文件保存为 MP3 格式的文件;同时,一些声卡自带的声音处理软件也很实用,像 Sound Blaster 系列所带的 WaveStudio 等。因此只要掌握了其中的一种,便可触类旁通。下面对几个典型手机音频编辑工具进行介绍。

1. 录音专家

录音专家是一款运行在 iPhone 手机的免费的 MP3 录音机,也是一个变声器。操作简单,使用方便。无使用次数限制,没有录音时长限制,运行非常稳定可靠,具有广告。适合课堂录音、采访录音、调查取证、微信变声聊天等功能,适合在会议、培训、教室、音乐教学、音乐
```

制作等现场录音。下载最新版本 v17.0 后安装,完成后主界面如图 5.1 所示,变声界面如图 5.2 所示。

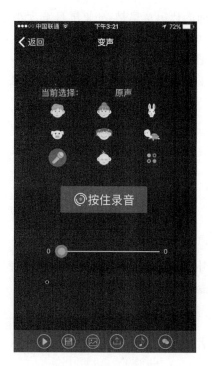

图 5.1　录音专家界面　　　　　　　　图 5.2　变声界面

上面显示录音电平指示,下面可以配套显示图片,主界面下面的功能按钮作用是:录音按钮、打开文件夹、开始录制、暂停和打开所有编辑操作按钮界面。

1) 主要功能

该录音专家支持独有的录音双引擎技术,可以确保录音数据完好保存,支持独有的手写标注所拍照片,支持指纹识别授权访问,电话打扰后自动继续录音和播放,支持 MP3 格式直接录音,支持变声,支持微信分享,支持配乐,支持拍照(单个录音不限制照片数量),支持在后台或锁屏时录音和播放,支持循环或随机连续播放,支持 Wi-Fi 共享,支持导出到相册分享,新版本支持独有的录音双引擎技术,可以确保录音数据完好保存,放心录制(业内独有),支持手写标注所拍照片,支持录音相关的照片单张导出,支持导出为视频时照片的 10 种动画效果,支持黄金、玫瑰金、铂金、乌金 4 种界面风格。

2) 录制声音

单击"录音"按钮,录音专家即开始录音,如果想节省电力,可以直接锁屏录音。

3) 变声聊天

这个功能很实用,如果想和陌生人微信语音聊天但又不想对方听到真实声音,可以用录音专家的微信变声聊天功能,瞬间实现男声变女声,女声变男声。当然,朋友之间变声聊天也非常轻松搞笑,可以增添不少乐趣。启动微信变声聊天,具体操作如下。

(1) 单击"录音"按钮,录一小段音,录好单击"停止"。

(2) 单击"编辑"按钮,切换到编辑界面。

（3）然后单击变声按钮（以上界面的第一个按钮）即可切换到变声聊天界面，如图 5.2 所示。

（4）单击各个变声效果按钮，如果合适就可以单击"微信发送"按钮，可以把变声后的录音发给微信好友。

4）照片拍摄

通常的录音软件不带拍照功能，即使带拍照功能也无法支持多张照片拍摄，录音专家可以支持多张照片录音，并且是不限数量，录音专家能拍摄多张现场照片会带来意想不到的方便。具体操作步骤如下。

（1）单击"录音"按钮开始录音。

（2）单击"拍照"按钮或者主界面图片区域可以添加照片。

（3）多次添加即可实现多个照片添加。

5）手写标注所拍照片

该功能的推出，通过手指即可完成对所拍照片的文字标注，照片有了文字标注，变得更加明了。当然，也更好地支持了苹果的新产品 Apple Pencil，通过 Apple Pencil 可以更加精准和方便地标注录音专家所拍的照片。

6）新增照片导出到视频

之前的照片和录音生成的视频，照片在视频里面是静态的，没有任何动画效果，新版本升级后，录音专家一次性提供了 10 种动画效果，有了这 10 种特效，录音专家制作课件将更加从容。新版还支持自定义照片在视频中出现的时间点，这样极大地提高了照片在视频中出现的灵活性。

7）录音时允许其他应用播放音乐

此功能的加入，让录音专家翻录歌曲或者影片声音片段变得简单。在录音专家设置界面打开"录音时允许其他应用播放音乐"选项，然后启动录音，切换到其他应用播放音乐或者视频即可实现翻录，之后录音文件还可以通过录音专家进行剪辑。

8）导出与分享

可以直接将录制的声音文件保存为声音文件、视频文件和 MP3 文件，也可以发送到微信好友，如图 5.3 所示，还可以发送到微信分享到微信朋友圈，如图 5.4 所示。

由于该软件支持锁屏录音，因此很省电，一连录制几个小时也消耗不了多少电，而且录音效果超级优秀，任何角落的发言都能录得到，录音文件也很小，一个小时 20MB（MP3）。该软件具有分享功能，是一款可以直接通过微信分享给其他人的录音软件，还可以通过Wi-Fi 网络直接分享给其他设备

由于录音文件直接就是 MP3 格式，不用复杂的转换即可给其他设备直接播放，而苹果自带的录音机就是它自己的格式，别的设备播放不了，很麻烦，其他很多录音的软件也都不支持 MP3 格式。这个录音软件还有一个特点就是可以直接在录音的时候拍照，这样开会的时候就可以直接照相了，不用单独调出相机拍照，更不用事后手工归纳录音和照片，十分方便。

2．专业录音

专业录音是 iPhone 手机使用的录音软件。下载最新版本 v1.7 安装后，如图 5.5 所示。打开 iPhone 语音备忘录后，单击中间的"小红圈"按钮，就可以开始录音了，如果需要暂停，再次单击一次中间的"小红圈"按钮即可。同样地，如果接着录音，依旧是再次单击"小红圈"

按钮,单击"完成"按钮,关闭录音弹出"保存"对话框,如图 5.6 所示,保存文件。

图 5.3 导出声音文件

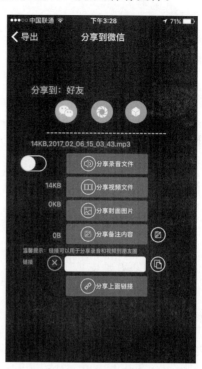

图 5.4 分享界面

图 5.5 专业录音主界面

图 5.6 保存录音文件对话框

除了以上介绍的两款手机录音软件外,类似的声音制作软件还有很多,操作界面都比较简单,使用也很方便,这些软件一般在日常生活中娱乐使用是完全可以的,但比起专业的音频处理软件,对声音的处理能力相当有限,当需要专业的声音素材时,还需要比较专业的音频处理软件来制作完成,下面介绍一款在计算机上使用的音频处理软件 Cool Edit Pro(简称 CEP)。

3. Cool Edit Pro v2.0

CEP 是 Syntrillium Software 公司出品的声音编辑处理软件,具备各种专业的音频处理功能(超过 45 种效果),支持很高的采样频率和采样精度(最高 32b,192k 采样速率)。CEP 功能强大,容易上手,对系统的要求也不高。

安装后运行 Cool Edit Pro v2.0,它有两种窗口界面:多轨混音窗和单轨音频编辑窗,如图 5.7 和图 5.8 所示。对一个波形文件录制编辑操作用单轨音频编辑窗,多轨录制或混合用多轨混音窗。可以用左上角的转换按钮在两个窗口之间互换。

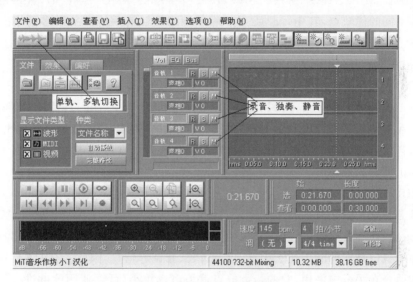

图 5.7 CEP 多轨混音窗口

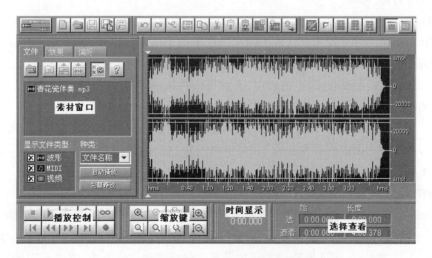

图 5.8 CEP 单音频编辑窗口

Cool Edit Pro 是一个专业音频编辑和混合环境,在 2003 年被 Adobe 公司收购后,改名为 Adobe Audition。

Audition 专为在照相室、广播设备和后期制作设备方面工作的音频和视频专业人员设计,可提供先进的音频混合、编辑、控制和效果处理功能。最多混合 128 个声道,可编辑单个音频文件,创建回路并可使用 45 种以上的数字信号处理效果。Audition 是一个完善的多声道录音室,可提供灵活的工作流程并且使用简便。无论是要录制音乐、无线电广播,还是为录像配音,Audition 中的恰到好处的工具均可提供充足动力,以创造可能的最高质量的丰富、细微音响。

5.2.2 手机音频格式

在手机种类不断增加的同时,手机所支持的音频格式也越来越多,目前主流的手机音频格式有:MMF、MIDI、AMR、WAV、MP3、IMY、RTTTL、M3U、AAC 等,这些格式各有特色,也有着不同的优缺点,其中,MMF 和 MIDI 格式是目前手机支持最多的格式,AMR 和 WAV 作为前两个音频的补充也为手机添色不少,而过去的单音手机多采用的是 IMY 和 RTTTL 格式,MP3 格式是发展的趋势。

1. MMF

MMF 也称 SMAF(Synthetic Music Mobile Application Format),是日本雅马哈公司为手机及 PDA 等终端设备而设计的音频格式。与同类的 SMF(MIDI)等铃声相比,它的优点是文件小,音乐表现力强。另外,MMF 格式是资源最为丰富的铃声格式,在网上很容易找到,文件的扩展名为.MMF。

2. MIDI

MIDI 是 SMF(标准 MIDI)多媒体乐器的数字接口标准,它并不像 WAV、MP3 那样量化地记录乐曲每一时刻的声音变化,它只将所要演奏的乐曲信息表述下来,就像交响乐团用的乐谱一样,只记录在何时用什么乐器,以及音长、音调等信息,因此 MIDI 文件所占空间比较小,非常适合在手机中使用,它的最大缺点就是声音较小,可以使用软件进行调节放大音量,文件后缀名是.MID。

3. AMR

AMR(Adaptive Multi-Rate)是一种应用在手机上的语音格式,即手机上的录音文件格式。AMR 格式压缩率比较高,音质相对要差一点儿。当然,它的优点显而易见,那就是随心所欲地录制声音,制作出 DIY 的铃声,文件后缀名是.AMR。

4. WAV

WAV 是一种标准的声音文件格式,与其他压缩格式的声音文件比起来,占用的存储空间比较大,在音质方面表现非常出众,如果手机内存充足的话还是很有使用价值的,文件后缀名为.WAV。

5. MP3

MP3 格式音频文件制作手机音频是近几年才开始流行的。MP3 是由 ISO/MPEG 语音编码标准所制定的一种声音压缩技术,使用这种技术可以将一般未压缩的音乐数据压缩至 1∶10～1∶12 大小,而且保持在人耳几乎无法分辨出来的失真率,文件后缀名是.MP3。

6. IMELODY

IMELODY(Imelody Ringtone Format)简称为 IMY 格式,是过去爱立信手机的音频格式,目前已经被广大手机厂商所接受,同样它也具有占用空间小、容易编辑等特点,因此曾被 EMS(增强型短信)作为铃声标准,文件后缀名是.IMY。

7. RTTTL

RTTTL(Ring Tone Text Transfer Language)是 NOKIA 手机常用的音频格式,它能自动将 MIDI 包含的多个音轨转化成简谱显示,它可以随意地修改或删除音符,经视听满意后转换为手机的按键指令。使用 RTTTL 的好处是以纯文字格式存储,传送及修改都很方便,但缺点是不能即时视听。

5.3 手机图片编辑处理

手机图片通常是指用于在手机上使用和显示的图片,由它的应用场景而得名,通常尺寸跟手机屏幕相对应。由于经常用特定尺寸的图片来作手机壁纸,所以通常也把手机图片又称为手机壁纸,是手机待机或手机桌面的图片,用户通过互联网在手机图片的网站上下载喜欢的图片,选择大小跟手机屏幕相对应的,并通过 WAP 或直接下载到计算机上用数据线或蓝牙等工具发送到手机上。

5.3.1 手机摄像头及图片格式

1. 手机摄像头

作为手机新型的拍摄功能,内置的数码相机功能与平时所见到的数码相机相同。与传统相机相比,传统相机使用"胶卷"作为其记录信息的载体,而数码摄像头的"胶卷"就是其成像感光器件,是数码拍摄的心脏。感光器是摄像头的核心,也是最关键的技术。摄像头按结构来分,有内置和外接之分,但其基本原理是一样的。

按照采用的感光器件来分,有 CCD 和 CMOS 之分,介绍如下。

1) CCD

CCD(Charge Coupled Device,电荷耦合组件)使用一种高感光度的半导体材料制成,能把光线转变成电荷,通过模数转换器芯片转换成数字信号,数字信号经过压缩以后由相机内部的闪速存储器或内置硬盘卡保存,因而可以轻而易举地把数据传输给计算机,并借助于计算机的处理手段,根据需要修改图像。

CCD 由许多感光单位组成,当 CCD 表面受到光线照射时,每个感光单位会将电荷反映在组件上,所有的感光单位所产生的信号加在一起,就构成了一幅完整的画面。CCD 像素数目越多、单一像素尺寸越大,收集到的图像就会越清晰。因此,尽管 CCD 数目并不是决定图像品质的唯一重点,但是可以把它当成相机等级的重要指标之一。目前,扫描机、摄录放一体机、数码照相机多数都配备 CCD。

2) CMOS

CMOS(Complementary Metal Oxide Semiconductor,附加金属氧化物半导体组件)和 CCD 一样同为在数码相机中可记录光线变化的半导体。CMOS 的制造技术主要是利用硅和锗这两种元素所作成的半导体,使其在 CMOS 上共存着带 N(带"－"电)和 P(带"＋"电)

级的半导体,这两个互补效应所产生的电流即可被处理芯片记录和解读成影像。

目前为止,市面上绝大多数的数码相机都使用 CCD 作为感应器;CMOS 感应器则作为低端产品应用于一些摄像头上,是否具有 CCD 感应器一度成为人们判断数码相机档次的标准之一,由于 CMOS 的制造成本和功耗都要低于 CCD 不少,所以很多手机生产厂商采用的都是 CMOS 镜头。现在,市面上大多数手机采用的都是 CMOS 摄像头,少数也采用了 CCD 摄像头。

2. 手机图像格式

手机支持的图像文件格式图片常见的有以下几种:BMP、JPEG、JP2、GIF、TIFF、PNG、EXIF、WBMP、MBM,这些图片特点如下。

1) BMP

BMP 是一种与硬件设备无关的图像文件格式,也是 Windows 系统下的标准位图格式,使用很广泛。它采用位映射存储格式,除了图像深度可选以外,不采用其他任何压缩,因此,BMP 文件所占用的空间很大,BMP 文件最大的优点就是能被大多数软件"接受",称为通用格式。

2) JPEG

JPEG 是静态图像专家组开发的文件格式,文件后缀名为".jpg"或".jpeg"。JPEG 格式是使用最为广泛的图像格式之一,Mac 和 Windows 系统的所有图像程序都可以打开和保存 JPEG 图像,JPEG 还是互联网中图像处理时使用的两种主要文件格式之一。

JPEG 格式的优点之一是可以压缩图像数据,JPEG 是一种有损压缩格式,能够将图像压缩在很小的存储空间,尤其是使用过高的压缩比例,将使最终解压缩后恢复的图像质量明显降低,如果追求高品质图像,不宜采用过高压缩比例。但是 JPEG 压缩技术不断进步,它用有损压缩方式去除冗余的图像数据,在获得极高的压缩率的同时能展现十分丰富生动的图像,而且 JPEG 是一种很灵活的格式,具有调节图像质量的功能,允许用不同的压缩比例对文件进行压缩,支持多种压缩级别,压缩比通常在 10∶1~40∶1 之间,压缩比越大,品质就越低;相反地,压缩比越小,品质就越好。

3) JP2(JPEG2000)

JPEG2000 作为 JPEG 的升级版,其压缩率比 JPEG 高约 30% 左右,同时支持有损和无损压缩,JPEG2000 格式有一个极其重要的特征在于它能实现渐进传输,即先传输图像的轮廓,然后逐步传输数据,不断提高图像质量,让图像由朦胧到清晰显示。

JPEG2000 和 JPEG 相比优势明显,且向下兼容,因此可取代传统的 JPEG 格式,JPEG2000 既可应用于传统的 JPEG 场合,如扫描仪、数码相机等,又可应用于网络传输、无线通信等。

4) GIF

GIF 是 CompuServe 公司开发的图像文件格式。GIF 文件的数据压缩率一般在 50% 左右,它不属于任何应用程序,几乎所有相关软件都支持它,GIF 图像文件的数据是经过压缩的,图像深度从 1b 到 8b,也即 GIF 最多支持 256 种色彩的图像。GIF 格式的另一个特点是在一个 GIF 文件中可以存放多幅彩色图像,如果把存于一个文件中的多幅图像数据逐幅读出并显示到屏幕上,就可构成一种最简单的动画。

GIF 分为静态 GIF 和动画 GIF 两种,支持透明背景图像,适用于多种操作系统,"体型"

很小,网上很多小动画都是 GIF 格式。

5) TIFF

TIFF 是由 Aldus 和 Microsoft 公司为桌上出版系统研制开发的一种较为通用的图像文件格式,是一个不失真的 24 位彩色图像格式,能保持原有图像的颜色及线条,但占用空间很大,TIFF 是设计用在跨平台上,所以为大多数的系统和图像编辑软件所接受。

TIFF 格式的图像文件体积很大,例如一个二百万像素的图像,差不多要占用 6MB 的记忆容量,故 TIFF 常被应用于较专业的用途,如书籍出版、海报等,很少应用于互联网上。

6) PNG

PNG 是便携网络图形格式,它由 Web Graphics 公司开发。保证最不失真的格式就是 PNG,它就是设计要成为网络格式的。

PNG 格式和 GIF 格式不同,它可以不受 256 色的局限,和 JPEG 格式不同,它不使用有损压缩,这种格式的优点是得到高质量的图像,缺点是文件占用空间大。PNG 与 JPG 格式相似,网页中有很多图片都是这种格式,压缩比高于 GIF,支持图像透明。PNG 能够提供比 GIF 小 30% 的无损压缩图像文件。

7) EXIF

EXIF 格式是富士公司提倡的数码相机图像文件格式,与 JPEG 格式相同,区别是除保存图像数据外,还能够存储摄影日期、使用光圈、快门、闪光灯数据等曝光资料和附带信息以及小尺寸图像。

8) WBMP

WBMP(Wireless Bitmap)是一种移动设备使用的标准图像格式。这种格式特定使用于 WAP 手机网页中。WBMP 支持 1 位颜色,即 WBMP 图像只包含黑色和白色像素,而且不能制作的过大,这样在 WAP 手机里才能被正确显示。

9) MBM

MBM 格式文件,是 Symbian OS 的位图文件格式,这是一种多位图文件。窗口位图使用一个位图转化工具 bmconv 来创建 MBM。由于一个 MBM 文件可能包含多个位图,所以 bmconv 还产生一个位图头文件 MBG,这个头文件提供了一个访问位图的 ID。当从 MBM 文件加载一张位图的时候,应该包括相应的头文件,同时应当使用恰当的标识符作为加载位图的方法的参数。

5.3.2 手机图像处理软件

现在的智能手机都带有摄像头,可以随时获得照片,因此用手机获取照片比较方便。在手机桌面找到照相机图标,即可进行照片拍摄,拍照后会保存在手机的图片文件夹中,方便日后处理使用,拍照的方法不再详细介绍。

手机图像处理软件具有特殊性。与计算机图像处理软件不同,手机图像软件操作简单,软件功能也不是十分庞大,制作的图像文件不能太大。常见的手机图像处理软件介绍如下。本文介绍的软件下载与操作都是在 iPhone 6S Plus 手机上完成的,其他版本请参考相关教程。

1. VSCO Cam(滤镜)

VSCO Cam 来自 VSCO(Visual Supply Co. 的简写),该公司之前一直做数码照片美化的工作，开发了受欢迎的插件 VSCO Film。而 VSCO Cam 则是 Visual Supply Co 开发的一款用于移动设备的照片拍摄以及处理软件（更多的是照片处理），支持苹果 iOS 以及谷歌的 Android 双系统平台。

该软件最大的特点就是使用任何一款 VSCO 的滤镜，都能够使照片模拟出不同胶片拍出来的效果。VSCO Cam 的滤镜能够将拍摄的照片呈现出最接近传统胶片的效果，十分符合当下年轻人的审美需求。

1) 软件介绍

该软件的使用介绍如下。

下载最新版本 v18.0 安装后，在手机桌面可以看到 VSCO 的快捷图标，单击打开 VSCO 后出现界面如图 5.9 所示，单击右上部分的"＋"号，打开对话框，导入需要修改的照片，如图 5.10 所示。

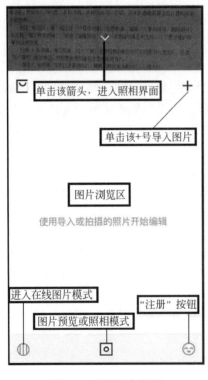

图 5.9　VSCO 主界面

图 5.10　导入照片

用户可以通过单击主界面上部的箭头图标，直接通过手机摄像头拍摄照片。在导入图片后，即可选中图片进行编辑和修改了。主界面下部的按钮功能分别改变为：取消选择图片、编辑、分享发布照片、保存或删除图片等菜单。

开启拍照模式，在取景框中触碰屏幕，将看到 Exposure 曝光和 Focus 对焦标记分离指向，由此可以指哪到哪地决定照片的效果，只需要手指拖动屏幕上的红点即可。当拍摄完成后，照片即刻存储在浏览界面中。

2) 滤镜及其功能

VSCO Cam 是目前最具胶片模拟效果的拍照软件，它最具特色并且引以为豪的是它的滤镜功能,更新后应用内置了多款滤镜,多种风格可以尝试。但很多滤镜需要在线付费购买后才能使用。

选择一张图片,最下面出现一行操作功能分别是取消、编辑、分享和保存、删除照片。单击最下面工具中的第二个按钮("编辑"按钮),多个滤镜效果呈现出现。以下是滤镜的效果和适用范围。

(1) 经典 B 系滤镜。黑白简单,经久不衰,凭借细微的黑白变化和阴影对比度出彩,各类照片都可以尝试黑白,特别是肖像和建筑会变得张弛有力。

(2) 活泼 C 系滤镜。帮助还原景物色彩,鲜亮的颜色活泼跳动让人心情大好。

(3) 清淡的 F 系滤镜。特地降低了饱和度让颜色变的稍清淡,柔和的光感很适合为日常生活照调修,颇具质感的色调展现出简洁的精致的宁静生活的模样。

(4) 明亮的 G 系滤镜。展现出活力的人物,饱满明亮的健康肤色,适合人物拍摄。

(5) 复古的 M 系滤镜。稍微带点儿灰度让照片曝光不足,是 M 系滤镜的特色,稍微让颜色夸张起来,呈现出不一样的视觉效果。复古 M 系滤镜相信是大多数人的爱,色调细腻柔和,拍摄城市环境很不错。

(6) 冷色系 P 系滤镜。有种拍立得的感受,色系偏冷色调微淡,有种特别的时尚感,适合日常拍摄。

(7) 阴郁 T 系滤镜。高度的灰度加上戏剧色彩,自然偏暗的光感,有种低调的奢华的氛围。高灰度的 X 系滤镜。华丽的灰色和强烈的灰度让照片有着老式深邃的迷人效果。

有了喜欢的滤镜,一张照片还没有完成,更多细节有待调整。这时候单击照片底部菜单栏中的三角按钮,会看到几个按钮,它们分别是返回、编辑、上一步操作、原始图片,单击第二个"双头扳手"编辑按钮,对照片的更多细节进行自定义。

3) 调整图像

选定一幅图像后,就可以对图像的效果进行调整。自定义调整包括以下功能。

(1) 曝光:滑块向左变暗,向右变亮。

(2) 对比度:滑块向左整体对比度小,照片越灰,向右增加对比度。

(3) 旋转:从左向右任意角度旋转,改变方位。

(4) 水平视角:向左移动可以放大左部图像,向右移动可以放大右部分图像。

(5) 垂直视角:可以在垂直方向放大上部和下部图像。

(6) 裁剪:让照片获得想要的大小画面和重点部分。

(7) 清晰度:在不影响整体照片明暗变化的前提下,增加局部区域的对比度,让照片的主体更突出,加太多会有点儿影响皮肤的质感,让皱纹加深。

(8) 锐化:增强边缘线附近的对比度,如果人像加锐化,会让五官看起来更突出。

(9) 饱和度:色彩的鲜艳程度,人像适当加点儿饱和度会让气色看起来更好,图片色调变的清淡或浓郁。

(10) 高光减淡:减轻高光的亮度,对阴影区域影响较小,照片整体会变暗。

(11) 补充阴影,提高阴影的亮度,对高光区域影响较小,把整体丢失的细节找回来。

(12) 色温:滑块向左图片变冷蓝,向右图片变暖黄,或者说左冷色调,右暖色调。

(13) 色相:调节红黄蓝等色相环,左绿色,右红色。

(14) 肤色:左偏粉,右偏黄。

(15) 暗角：增加可以突出主体。

(16) 颗粒：在调节人像时增加点颗粒，让皮肤看起来更有质感。

(17) 褪色：淡化图片的效果，数值越大整体图片灰度增加。

(18) 阴影色调：在阴影区域填充颜色，调节人像的时候，阴影色调会影响皮肤、头发以及衣服的颜色。

(19) 高光色调：在高光区域填充颜色。

以上调修方式与 Photoshop 类似，效果可叠加，但日常的照片完全没必要这么复杂，也许只需要调整几个常用的效果就可以了。

2. Snapseed

Snapseed 是手机照相中的最佳应用软件之一。Snapseed 是 Google 开发的一款手机后期修图软件，安卓、苹果系统都可以免费下载，软件界面简洁，功能强大，操作简单明了，特别适合对照片的细节进行细致编辑，容易上手。该软件只需轻轻一点"自动校正"即可自动调整相片，使用"调整图片"将相片调整至尽善尽美，凭借 Snapseed 内置的 Google＋功能，能够更方便地与亲朋好友分享相片。

Snapseed 可以对照片进行多种细节处理，包括亮度、环境、对比度、饱和度、白平衡、锐化等，支持拉伸、旋转以及剪裁。

在滤镜方面，Snapseed 可以制作黑白、复古、戏剧、移轴等多种风格，基本上可以把原始照片改得面目全非，让人人都是摄影家。

1) Snapseed 界面特点

最新软件版本 2.15 下载安装完成后，打开后主界面如图 5.11 所示。

左上角的"打开"按钮，可以打开设备上的图片、照片和最新图片，右上部是保存照片的按钮、撤销或重做还原按钮，最右侧按钮可打开分享和帮助及设置详细信息等。中间部分是图片显示区域。右下角的白色圆形图标可以打开"工具"和"滤镜"选项，工具界面如图 5.12 所示。

2) 工具主要功能

(1) 调整图片。该功能可制造与相片色彩和纹理完全吻合的深度和自然饱和度。手指向左右两侧滑动即可调整。调整亮度(－100～＋100 之间)、饱和度(－100～＋100 之间)、对比度(－100～＋100 之间)、饱和度(－100～＋100 之间)、氛围(－100～＋100 之间)、高光(－100～＋100 之间)、阴影(－100～＋100 之间)、暖色调(－100～＋100 之间)等。

(2) 突出细节。该功能包括结构调整(－100～＋100 之间)和锐化(－100～＋100 之间)两个细节调整功能。可以通过手指向左向右设置参数。按住右上角图标可以回看细节调整之前的原图，松开就是处理后的效果图。

(3) 裁剪。包括自由地裁剪图像、正方形或使用标准纵横比(3∶2、4∶3、5∶4、7∶5、16∶9)，轻松去除相片的干扰部分，留下保留的部分。

(4) 旋转。通过简单的手势控制将相片旋转 90°和/或垂直翻转，也可以手指在屏幕滑动实现任意角度旋转。

(5) 变形。可以使照片在水平角度(－100～＋100 之间变形)、垂直角度(－100～＋100 之间)变形和旋转(－10°～＋10°之间)变形。

图 5.11　Snapseed 主界面

图 5.12　工具界面

（6）白平衡。白平衡就是校准照片的色温和色调。新版本的白平衡相比之前基本功能里的暖色调之外又多了色调的调整，也就是说，现在的 Snapseed 可以调整图片的色温（冷暖色温）和色调（青和红色调）。

（7）画笔。该功能实用性强，可以对任意区域进行调整，包含加光减光、曝光和饱和度修改。

（8）局部。该功能可以对照片局部进行修改，通过设置最多 8 个小圆点区域进行修复。选中任意一个小圆点，上下滑动手指可以看到有亮度、对比度、饱和度三个功能选项进行调整。

（9）修复。该功能和 Photoshop 中的污点修复功能几乎一样，能达到的效果也完全可以媲美。只需要点按不需要的污点即可将其消除。通过恰当的污点修复，可以极大地改善画面的美观度，合理地去掉或保留画面上的内容，让整个摄影作品更加出色。

（10）晕影。晕影功能主要是突出照片主体。手指上下滑动，可以看到外部亮度和内部亮度两项，外部亮度是指照片主体周围外的亮度；内部亮度指照片主体的亮度，这两种都可以设置从 －100 到 100 的亮度。

（11）文字。在照片中增加文字。

（12）曲线。该功能就是用来调整画面中的明暗关系的，增加曲线功能可以对画面的明暗关系进行更加细致入微的调整，曲线可以调节全体或是单独色彩通道的对比度，可以调节任意局部的亮度。

3）滤镜主要功能

滤镜是为了让照片能更好地传达出拍摄者的感情进行进一步渲染的，使照片更有魅力。

滤镜界面如图 5.13 所示。

主要滤镜功能介绍如下。

(1) 镜头模糊。可以模拟大光圈镜头的景深，以营造模糊效果并突出图片主题。在 ▭ 和 ⊙ 之间切换，可切换直线或椭圆焦点。使用双指张合手势可更改焦点的大小、形状或旋转。通过单击 ◈ 选择模糊区域内显示的任何反射高光的所需形状。要进行其他调整，可垂直滑动以访问编辑菜单。选择某个选项后，水平滑动即可调整参数。该滤镜的垂直菜单还包括：

① 模糊强度(0～100)：向右滑动可增加模糊效果的强度。

② 过渡(0～100)：向右滑动可增加内焦点和模糊区域之间的淡出距离。

③ 晕影强度(0～100)：向右滑动可调暗图片的边缘，并在模糊效果中融入晕影。

(2) 魅力光晕。魅力光晕滤镜利用柔软、充满魅力的光晕为图片添加梦幻效果。单击即可选择预设光晕效果。要进行更精确的调整，可在图片上垂直滑动以访问编辑菜单。选择某个选项后，水平滑动即可调整修片。该滤镜的垂直菜单还包括：

图 5.13　滤镜界面

① 光晕：向右滑动可增加软化程度。

② 饱和度：添加或消除图片中的色彩鲜明度。

③ 色温：向图片中添加暖色或冷色色偏。

(3) 色调对比度。色调对比度滤镜是在阴影部分和高光部分形成细致对比，同时还能精确控制曝光。在图片上垂直滑动即可访问编辑菜单。选择某个选项后，水平滑动即可调整修片。该滤镜的垂直菜单还包括以下选项。

① 高色调：向图片中的高光部分添加对比效果。

② 中色调：向图片中的中灰色调添加对比效果。

③ 低色调：向图片中的阴影部分添加对比效果。

④ 保护高光：高色调的对比度提高后，防止高光部分的细节丢失。

⑤ 保护阴影：低色调的对比度提高后，防止阴影部分的细节丢失。

(4) HDR 景观。高动态范围图像(High-Dynamic Range，HDR)，相比普通的图像，可以提供更多的动态范围和图像细节，根据不同的曝光时间的图像，利用每个曝光时间相对应最佳细节的图像来合成最终 HDR 图像，能够更好地反映出真实环境中的视觉效果。

在使用 Snapseed 中的 HDR 滤镜时，无需三脚架即可立即获得高动态范围摄影的宏大效果。单击即可选择 HDR 风格。然后垂直滑动以访问编辑菜单，再水平滑动进行修片。该滤镜的垂直菜单还包括以下选项。

① 滤镜强度：增强或减弱所选风格的效果。

② 亮度：调暗或调亮整张图片。

③ 饱和度：添加或消除图片中的色彩鲜明度。

（5）加入戏剧效果。戏剧滤镜可以给拍摄的照片立即添加细微修片和强烈的艺术效果等戏剧风格。单击即可选择滤镜风格。然后，垂直滑动即可调整滤镜强度或饱和度。选择某项后，水平滑动即可修片。该滤镜的垂直菜单还包括以下选项。

① 滤镜强度：增强或减弱所选风格的效果。

② 饱和度：添加或消除图片中的色彩鲜明度。

（6）斑驳效果。给照片添加微细颗粒，产生各种斑驳的效果有3种风格。

① 粗粒胶片：可以利用颗粒引擎的逼真效果复制彩色胶片上的拍摄效果。单击即可选择胶片和颗粒风格。垂直滑动即可调整颗粒或风格强度。选择某项后，水平滑动即可修片。

② 颗粒：向图片添加效果自然的颗粒。值为0时，表示没有添加颗粒。

③ 风格强度：增强或减弱所选风格的效果。值为0时，表示没有添加其他风格，仅应用颗粒效果。

（7）复古效果。让图片看起来像20世纪50、60和70年代的彩色胶片照片，引起怀旧之感。单击即可选择彩色风格。要进行更精确的调整，可在图片上垂直滑动以访问编辑菜单。选择某个选项后，水平滑动即可修片。

（8）怀旧效果。借助漏光、刮擦、胶片风格及更多选项制作带有逼真怀旧效果的图片。单击即可选择怀旧风格。选择某风格后，该风格上会显示一个图标。再次单击图标即可随机选择该风格中的选项。要进行进一步调整，可在图片上垂直滑动以访问编辑菜单。选择某个选项后，水平滑动即可修片。

（9）黑白电影效果。利用由暗室启发得来的调色和柔化效果创建忧郁的黑白电影图片。单击即可选择黑白电影风格。要进行进一步调整，可在图片上垂直滑动以访问编辑菜单。选择某个选项后，水平滑动即可修片。

（10）黑白效果。通过这款由暗室启发得来的滤镜制作经典的黑白外观。可以制作出色的黑白图片，请点击选择预设的黑白风格。要模拟通过镜片的彩色玻璃滤镜拍摄的效果，可根据需要单击添加彩色滤镜。在图片上垂直滑动即可调整亮度、对比度和颗粒。选择某项后，水平滑动即可修片。

（11）相框效果。可以给照片赋予画龙点睛的效果。单击即可选择相框风格。许多相框拥有同一风格的多种变化形式，因此可再次单击相框缩略图以查看所有可用变化形式。在图片上水平滑动即可增大或缩小叠加在图片上的边框的大小。相框应用在图片的顶层，因此不会改变最终的图片大小或分辨率。如果相框覆盖了重要的图片细节，请重新剪裁图片以便为相框叠加层留出空间。

（12）美颜效果。专门用来修脸的滤镜。美颜滤镜提供了5种美颜的样式，分别是适中、细微、明亮、嫩肤和锐利。手指在屏幕上下滑动，可以选择具体的参数，这里有面部提亮、嫩肤和亮眼三种选择，其实美颜的每一种样式就是这三个参数的不同组合的结果。这个滤镜只适用于人像的修饰，而且最好是曝光相对适合的正面人物照，滤镜效果不错，值得推荐。

3. 美图秀秀

美图秀秀由厦门美图科技有限公司研发推出，是一款免费图片处理软件，操作简单，很容易上手，比 Adobe Photoshop 简单很多，图片特效、美容、拼图、场景、边框、饰品等功能，加上每天更新的精选素材，可以让非专业人士制作出影楼级的照片，还能快速分享到新浪微博、人人网、QQ 空间等。

最新版本 6.1.2 的美图秀秀主界面如图 5.14 所示。

主界面包括美化图片、相机、人像美容、手绘自拍、一键美图、拼图等功能选项，单击即可进行相应操作。主要功能包括智能优化、编辑修改、增强、特效、马赛克、魔幻笔、边框、贴纸、文字、背景虚化等。单击最下面右侧的"去美容"按钮，可以进行一键美颜、磨皮美白、祛斑祛痘、瘦脸瘦身、去皱、高光笔、增高、眼睛放大、祛黑眼圈、亮眼等操作。

该图片处理工具操作简单，很容易上手，请读者自行摸索使用。

4. MiX 滤镜大师

MIX 滤镜大师，提供一百余款创意滤镜，四十余款经典纹理，完善的专业参数调节工具，主要特点如下。

1）堪比单反的景深滤镜

MIX 滤镜大师提供独有的景深特效滤镜，简单选择，就可以轻松编辑出媲美单反的视觉效果。

2）将自定义模式

MIX 滤镜大师免费提供将近二百款默认滤镜，包括景深滤镜、散景滤镜、经典纹理、漏光滤镜，更多

图 5.14　美图秀秀主界面

自定义编辑工具和完善的自定义编辑参数。MIX 滤镜大师是一款彻底的自定义手动编辑应用，在创造的过程中总能满足人们对照片的想象。

3）保存并分享

MIX 滤镜大师能够完全自定义创造属于自己的独特滤镜，保存后还可以分享滤镜创造过程和整个自定义滤镜到朋友圈，与好友一起通过照片寻找新的感觉。

4）拥有更多更优秀的滤镜

MIX 拥有 Camera360 中经典的魔法美肤、日系、卡通、魔法天空等经典滤镜，除此之外，还拥有无限的自定义滤镜创造空间。

5. MagicHour

MagicHour 是一款 Android 平台的拍摄及美化照片的软件。软件界面复古又有卡通气息，使用该软件可以制作出具有魔幻效果的照片。

软件不仅提供了晕影效果、蒙版以及边框等主流功能，还提供了曲线以及色彩平衡选项。编辑完照片后，可以单击绿色的"返回"选项查看照片拍摄完的原始效果，可以保存图片或者将照片分享给朋友，由于软件是国外开发的，因此不支持国内的微博和社区分享。

MagicHour 的滤镜以及照片编辑功能，让用户拥有了更多创意空间。

除了上面介绍的几款图片处理软件外,移动设备图片处理软件还有很多,例如美颜相机是一款把手机变为自拍神器的APP;由美图秀秀团队倾力打造,专为爱自拍的女生量身定制。该软件可自动美肌和智能美型,颠覆传统拍照效果,瞬间自动美颜,完美保留脸部细节,让照片告别模糊。

"轻松抠图"是一款专业且易用的手机抠图应用软件,具有二十多种风格迥异的抠图模板,效果很出色且操作简单,使用起来给人们带来不少意想不到的惊喜。也正是因为它功能上的强大,成了手机里不可或缺的修图APP。

其他还有Squaready可以将文件保存为像素照片;ScanStamp可以把手绘图、手写字拼上去,写好的东西拍下来通过它可以转换成笔绘;Beautiful Cap有很多光影的效果,也有很好看很文艺的贴图文字;MOLDIV为最高级的相片合成软件等,这些手机软件极大地丰富了移动终端图像的处理,丰富了人们的生活需求。

5.4 手机视频制作与播放

手机电视是指通过移动功能的手机收看电视,这种手持终端拥有手机的功能和电视的功能。手机电视本身具有交互灵活应用的特点,可以制定个性化服务,有高端电视的内容,数字版权管理和多媒体信息等。手机电视本身可以提高移动数据业务的使用率,节目也可以拉动观众在电视业务上的消费,提高电视节目的收视率。所以手机电视被看成是最具有特色的新媒体之一。

5.4.1 非线性编辑

1. 概念

传统线性视频编辑是按照信息记录顺序,从磁带中重放视频数据来进行编辑,需要较多的外部设备,如放像机、录像机、特技发生器、字幕机,工作流程十分复杂。随着DV(Digital Video)的流行普及,非线性编辑被大家熟悉,那么什么是非线性编辑呢?从狭义上讲,非线性编辑是指剪切、复制和粘贴素材无须在存储介质上重新安排。而传统的录像带编辑、素材存放都是有次序的,必须反复搜索,并在另一个录像带中重新安排,因此称为线性编辑。从广义上讲,非线性编辑是指在用计算机编辑视频的同时,还能实现诸多的处理效果,例如特技等。

非线性编辑系统是把输入的各种音、视频信号进行A/D(模/数)转换,采用数字压缩技术将其存入计算机硬盘中。非线性编辑使用硬盘作为存储介质,记录数字化的视音频信号,由于硬盘可以满足在1/25s(PAL)内完成任意一副画面的随机读取和存储,因此可以实现音、视频编辑的非线性。

2. 特点

从非线性编辑系统的作用来看,它能集录像机、切换台、数字特技机、编辑机、多轨录音机、调音台、MIDI创作、时基等设备于一身,包括所有的传统后期制作设备。这种高度的集成性,使得非线性编辑系统的优势更为明显。因此在广播电视界占据越来越重要的地位,概括地说,非线性编辑系统具有信号质量高、制作水平高、节约投资、保护投资、网络化等优越性。

1) 信号质量高

使用传统的录像带编辑节目,素材磁带要磨损多次,而机械磨损也是不可弥补的。另外,为了制作特技效果,还必须"翻版",每"翻版"一次,就会造成一次信号损失。最终,为了质量的考虑,不得不放弃一些很好的艺术构思和处理手法。而在非线性编辑系统中,这些缺陷是不存在的,无论如何处理或者编辑,无论复制多少次,信号质量都始终如一。当然,由于信号的压缩与解压缩编码,多少存在一些质量损失,但与"翻版"相比,损失大大减小。

2) 制作水平高

在非线性编辑系统中,大量的素材都存储在硬盘上,可以随时调用,不必费时费力地逐帧寻找。素材的搜索极其容易,用鼠标拖动一个滑块,能在瞬间找到需要的那一帧画面,搜索易如反掌。

3) 设备寿命长

非线性编辑系统对传统设备的高度集成,使后期制作所需的设备降至最少,有效地节约了投资。

4) 网络化

网络化是计算机的一大发展趋势,非线性编辑系统可充分利用网络方便地传输数码视频,实现资源共享,还可利用网络上的计算机协同创作,便于数码视频资源的管理、查询。

因此,复杂的制作宜选用非线性编辑,新闻片制作宜选用线性编辑,现场直播、现场直录宜选用线性编辑。

5.4.2 手机视频格式

手机视频格式,指用手机观看的,存储在手机内存或者存储卡上的视频内容的格式。这些格式区别于用手机浏览器观看的网络流媒体视频格式。现在的手机支持多种格式的视频,如 AVI、MPG、WMV、FLV、RMVB 等,使得手机格式编辑视频和播放视频不再成为障碍。

1. 硬件支持

手机播放视频要依赖于解码芯片把压缩的数字化画面和声音还原成可以播放的模拟信号,由显示屏和喇叭或耳机输出。解码芯片的性能有以下几个参数。

1) 编码方案

手机解码芯片一般能解码 H.263、MPEG-1 等编码,解码芯片多数可以解码 H.264(又称为 MPEG-4 AVC),画面质量大大提高。

2) 分辨率

分辨率这里有以下两个概念。

(1) 物理分辨率,即手机屏幕能显示的像素数,用 $W \times H$ 个像素表示。早期常见的手机屏幕分辨率为 320×240(QVGA),随着大屏幕手机的普及,更高的分辨率也开始普及。

(2) 视频文件的分辨率,是指视频画面的实际分辨率,如 480×272、640×480、1280×720 等。

一般来说,大部分手机的解码芯片不支持超过其屏幕物理分辨率的视频,部分可以支持超过其屏幕物理分辨率的视频,此时播放的画面实际是把原视频缩小的。

3) 码率

一般用千比特每秒(Kb/s)或者兆比特每秒(Mb/s)来表示,手机解码芯片所支持的码率一般都在1Mb/s以下。

4）帧率

帧率（FPS，帧/秒）是视频画面刷新的速度，中国大陆电视制式是PAL，帧频是25FPS，电影标准为24FPS，手机芯片最高支持30FPS。

2．视频格式转化支持软件

手机视频格式软件分为手机视频解码软件和手机视频编码软件。同时支持手机视频格式解码以及支持手机视频编码的软件有格式工厂等软件，介绍如下。

1）格式工厂

格式工厂（Format Factory）支持上百种音视频格式，如AVI、VCD、SVCD、DVD、MPG、WMV等格式，还支持不常见的如MTS、MOD、TS、M2TS格式，还可以支持很多软件不支持的DVD格式文件，是一套万能的多媒体格式转换软件，支持转换几乎所有主流的多媒体文件格式。主要功能是将所有类型视频转换为MP4、3GP、MPG、AVI、WMV、FLV、SWF、RMVB等常用格式。

所有类型音频转换为MP3、WMA、AMR、OGG、AAC、WAV等常用格式。

所有类型图像转换为JPG、BMP、PNG、TIF、ICO、GIF、TGA等格式。

2）手机QQ浏览器5.1视频播霸

2014年4月2日，腾讯旗下浏览器产品手机QQ浏览器推出手机QQ浏览器5.1视频播霸，集内容全、格式多、速度快、下载强等功能，大幅升级播放功能，并从"找、看、下"三个阶段优化用户体验，令用户使用QQ浏览器即可一站式观看大网站的独播剧目，并获得更好的观影体验。

3）MP4/RM转换专家

有很多的视频在手机上并不能直接播放，这是由于手机对播放的文件格式有限制，这就需要使用手机格式转换器将视频转换成手机适用的格式。MP4/RM是一款专门转换手机、MP4、iPod、iPhone等手持移动设备所支持的专用视频格式转换软件，同时也支持将各种手机格式转换成其他如计算机/网络/硬件所支持的流行格式，是一款功能全面，质量和速度上乘的手机视频转换软件。

该软件支持将AVI、VCD、SVCD、DVD、MPG、WMV、ASF、RM、RMVB、FLV、F4V、MOV、QT、MP4、MPEG4、3GP、3G2、MKV、TS、TP、MTS、M2TS、MOD、TOD、SDP、YUV等几乎所有视频文件转换为各种手机支持的3GP、MP4、AVI等视频格式。支持将DVD光盘的字幕、音轨、角度等信息完整地转换成各种手机支持的视频格式。同时支持将各种主流视频格式以及DVD光盘转换成FLV网络专用格式或MP4机等硬件专用格式。

支持各种最新高清视频转换，包括MKV、TS、TP、M2TS、MTS、MOD、TOD等高清格式转换成手机支持的视频格式。

4）狸窝全能视频转换器

狸窝全能视频转换器可以将MPEG、WMV、FLV、MKV、MP4、3GP、DivX、XviD、AVI等视频文件编辑转换为手机、MP4等移动设备支持的音视频格式。

狸窝全能视频转换器不单提供多种音视频格式之间的转换功能，同时又是一款简单易用却功能强大的音视频编辑器，利用它的视频编辑功能，可以自己制作视频。在视频转换设置中，可以对输入的视频文件进行可视化编辑。例如，裁剪视频、给视频加logo、截取部分视频转换、不同视频合并成一个文件输出、调节视频亮度、对比度等。

另外,如果使用该软件转换后手机打不开,不能播放,是因为设置的参数格式与手机支持的不匹配;转换后有声音没图像,是因为视频编码器没有设置正确;转换后有图像没声音,是因为音频编码器没有设置正确。修改设置后就可以播放了。

3. 视频播放软件

手机的播放器分为两种,一种是在线播放,必须联网看,不需要下载。例如快播又叫 Qvod 或 Q 播,是一款基于准视频点播内核的、多功能、个性化的播放软件。与传统播放软件不同的是,快播集成了不一样的播放引擎,应用 P2P 技术并支持 MKV、RMVB、MPEG、AVI、WMV 等主流音视频格式。另一种是本地播放,需要把影片下载到手机或复制到手机,不联网就能观看。

1) 在线播放器

在线看的视频播放器,例如爱奇艺、PPS、PPTV、搜狐视频,都是不错的。苹果和安卓手机上这种播放器的选择是一样的。

2) 本地播放器

本地播放器则要满足两个条件:第一是支持的格式多,第二是必须要用硬件加速,播放视频的时候不用 CPU 解码,既省电又流畅,可以一边看视频一边聊微信。

对安卓系统手机,识别格式比较多的有 Moboplayer 等,但硬件加速支持不好。支持硬件加速最好的有三大播放器,分别是 MX Player、Dice Plyer 和 BS player。其中,前两者是中文界面,BS 是英文界面。MX Player 是三者中最好用的播放器。

对 iPhone 手机的 iOS 系统,最流畅的支持硬解码的本地播放器是 AVPlayer 和 RushPlayer。注意,苹果的播放器,有时候放 MKV 无声。这是因为 MKV 里的音轨很多是 AC3 和 DTS 编码,由于版权原因,很多播放器没有内置 AC3 或 DTS 解码器,所以无声。解决的办法是换播放器或换版本,1.51 版的 AVPlayerHD 是有 DTS 解码器的。另一个办法是把 MKV 里的 DTS 音频转为其他格式的音频,例如 AAC,就可以了。

5.4.3 视频编辑处理软件

现在的智能手机都带有照相摄像头,不但可以获得照片,还可以获得视频,因此用手机拍摄视频变得非常简单,只要在手机桌面找到照相机图标,进行照片和视频切换,即可将模式设置为拍摄视频,视频拍摄完成后会保存在手机的图片文件夹中,拍照的方法不再详细介绍。现在介绍几款用手机进行小视频编辑修改的软件,方便日常生活中满足业余娱乐的需要。

1. 小影 APP 软件

小影 APP(原创视频+全能剪辑)是一款非常好用的视频剪辑制作软件,可以使用小影对自己拍摄的视频进行剪辑制作,添加各种特效,更好地完善自己的视频作品。它是首款在移动端打造的微视频、微电影拍摄美化应用软件,它模拟了电影创作全流程,整合了前期拍摄、后期制作、分享传播为一体的一站式应用。小影独特的滤镜、转场、字幕、配乐以及一键应用的主题特效包,可以轻松打造个性十足的生活微电影。

下载 v5.5.6 版并安装完成后,主界面如图 5.15 所示。

1) 功能介绍

从主界面可以看到该软件的功能包括:剪辑、相册 MV、拍摄、美颜自拍和素材中心 5

个主要功能。

在主界面单击"拍摄"按钮，进入拍摄模式，如图5.16所示。

图5.15 小影主界面

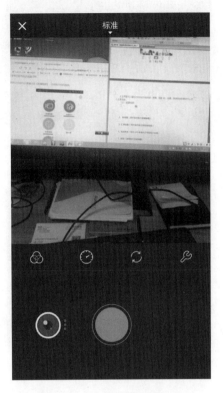

图5.16 小影标准拍摄界面

拍摄界面包括三部分：上部分为视频显示区；中间为模式设置，从左到右的图标分别是滤镜选择（单击打开滤镜功能，包括光芒、幽梦、粉黛、晨露时光、酷玩、午后等）、拍摄速度（可以选择1/4x、1x、2x、3x、4x）、前后镜头切换和拍摄设置（包括打开照明、网格、倒计时3s/5s/10s及关闭、曝光锁定开关）；下面部分包括两个按钮：镜头选择（包括普通镜头、美颜镜头、音乐镜头、画中画镜头和搞怪镜头）、"录制"按钮。

录制结束后可以对拍摄的视频进行美化操作，可以配乐或者剪辑视频，处理完成后可以保存或者发布作品。

2）拍摄视频

拍摄设置选择完成后就可以进行拍摄了，拍摄操作很简单，只要单击屏幕下方的红色按钮，就开始拍摄工作了，只需要单击一下就可以拍摄，再单击一下就停止拍摄。

拍摄完成以后，可以单击右上角的"√"按钮。打开视频处理窗口如图5.17所示。可以为制作的视频添加各种主题、配乐及剪辑，而上方有一个"存草稿"按钮。单击就可以保存到"我的工作室"中了，以后就可以随时编辑修改了。

3）编辑视频

在拍摄完成界面，单击"剪辑"按钮进入编辑视频界面，如图5.18所示。在主界面中单击"我的工作室"，里面保存着所有的拍摄作品，单击任何一个作品，也可以进入视频编辑界面。

 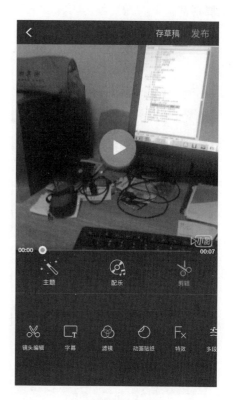

图 5.17　拍摄完成界面　　　　图 5.18　剪辑界面

在界面的下面包含对视频的常见剪辑工具,包括:镜头编辑、字幕、滤镜、动画贴纸、特效、多段配乐、配音、转场、添加镜头、排序等功能。

视频剪辑操作有一定的知识和技巧,需要对视频制作有一定的经验,移动终端的视频处理与专业的视频处理软件有一定的相似性,但也存在功能上的差别,初次接触需慢慢摸索使用。

4) 作品发布

处理完视频之后,就可以单击"发布"按钮进行作品发布了,界面如图 5.19 所示。在这里可以将视频发布到网上去,可以发布到 QQ 空间、微信、朋友圈、QQ 好友、新浪微博,也可以保存到相册,设置完成后,单击界面下面的"发布"按钮就可以了。

2. 快视频

手机快视频 APP(照片制作影片剪辑神器)是一款照片制作影片剪辑器,通过使用应用内置的视频模板,就可以制作自己喜欢的视频了,功能十分强大,使用又非常简单,支持一键分享朋友圈。

快视频 v3.0.0 版本下载安装后主界面如图 5.20 所示。主界面包括视频制作、模板中心、视频管理、美颜美妆、完美拼图和设置模块按钮。

1) 软件介绍

快视频,是一个功能强大的"视频制作"软件,具有多种视频模板选择,只需简单几步就能制作精美的视频,能实时看到视频效果,生成导出视频只需十几秒的时间,支持分享到各大微博，导出到相册，Wi-Fi 导出（计算机查看更清晰），是最好用的视频制作分享 APP。

图 5.19 发布界面

图 5.20 快视频主界面

软件特色如下。

（1）个性模板。丰富的模板选择，自动让视频呈现不同风格。

（2）绚丽特效。十几个特效例子，一键呈现惊艳效果。

（3）精美配乐。精选不同风格的背景音乐，搭配视频更带感。

（4）字幕编辑。为视频添加字幕，更好地表达视频意境。

（5）高清画质。同类视频软件中画质最细腻，压缩最无损，给用户带来绝无仅有的超清视觉体验！

（6）社区分享。提供各大社区分享，如 QQ 空间、QQ 好友、微信、新浪微博、腾讯微博、Facebook、Twitter 等，分享更便捷。

2）视频制作

在主界面单击"视频制作"按钮，出现图片对话框，选择素材图片，如图 5.21 所示。在选择一张图片后，在图片的下面有"不剪裁""取消""剪裁"三个按钮，选择一种处理操作后，图片列表显示在窗口的上部，所有图片选择完成后，单击窗口下面的圆形 BROADCAST 按钮，开始播放图片视频，如图 5.22 所示。

在播放窗口的下面有 4 个文字按钮，分别是：特效、模板、音乐和字幕，单击相应选项，为视频增加相应的内容。

编辑完成后，单击界面右上角的"箭头"按钮，开始渲染视频，此时会出现进度条显示渲染的进度，渲染完成后弹出保存成功对话框，此时可以选择"取消"或"分享"操作。

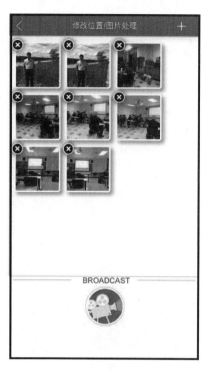

图 5.21 选择图片

图 5.22 播放窗口

3）管理视频

在主界面单击"视频管理"按钮，出现"播放/分享视频"界面，作好的视频节目显示在界面的上部，在每个视频的后面有一个"分享"的箭头按钮，单击该按钮，出现"请输入标题"对话框，在其中输入该视频的标题，确定后，进行压缩操作，压缩完成后会自动上传到"优酷视频"进行审核。审核过后再次单击"分享"箭头按钮，出现对话框，如图 5.23 所示。

在"播放/分享视频"界面最上面标题行的右面有一个按钮，单击该按钮出现视频导出界面，在其中可以通过 Wi-Fi 导出视频，也可以高清上传视频，如果对视频不满意，可以按住该视频向左滑动删除该视频。

3. 视频秀秀

视频秀秀，又称为宏维视频秀秀，是宏维软件推出的一款用于在 QQ 群视频秀中播放视频的软件。可以用该软件向群友展现自己的精彩生活和自己的产品，是视频营销的利器。视频秀秀是一款 MV 照片制作软件，具有视频模板、特效、3D、配乐、字幕等特色。

图 5.23 分享窗口

1) 软件介绍

视频秀秀的使用非常简单,下载最新版 v5.3 后,直接安装,安装完成打开后界面如图 5.24 所示。主界面下面有一排按钮,分别是:预览视频、编辑模板、分享、删除和编辑制作。

图 5.24　视频秀秀主界面

2) 制作视频

在制作视频之前首先要下载模板,下载后在主界面会显示模板。在主界面单击最下面右侧的"编辑制作"按钮,出现对话框,如图 5.25 所示。

图 5.25　制作界面

在出现的对话框中分别输入:视频标题、视频模板、背景音乐,然后选择图片,选择完成后,单击"确定"按钮,完成制作。回到主界面,单击"预览"按钮,播放视频,如图 5.26 所示。

图 5.26　播放界面

在预览视频满足要求后就可以分享视频了。在播放界面单击下面左边第一个"分享"按钮,出现分享对话框,如图 5.27 所示。选择分享方式(例如微信)后,系统出现渲染界面,渲染结束后,就可以分享了。

图 5.27　视频秀秀分享对话框

在播放界面中,单击最下面一行的中间按钮,可以显示查看所有的照片,查看完毕,用两只手指向中间滑动,回到主界面。

4. 汇声绘影

汇声绘影是照片制作音乐相册微视频的 APP,使用它来制作电子相册是很简单的,在手机上就能轻松完成。只需下载汇声绘影手机版就可以了。它是一个功能强大的手机电子相册制作软件,可以通过该软件在手机上制作各类电子相册、影音视频。

该软件的特点是独特的界面展示形式,把生活中某一类照片作成相簿,相簿里包括音频视频和照片,视频模板中提供一千多种图片展示特效,让视频更完美,视频中囊括主流的 3D 特效,具有震撼的视觉体验和视觉冲击力,视频导出到相册胶卷,发送到 iTunes 共享目录,方便将视频保存到 MAC 和 PC 中,制作的视频支持 720p、1080p 高清分辨率,在高清电视、投影仪下播放,它是集美视(美化视频)、美图(美化图片)与一身的完美神器。

汇声绘影操作界面与操作方法与视频秀秀很相似,此处不再赘述。

除去以上介绍的三款手机视频制作软件外,还有很多的同类软件,这些软件大都比较小,操作简单,容易学习。例如照片 MV 影集电子相册制作神器,视频剪切合并器软件是最快的视频剪切工具。同时可以对 AVI、MP4、FLV、MOV、RMVB、3GP、WMV 等视频格式进行任意时间段的剪切,还支持多个视频文件的合并。

5.4.4　视频播放软件

1. 视频播放软件

1) 暴风影音

暴风影音是北京暴风科技有限公司推出的一款视频播放器,该播放器兼容大多数的视频和音频格式。暴风影音也是国人最喜爱的播放器之一,它的播放能力是最强的。暴风影音沿袭了本地播放技术的有力优势,在支持 AVI、FLV、MKV、BHD 等三百余种格式的基础上继续大幅提升,全面覆盖手机平台用户的播放需求,万能播放毫无压力。

最新版的暴风影音(v5.0.9)下载安装完成后,主界面如图5.28所示。单击主界面右侧的"省略号"按钮,可以打开列表显示的"频道"窗口,如图5.29所示。

图5.28 暴风影音主界面

图5.29 暴风影音频道窗口

手机暴风延续一贯强大的解码优势,新增独有画质处理技术,使得移动端播放画质更清晰、更细腻、更赏心,同时增加智能硬件解码策略,大幅降低功耗,播放省电又省心。

最新上线"体育""公开课"等精彩栏目,特有聚合平台,网罗天下最热门的影视大片,搜集最爆笑的综艺娱乐。传承PC暴风万能播放的优良基因,支持百余种视频格式,手机看片无障碍,提供多站点多片源,高清流畅一网打尽,想怎么看就怎么看,还可以离线观看,可以在有Wi-Fi时缓存下载,采用最新HTML5技术,优化页面加载策略,节省流量;充分利用系统硬解码,低功耗,更省电。

在播放界面通过滑屏操作,即可轻松调节音量大小和播放进度;新增搜索功能,便于用户在海量媒体库中快速找到所需文件;新增列表微缩图,支持在线播放列表显示视频文件的微缩图,增强视觉体验;新增快进快退,长按切换上一首/下一首按键可实现快进、快退功能;新增流媒体支持,在线视频流媒体可以使用暴风来关联播放,大幅提升播放流畅度;支持滑屏切换页面,全新UI/UE设计,让享受视频更简单。

2) 优酷视频

优酷于2006年12月正式上线,现为阿里巴巴文化娱乐集团大优酷事业群下的视频平台。目前,优酷、土豆两大视频平台覆盖5.8亿多屏终端、日播放量11.8亿,支持PC、电视、移动三大终端,兼具版权、合制、自制、自频道、直播、VR等多种内容形态。

最新手机版V6.2.0版本,下载安装后,主界面如图5.30所示,单击主界面右侧的"省略号"按钮,可以打开列表显示的"频道"窗口,如图5.31所示。

图 5.30　优酷视频主界面　　　　图 5.31　优酷视频频道列表

作为中国最大的数字娱乐平台，优酷的内容体系由剧集、综艺、电影、动漫 4 大部分内容和资讯、纪实、文化财经、时尚生活、音乐、体育、游戏、自频道 8 大垂直内容群构成，拥有国内最大内容库。

剧集覆盖 80% 以上一线卫视大剧；联合出品五十余部近四百集优质网剧；海外剧共 638 部，2016 年新增 67 部，其中包含两部中韩同步大剧、三部艾美奖优质剧。

拥有国产综艺三百余档，覆盖近 90% 卫视节目；海外版权库 275 档，覆盖韩国、英国、美国和中国台湾。电影片库位居全网第一，院线新片覆盖 80%。共有四千余部剧集动画，五百余部剧场版动画；小小优酷 APP 汇聚了三千多部高品质中外动画；每季度采购 90% 日本新片，覆盖 Top100 热门动画。优酷所提供的服务覆盖会员、直播、VR、家庭娱乐和经纪业务。

除了以上介绍的两款视频播放软件外，手机视频播放还有很多的软件，例如土豆视频、腾讯视频、风行视频、百度视频、爱奇艺 PPS、万能视频播放器等都可以方便地来观看视频，另外，高清影视、乐视视频、斗鱼高清电影等可以观看高清视频，这些手机软件的出现极大地丰富了人们的业余生活，给人们带来了极大的娱乐享受。

2．手机电视直播软件

1）电视家直播

电视家是一款完全免费的在线电视节目直播软件，省去了大笔数字电视收视费的开支，节目和电视台同步高清直播，涵盖绝大部分央视和卫视频道，支持自定义节目源，可便捷收看国内外电视台、地方电视台、互联网直播频道等，具有智能自定义源整理，贴心收藏夹功能，可快速找到想要的频道，节目源由千万网友共同维护，随时提供稳定可靠的节目源。最新版本是 1.3.4，下载安装后界面如图 5.32 所示。

2）手机电视高清直播

手机电视高清直播软件是一款能享受到最流畅、最高清、最省流量、最全面的免费手机电视软件。该软件涵盖了全国近百个卫视频道和地方频道。下载最新版 v2.0.2 安装后主界面如图 5.33 所示。

图 5.32　电视家主界面　　　　　图 5.33　手机高清直播电视主界面

手机电视高清直播的主要特点是：支持电视回播功能，错过了直播时间也没关系，想什么时候看就什么时候看，软件适用于大部分的手机机型，支持多线路播放，可以根据网络选择最优播放线路，专门针对手机播放优化，做到流畅、高清，所有电视节目免费观看，软件界面漂亮美观大方，操作简单流畅，拥有全国近千个频道，拥有最先进的视频解码技术，即使手机配置很低也能流畅播放，支持一键投放到电视功能，方便快捷。

3）云 TV 手机电视直播

云 TV 手机电视直播是一款致力于为移动终端用户提供最好的视频观看体验的 APP，聚合了国内最全的高清电视直播、电影、电视剧等，采用先进的视频压缩和传输技术，在为用户提供高清和流畅观看体验的同时，为用户节约更多的数据流量。

云 TV 手机电视直播的主要特点是：支持电视回播，错过了的节目回播帮你补回来；支持悬浮窗播放，有了此功能可以边聊天边看电视；国内外最全、最热门的高清电视直播频道：央视、卫视、地方台、体育、游戏、电影、音乐、教育、少儿、财经、旅游、生活、时尚等；电视直播速度快，播放流畅，提供了标清和高清信号供用户选择；提供了每周最新的电视节目单，方便用户查看和节目预订；包括内地、港台地区、日韩、欧美等地热播电视剧。

除了上面介绍的在线电视直播软件外，还有很多同类的软件，它们都是十分优秀的电视直播软件，例如电视猫 TV、芒果 TV、水晶直播、电视直播大全、爱看电视 TV 等，其操作界面相似，操作方法简单，请读者摸索使用，不再详述。

5.5 流媒体制作

移动终端的计算能力有限,流媒体作品通常在计算机上制作完成后放置在服务器中,移动终端只是完成阅读和展示,因此本节内容以计算机为平台进行介绍。

按照内容提交的方式,流媒体可以分为两种:实况流媒体广播(即 Web 广播)和由用户按需访问的存档的视频和音频。不论是哪一种类型的流媒体,其实现从摄制原始镜头到媒体内容的回放都要经过一定的过程,具体步骤如下。

(1) 采用视频捕获装置对事件进行录制。
(2) 对获取的内容进行编辑,然后利用视频编辑硬件和软件对它进行数字化处理。
(3) 经数字化的视频和音频内容编码为流媒体(.rm)格式。
(4) 媒体文件或实况数据流保存在安装了流媒体服务器软件的计算机上。
(5) 用户单击网页请求视频流或访问流内容的数据库。
(6) 服务器通过网络向最终用户提交数字化内容。
(7) 用户利用桌面或移动终端上的播放程序(如 RealPlayer)进行回放和观看。

5.5.1 流媒体处理软件

流式媒体处理软件有很多,各有特点。此处主要介绍 QuickTime Pro、RealProducer Plus 11 和 Windows Movie Maker 等。

1. QuickTime Pro

QuickTime Pro 除具有播放功能以外,也可将标准的音频、视频文件转换成 QuickTime 格式。QuickTime 提供了智能流功能,但必须根据不同连接速率,使用不同的编码方式创建多个剪辑文件,然后再用 MakeRef Movie 工具软件生成一个文件,用以参照制作好的不同剪辑文件,其自动化程度不如 SureStream 技术。

2. RealProducer Plus 11

RealProducer Plus 11 版本可在 Windows 9X/NT/2000/XP 下使用。它使用了智能流媒体(SureStream)技术,能够针对不同场合的流媒体需求使用不同的编码方式进行编码。可以非常方便地将各种标准的音频、视频文件转换成为流式媒体剪辑。也可直接从声卡、图像采集卡等媒体设备录制音频、视频源成为流式媒体,并能实况广播。

常见的流媒体文件格式如表 5.1 所示。

表 5.1 常见的流媒体文件格式

扩 展 名	媒 体 类 型
ASF	Advanced StreamingFormat 文件
RM	Real Video/Audio 文件
RA	Real Audio 文件
RP	Real Pix 文件
RT	Real Text 文件
SWF	Shock Wave Flash
VIV	Vivo Movie

3. Windows Movie Maker

Movie Maker 是 Windows 自带的一个影视剪辑小软件，功能比较简单，可以组合镜头、声音，加入镜头切换的特效，只要将镜头片段拖入就行，适合家用摄像后的一些小规模的媒体数据处理。Movie Maker 简单易学，使用它制作家庭电影充满乐趣。可以在个人计算机上创建、编辑和分享自己制作的电影。通过简单的拖放操作，精心地筛选画面，然后添加一些效果、音乐和旁白，家庭电影就制作完成了。

RealProducer Plus 是 Real 公司发行的最新的 Real 格式音视频文件制作软件，也就是一款流媒体制作工具。RealProducer Plus 是一款值得拥有的流媒体制作软件。它可将 WAV、MOV、AVI、AU、MPEG 等多媒体文件压制成 Real 影音流媒体文件（rmvb、ra、rm、ram、…），以利于网络上的传送与播放，支持 Real8、Real9 和 Real10 格式。

RealProducer Plus 支持设定多样采样率和编辑，是目前业界最强大的 Real 格式媒体制作软件，操作简单易上手。

5.5.2 RealProducer Plus 11 介绍

从网站下载、安装软件后，主界面如图 5.34 所示。

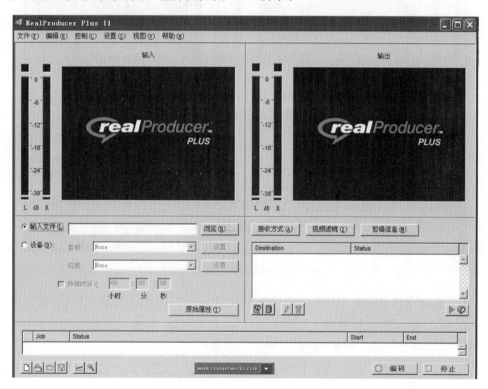

图 5.34　RealProducer Plus 11 主界面

该界面由 6 个窗口构成。最上方为菜单栏；输入窗口和输出窗口结构一样，都是左侧为音量条，右侧为显示窗口；输入文件属性窗口和输出文件属性窗口分别位于输入窗口和输出窗口下方；最下方为工作信息显示窗口。

1. 现有媒体转换为流式格式

RealProducer Plus 可以将如下音频和视频格式文件转换成流式媒体。

音频：Audio(＊.au)、Waveform audio(＊.wav)。

视频：Video for Windows(＊.avi)，AVI 文件大小不超过 2GB。

QuickTime 2.0，未压缩 3.0 和 4.0(＊.mov)；需要 DirectX 6.0 软件支持。

MPEG(＊.mpg，＊.mpeg，＊.mpa，＊.mp2，＊.mp3)，需要 DirectX 6.0 软件支持。

转换为流式格式的步骤如下。

(1) 在输入文件属性窗口中选择输入文件的目录。因为选择的是音频文件，所以会默认仅编码音频，如图 5.35 所示。

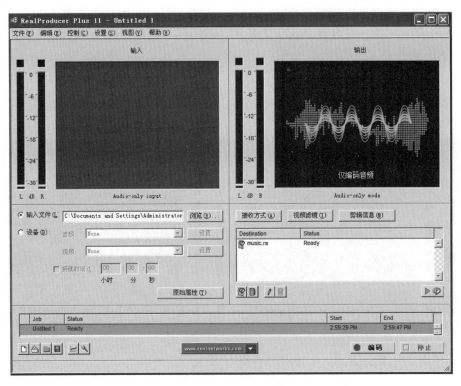

图 5.35　选择需要转换的文件

(2) 在输出文件属性窗口中会出现将要转换的 .ra 文件，默认为原文件名，状态为准备好。单击 按钮，可以选择输出文件的保存目录，如图 5.36 所示。同在一起的三个按钮功能分别为： 服务器相关设置， 信息编辑与删除。

(3) 单击 编码 按钮，开始转换，输出属性窗口会显示转换状态，如图 5.37 所示。

2. 合并分割流媒体

在编辑流媒体文件时，常常需要将一段音频或视频从整个文件中摘取出来，有时需要将多个流媒体文件组合在一起，制造特殊效果，使用 RealProducer Plus11 可以很容易地达到目的。以下以合并流媒体文件为例介绍使用方法。

(1) 选择菜单"文件"中的"编辑 RealMedia"命令，打开 RealMedia Editor 窗口，如图 5.38 所示。

图 5.36　选择保存目录

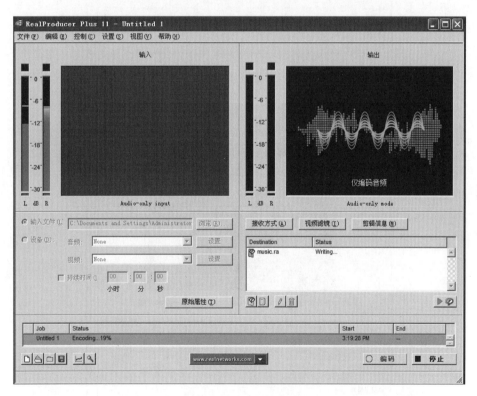

图 5.37　ra 文件转换中

(2) 选择菜单"文件"中的"打开 RealMedia 文件"命令，选择需要编辑的文件，打开文件后编辑界面如图 5.39 所示。

(3) 选择"文件"菜单中的"追加 RealMedia 文件"命令，如图 5.40 所示。继续添加文件，直到将要合并的文件添加完毕。

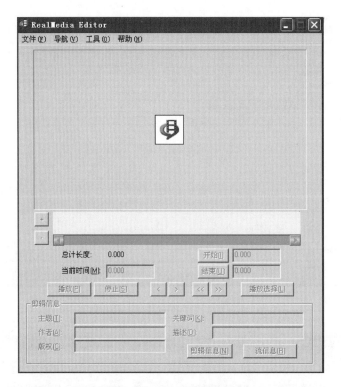

图 5.38 RealMedia Editor 窗口

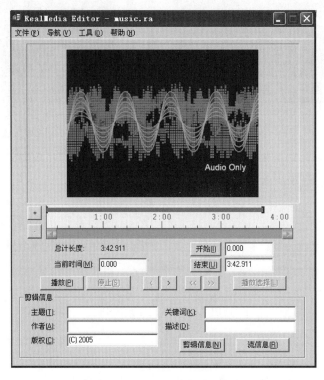

图 5.39 打开文件后的编辑界面

图 5.40 继续添加文件

（4）添加完成后选择"RealMedia 文件另存为"命令，将合并好的文件保存在需要的目录下。如果需要分割文件，只需要调节时间表尺到合适的时段，保存文件即可。

小　　结

本章主要介绍了新媒体素材的基本知识与基础制作方法，主要包括手机网站制作技术基础，移动终端音频、图像与视频制作。在手机网站开发中介绍了手机网站开发工具的特点及自适应网页的编辑方法，对 HTML 进行了简单的介绍。手机音频编辑处理中，主要介绍了手机录音软件和一款专业音频处理软件。在图像处理中，重点介绍了手机支持的图片格式和手机处理图像的软件，这些手机软件众多，操作都比较简单方便，很适合做日常生活中的简单照片处理，在生活中应用广泛，应该重点掌握几个软件的应用。在视频处理部分，介绍了非线性编辑的基础知识，通过手机小影、快视频、视频秀秀三个移动显示终端支持的视频制作介绍，初步掌握生活娱乐视频的制作方法。由于新媒体技术涵盖内容丰富，相关软件很多，本书只是从最基本的特点方法进行了介绍，没有对相关软件进行深入的剖析，有兴趣的读者可以在此基础上进行深入的学习和研究。

思　考　题

1. HTML 组成包括哪些部分？
2. 自适应网页设计注意的问题主要有哪些？
3. 手机支持的音频格式有哪些？各有什么特点？
4. 常见的声音处理软件有哪些？各有什么特点？
5. 手机支持的图像格式有哪些？各有什么特点？
6. 非线性编辑软件具有哪些特点？手机视频软件有哪些？
7. 视频格式转换软件有哪些？各有什么特点？
8. 视频播放软件有哪些？各有什么特点？
9. 在线手机电视播放软件有哪些？各有什么特点？
10. 流媒体制作软件有哪些？各有什么特点？
11. 简述制作一个流媒体作品的步骤。

第 6 章　新媒体传输技术

在过去的 30 年中,数据传输技术发生了巨大的变化,使用户彻底摆脱了终端设备的束缚,实现完整的个人移动性、可靠的传输手段和接续方式。现代通信技术包含近距离无线通信技术、有线传输技术、远距离无线通信技术、Internet 技术等。利用近距离无线通信技术、有线和无线传输技术组成局域网和互联网,实现数据的共享,这些技术集合在一起,为新媒体传输提供了可靠的通信保障。

6.1　移动通信技术

移动通信技术从无线电通信发明之日就产生了,现代移动通信技术的发展始于 20 世纪 20 年代,那时谁也无法想象每个人都有一部移动电话,可以连接到世界任何地方。如今人们可以通过手机进行随时随地地通信。智能手机更是一款随身携带的小型计算机,通过 3G、4G、5G 等移动通信网络无线接入后,可以实现个人信息管理及信息查询,可以看新闻、观天气、了解交通信息、商品信息、进行应用程序下载、音乐图片下载等。计算机处理信息的多媒体时代进入了真正的新媒体时代。

6.1.1　第 1 代移动通信 1G

第一阶段从 20 世纪 20 年代至 20 世纪 40 年代,为早期发展阶段,是基于模拟传输的,其特点是业务量小、质量差、安全性差、没有加密和速度低。主要基于蜂窝结构组网,直接使用模拟语音调制技术,传输速率约 2.4kb/s,不同国家采用不同的工作系统。在这期间,首先在短波几个频段上开发出专用移动通信系统,其代表是美国底特律市警察使用的车载无线电系统。该系统工作频率为 2MHz,到 20 世纪 40 年代提高到 30~40MHz,这个阶段是现代移动通信的起步阶段。

第二阶段从 20 世纪 40 年代中期至 20 世纪 60 年代初期。在此期间,公用移动通信业务开始问世。根据美国联邦通信委员会(FCC)的计划,贝尔系统建立了世界上第一个公用汽车电话网,称为"城市系统"。当时使用三个频道,间隔 120kHz,通信方式为单工,随后,西德(1950 年)、法国(1956 年)、英国(1959 年)等国相继研制了公用移动电话系统。美国贝尔实验室完成了人工交换系统的接续问题。这一阶段的特点是从专用移动网向公用移动网过渡,接续方式为人工,网的容量较小。

第三阶段从 20 世纪 60 年代中期至 20 世纪 70 年代中期。在此期间,美国推出了改进型移动电话系统(IMTS),使用 150MHz 和 450MHz 频段,实现了无线频道自动选择并能够自动接续到公用电话网。这一阶段是移动通信系统改进与完善的阶段,其特点是采用大区制、中小容量,使用 450MHz 频段,实现了自动选频与自动接续。

第四阶段从 20 世纪 70 年代中期至 20 世纪 80 年代中期,是移动通信蓬勃发展时期。1978 年年底,美国贝尔实验室研制成功先进的移动电话系统(AMPS),建成了蜂窝状移动通信网,大大提高了系统容量。该阶段称为 1G(第 1 代移动通信技术),主要采用的是模拟技术和频分多址(FDMA)技术。

这一阶段的特点是蜂窝状移动通信网成为实用系统,并在世界各地迅速发展。首先是微电子技术在这一时期得到长足发展,使得通信设备的小型化、微型化有了可能性,各种轻便电台被不断地推出。其次,提出并形成了移动通信新体制。随着用户数量增加,大区制所能提供的容量很快饱和,这就必须探索新体制。贝尔实验室在 20 世纪 70 年代提出的蜂窝网的概念,解决了公用移动通信系统要求容量大与频率资源有限的矛盾。第三方面进展是随着大规模集成电路的发展而出现的微处理器技术日趋成熟以及计算机技术的迅猛发展,从而为大型通信网的管理与控制提供了技术手段。第一代移动通信模拟蜂窝网虽然取得了很大成功,但也暴露了一些问题,例如容量有限、制式太多、互不兼容、话音质量不高、不能提供数据业务、不能提供自动漫游、频谱利用率低、移动设备复杂、费用较贵以及通话易被窃听等,最主要的问题是其容量已不能满足日益增长的移动用户需求。

6.1.2 移动通信发展阶段

从 20 世纪 80 年代中期开始是移动通信系统发展和成熟时期,该阶段分为 2G、2.5G、3G、4G 等。

1. 2G 时代

2G 是第 2 代移动通信技术的简称,一般定义为以数码语音传输技术为核心,无法直接传送如电子邮件、软件等信息,只具有通话和一些如时间日期等传送的手机通信技术规格。不过手机短信(Short Message Service,SMS)在 2G 的某些规格中能够被执行。主要采用的是数码的时分多址(TDMA)技术和码分多址(CDMA)技术,全球主要有 GSM 和 CDMA 两种体制。

GSM(Global System for Mobile Communication,全球移动通信系统)是当前应用最为广泛的移动电话标准,是由欧洲电信标准组织 ETSI 制定的一个数字移动通信标准。

GSM 网络一共有 4 种不同的蜂窝单元尺寸:巨蜂窝,微蜂窝,微微蜂窝和伞蜂窝。覆盖面积因不同的环境而不同,巨蜂窝可以被看作基站天线安装在天线杆或者建筑物顶上那种;微蜂窝则是天线高度低于平均建筑高度的那些,一般用于市区内;微微蜂窝则是那种很小的蜂窝,只覆盖几十米的范围,主要用于室内;伞蜂窝则是用于覆盖更小的蜂窝网的盲区,填补蜂窝之间的信号空白区域。

CDMA 允许所有使用者同时使用全部频带(1.2288MHz),升级版 CDMA2000 系统为 3G 通信技术,且把其他使用者发出信号视为杂信,完全不必考虑信号碰撞。CDMA 中所提供的语音编码技术,通话品质比目前 GSM 的好,可把用户对话时周围环境噪声降低,使通话更清晰。就安全性能而言,CDMA 不但有良好认证体制,更因其传输特性,用码来区分用户,防盗听能力大大增强。宽带码分多址传输技术(Wideband CDMA,WCDMA),将是第 3 代数字无线通信系统标准之一。

尽管 2G 技术在发展中不断得到完善,但随着用户规模和网络规模的不断扩大,频率资源已接近枯竭,语音质量不能达到用户满意的标准,数据通信速率太低,无法在真正意义上满足移动多媒体业务的需求。

2. 3G 时代

3G(3rd Generation)是高速数据传输的第 3 代移动通信技术。与从前以模拟技术为代表的第 1 代、第 2 代移动通信技术相比,3G 将有更高的带宽,其传输速度最低为 384k,最高为 2M,带宽可达 5MHz 以上。不仅能传输话音,还能传输数据,从而提供快捷、方便的无线应用,如无线接入 Internet。能够实现高速数据传输和宽带多媒体服务是第 3 代移动通信的主要特点。目前 3G 存在 4 种标准:CDMA2000、WCDMA、TD-SCDMA、WiMAX。第 3 代移动通信网络能将高速移动接入和基于互联网协议的服务结合起来,提高无线频率利用效率。提供包括卫星在内的全球覆盖并实现有线和无线以及不同无线网络之间业务的无缝连接。满足新媒体业务的要求,从而为用户提供更经济、内容更丰富的无线通信服务。

相对第 1 代模拟制式手机(1G)和第 2 代 GSM、CDMA 等数字手机(2G),第 3 代手机一般而言是指将无线通信与国际互联网结合的新一代移动通信系统,是基于移动互联网技术的终端设备,3G 手机完全是通信业和 IT 产业相融合的产物,和此前的手机相比差别很大,因此越来越多的人开始称呼这类新的移动通信产品为"个人通信终端"。第 3 代手机都有一个超大的触摸式的彩色显示屏,除了能完成高质量的日常通信外,用户可以在 3G 手机的触摸显示屏上直接写字、绘图,并将其传送给另一台手机,所需时间很短。当然,也可以将这些信息传送给一台计算机,或从计算机中下载某些信息,用户可以用 3G 手机直接上网,查看电子邮件或浏览网页;不少型号的 3G 手机自带摄像头,这将使用户可以利用手机进行视频会议,甚至替代数码相机。

3. 第 4 代移动通信技术

4G 是第 4 代移动通信技术的简称,是集 3G 与 WLAN 于一体并能够传输高质量图像、视频且与高清晰度电视不相上下的技术标准。4G 系统能够以 100Mb/s 的速度下载,比拨号上网快 2000 倍,上传的速度也能达到 20Mb/s,能够满足几乎所有用户对于无线服务的要求。

第 4 代移动通信系统的关键技术包括信道传输;抗干扰性强的高速接入技术、调制和信息传输技术;高性能、小型化和低成本的自适应阵列智能天线;大容量、低成本的无线接口和光接口;系统管理资源;软件无线电、网络结构协议等。第 4 代移动通信系统主要是以正交频分复用(OFDM)为技术核心。特点是网络结构可高度扩展,具有良好的抗噪声性能和抗多信道干扰能力,可以提供无线数据技术质量更高(速率高、时延小)的服务和更好的性能价格比,能为 4G 无线网提供更好的方案。

4G 移动通信对加速增长的无线连接的要求提供技术上的支持,对跨越公众的和专用的、室内和室外的多种无线系统和网络保证提供无缝的服务。通过对最适合的可用网络提供用户所需求的最佳服务,能应付基于 Internet 通信所期望的增长,增添新的频段,使频谱资源大扩展,提供不同类型的通信接口,移动通信正向数据化、高速化、宽带化、频段更高化方向发展,为新媒体传播发挥了巨大的作用和支持。

4. 第 5 代移动通信技术

随着全球移动通信技术的迅速发展,第 5 代移动通信技术(5G)成为发展方向,美国、欧盟、日本、韩国等国家和地区政府高度重视移动通信产业发展,投入巨资、成立专门机构开展 5G 技术研发。我国第 4 代移动通信技术(4G)已进入广泛应用阶段,各省市不断加强 4G 网络建设、推广 4G 应用；与此同时，5G 技术研究也在不断推进，在 2013 年成立的中国 5G 标准研究机构 IMT-2020，以及华为、中兴通信等企业均在开展 5G 技术研究，并已取得阶段性成果，在部分关键技术上已取得突破。

第 5 代移动通信会满足高移动性、无缝漫游和无缝覆盖。从原理上讲，实现宽带高速数据率和高移动性是比较困难的，如今移动互联网已经将人们的生活引入了一个高度依赖互联网的时代，时刻上网已经成为生活和工作的必备。将网络覆盖的触角伸向了家庭生活，网络和网络设备也已经成为未来智能家庭生活中必不可少的组成部分，畅想无线连接带来的便捷生活也已经不是奢望。

第 5 代 Wi-Fi 支持 5G 频段，因此让 5G Wi-Fi 的名称显得名副其实。TP-LINK AC1200 双频无线路由器（型号 TL-WDR5620）已经成功实现双频（867M-5G ＋ 300M-2.4G）同时工作。尽管该技术还不是真正的第 5 代移动通信技术，但某些技术参数已经接近相关标准。

5. 高速铁路移动通信

一般来说，在高速移动的物体上，当速度超过时速 150km/h，2G/3G 的快速功率控制效果不佳，此时就要看哪种通信制式的抗衰落手段多，且衰落储备量大。

TD-SCDMA 对高速移动情况不太适应，主要是因为技术性能先进的智能天线没有在高铁上全面普及和覆盖，且系统的增益又不高，再加上使用终端的功率不大，使得在高铁上，对于覆盖边缘由于衰落储备不足而断开连接。

GSM 制式在高铁系统中还没有启用功控装置，GSM 制式只提供语音通话。信道编码纠错技术在这种情况下的作用显著，在通信基站功率达到 40W，终端功率达到 2W，且基站距离较短的情况下，衰落储备量发挥作用，高铁的应用效果比较满意。

在国际移动通信领域，对 3G 网络有其最低的要求和标准，即在高速移动的地面物体上，3G 网络所能提供的数据业务为 64～144kb/s，要能够适应 500km/h 的移动环境标准，我国现行的三种 3G 网络中，WCDMA 和 CDMA2000 能够实现移动终端在时速 500km/h 正常通信，即能够实现在与另一个新基站通信时，首先不中断跟原基站的联系，而是在跟新的基站连接好后，再中断跟原基站的连接，这也是 3G 网络优于 2G 网络的一个突出特点；WCDMA 技术已经解决了高速运动物体的无缝覆盖问题；此外，TD-SCDMA 也对高铁通信的覆盖方案进行了研究。因此 3G 移动通信网络在技术层面上已经具有为高铁提供通信保障的基本条件，为高铁发展过程中移动通信问题的圆满解决奠定了基础。

华讯"高铁移动通信系统（hsrMobi）"是由华讯公司完全自主创新、自主研发的全新通信技术，采用独有的超高频技术，突破了多普勒扩展，多径传输信号衰落等技术瓶颈，使移动与带宽这两项技术得到完美的融合。让每一位宽带网络用户可以拔掉数据线、摆脱网络资源不足的困扰，在不损耗带宽资源的前提下，体验无切换且可高速移动的互联网应用。

华讯"高铁移动通信系统"是高铁信息化建设的基础技术，可实现电信级无线城域组网；形成端到端的系统架构；可承载 3G 甚至 4G 业务；具备适应所有移动通信制式（含 3G/4G），可完全满足高速铁路的公众网络及专网用户的网络接入。目前，该系统已实现了 200km/h、400km/h 超高速移动状态下的高带宽接入，具有较宽的裂变空间，现已确定的应用方向包括：高铁移动通信系统、ETC 系统、地铁/城轨通信系统、军列网。

6.2 移动电视传输技术

移动电视是指采用数字广播技术（主要指地面传输技术）播出，接收终端一是安装在公交汽车、地铁、城际铁路、出租车、商务车和其他公共场所的电视系统，二是手持接收设备（如手机、笔记本、PMP、超便携 PC 等）满足移动人群收视需求的电视系统。

当前，我国在移动数字电视信号传输方面主要采用两种较可靠的应用方式，一种是以流媒体技术为核心，使不同点相互连接信号并实现信号传输的方式。这种方式通常以蜂窝移动网络为主；另一种是采用数字多媒体广播技术，即通常所说的 DMB 技术为核心实现的信号传输方式。这种方式又可细化成两种具体的实现方式，一种是地面数字广播，另一种是卫星广播。但不管是哪一种信号传输方式，都大大提高了数字电视信号的传输效率。

6.2.1 移动数字电视传输的方式

数字信号时代之前，电视技术经历了三个主要发展时代，即机械电视时代、黑白电子电视时代及彩色电视时代。进入数字时代后，电视的清晰度不断提高，模拟电视逐渐淡出电视观众的视野。随着电视传输信号研究不断深入，数字电视已在信号传输及用户终端接收方面全部实现了数字化。同时伴随着社会观众越来越关注数字电视广播，数字电视信号传输的灵活性与抗干扰性也逐渐被业界重视。相比传统的电视技术，移动数字电视拥有更高的信号质量，在信号反应方面也有着更快的速度。

1. 以蜂窝移动网络传输

当前我国主要移动运营商向其用户推行的移动电视业务，基本都是依靠蜂窝移动网络来进行电视信号传输的。如中国移动数字电视信号传输主要以其架设的 GPRS 网络为基础，中国联通主要以其在全国范围内建立的网络为基础。这类移动电视业务的实现，离不开流媒体技术的支持。在流媒体技术的支持下，移动数字电视能够借助多媒体软件直接接收来自终端的电视信号，并将其进行转化以实现播放。移动通信企业则在信号传输与接收的情况下，组织并向其用户提供电视节目。相比其他电视信号传输方式，蜂窝移动网络进行电视信号传输通常需要占据大量的网络资源，尤其是在视频数据传输的情况下，相应的资费也相对较昂贵。但总体而言，以蜂窝移动网为基础实现信号传输，有利于让用户更快地通过移动通信网获得广播信道，并高效利用相关系统的频段。

2. 地面数字广播信号传输

在利用地面数字广播对移动电视信号进行传输时，必须要将专门接收电视信号的模块安装到相应的接收终端上。安装这个接收模块后，用户可直接从该模块获取移动数字电视的信号，而无须再架设移动通信网路。相比其他方式，地面数字广播最大的优势就在于其能让数字信号在高带宽信道中进行快速传输。与此同时，在高带宽信道覆盖的情况下，接收信号的受众并不受数量限制。相比以蜂窝移动网为基础的信号传输方式，其受众不仅能够在最短时间内获得音质好、画质佳的视听服务，还可减少相关资源运用资费。因为以地面数字广播为基础进行电视信号传输的方式，主要适用于地面的移动电视，所以其接收也仅是广播电视的相关频段而已。部分地面数字技术其实也已逐渐转变成了手机电视技术，例如，当前业界较知名的 DVB-H、ADTB-T 等。

地面数字电视广播网络通过电视台天线发射无线电波,覆盖电视用户,用户通过接收天线和电视机收看电视节目。这是数字电视广播最基本的传输网络形式,除了娱乐、学习等公益功能之外,其普遍性、可控性和抗毁性还被视为国家安全设施,使之成为紧急情况下动员国民最直接最可靠的传输工具。

由于模拟电视传输网络无力处置噪声积累和多径干扰,迫使人们把天线架出室外,导致公用天线系统在楼群中发展。随着全频道模拟电视广播信号的光纤宽带传输技术的发展,一个以光纤为干、同轴电缆为辅的树状光纤/同轴电缆混合网(HFC)在城市得到广泛应用,逐渐成为脱离地面广播系统而独立存在的有线电视广播网络,拥有绝大多数的城市电视用户。与地面广播网必须全国统一频率规划不同,有线广播网可以一城一网或一地一网,具有企业运营特征,在电视用户端它们通过有线机顶盒和电视机连接。

3. 以卫星广播信号传输

从本质上看,移动数字电视技术之所以能够应用到现实领域,主要是通过其对应的移动电视业务反馈的。这种业务的实现,主要依靠的是卫星广播技术。在这种信号传输方式下,用户只需将卫星信号模块安装到其接收终端上即可接收各种媒体数据,进而观看电视节目。如果用户所在地区过于偏僻,未被卫星覆盖,则可通过架设转发站,全面接收卫星广播,而后再将其转接给无卫星覆盖的接收终端。这种以卫星为核心实现电视信号传输的方式主要依靠的是卫星下行传输,其最典型的代表是欧洲专用的 S-DMB、我国使用的 CMMB 标准等。

卫星数字电视广播网络(简称卫星直播系统)是把数字电视节目信息集中经卫星地面发射站用微波发送到离地面 3.8 万千米高度的同步卫星上,同步卫星用微波转发回地面,用户电视机通过小型卫星接收天线和卫星机顶盒接收卫星数字电视节目。

6.2.2 数字电视制式标准

模拟电视有 NTSC、PAL 和 SECAM 三种制式标准。目前,数字电视尚无统一的国际标准,美国、欧洲和日本各自形成三种不同的数字电视标准。美国的标准是 ATSC (Advanced Television System Committee,先进电视制式委员会);欧洲的标准是数字视频广播(Digital Video Broadcasting);日本的标准是 ISDB(Integrated Services Digital Broadcasting,综合业务数字广播)。我国也制定了相关的标准,即 CMMB 标准和 DMB 标准。

1. ATSC 标准

ATSC 数字电视标准由 4 个分离的层级组成,层级之间有清晰的界面。最高为图像层,确定图像的形式,包括像素阵列、幅型比和帧频,接着是图像压缩层,采用 MPEG-2 压缩标准,然后是系统复用层,特定的数据被纳入不同的压缩包中,采用 MPEG-2 压缩标准,最后是传输层,确定数据传输的调制和信道编码方案。对于地面广播系统,采用 Zenith 公司开发的 8-VSB 传输模式,在 6MHz 地面广播频道上可实现 19.3Mb/s 的传输速率。该标准也包含适合有线电视系统高数据率的 16-VSB 传输模式,可在 6MHz 有线电视信道中实现 38.6Mb/s 的传输速率。

美国于 1996 年 12 月决定采用以 HDTV 为基础的 ATSC 作为美国国家数字电视标准。美国联邦通信委员会(FCC)决定用 9 年时间完成模拟电视向数字电视的历史性过渡。ATSC 标准具备噪声门限低(接近于 14.9dB 的理论值)、传输容量大(6MHz 带宽传输

19.3Mb/s)、传输远、覆盖范围广和接收方案易实现等主要技术优势。但是也存在一系列问题,最主要的是不能有效对付强多径和快速变化的动态多径,造成某些环境中固定接收不稳定以及不支持移动接收。

2. DVB 标准

DVB 传输系统涉及卫星、有线电视、地面、SMATV、MMDS 等所有传输媒体。它们对应的 DVB 标准为:DVB-S、DVB-C、DVB-T、DVB-SMATV、DVB-MS 和 DVB-MC,主要用到的标准为:DVB-S、DVB-C、DVB-T。

DVB-S 为数字卫星广播系统标准,卫星传输具有覆盖面广、节目容量大等特点。DVB-S 标准几乎为所有的卫星广播数字电视系统所采用。我国也选用了 DVB-S 标准,但是一般应用 DVB-C 为数字有线电视广播系统标准。它具有 16QAM、32QAM、64QAM(正交调幅)三种调制方式,工作频率在 10GHz 以下,采用 64QAM 时,一个 PAL 通道的传送码率为 41.34Mb/s,可用于多套节目的复用,系统前端可从卫星和地面发射获得信号,在终端需要电缆机顶盒。

DVB-T 标准采用的大量导频信号插入和保护间隔技术使得系统具有较强的多径反射适应能力,在密集的楼群中也能良好接收,除能够移动接收外,还可建立单频网,适合于信号有屏蔽的山区。另外,欧洲系统还对载波数目、保护间隔长度和调制星座数目等参数进行组合,形成了多种传输模式供使用者选择。但欧洲标准也存在缺陷:①频带损失严重;②即使防止了大量导频信号,对信道估计仍不足;③在交织深度、抗脉冲噪声干扰及信道编码等方面的性能存在明显不足;④覆盖面较小。

3. ISDB 标准

ISDB 是新型的多媒体广播业务,它系统地综合了各项数字内容,每一项内容可以包括从 LDTV 到 HDTV 的多节目视频、多节目音频、图像、文本等。如今大部分的数字内容均被编码到 MPEG-2 传输流格式并被广泛传输。由于 ISDB 包含不同的业务,其传输系统必然要涵盖各种业务不同的需求,例如,HDTV 需要一个大的传输容量,而数据业务需要极高的业务可靠性,为了集成这些业务需求不同的信号,要求传输系统提供一系列可供选择的调制和误码保护方案,并且能够灵活组合以满足所集成业务的每一需求,特别是工作在 11~12GHz 的卫星广播业务(BSS)频段,又处于高雨量区国家的卫星系统需求。

日本于 1996 年开始启动自主的数字电视标准研发项目,在欧洲 COFDM 技术的基础上,增加具有自主知识产权的技术,形成 ISDB-T 地面数字广播传输标准,于 1995 年 7 月在日本电气通信技术审议会上通过。2001 年,该标准正式被 ITU 接受为世界上第三个数字电视传输国际标准,ISDB 标准首先是日本提出和使用的,这个标准比前面的两个标准复杂,但用途更广更有前途。

4. 中国标准

1) CMMB 标准

CMMB(China Mobile Multimedia Broadcasting,中国移动多媒体广播)是国内自主研发的第一套面向手机、PDA、MP3、MP4、数码相机、笔记本等多种移动终端的系统,利用 S 波段卫星信号实现"天地"一体覆盖、全国漫游,支持 25 套电视节目和 30 套广播节目,该标准适用于 30MHz~3000MHz 频率范围内的广播业务频率,通过卫星或地面无线发射电视、广播、数据信息等多媒体信号的广播系统,可以实现全国漫游,传输技术采用 STiMi 技术。

2006年10月,国家广电总局正式颁布了中国移动多媒体广播(俗称手机电视)行业标准,确定采用我国自主研发的移动多媒体广播行业标准。

2) DMB 标准

DMB(Digital Multimedia Broadcasting)是通信和广播相融合的新媒体移动广播服务,被称为第3代无线电广播。该项技术除了支持传统的音频广播之外,还通过 MGEG-4、H.264 和 MPEG-2、AAC+等多种方式,把交通信息和新闻等多种媒体信息传输到手机上,提供高质量的音质和多样化的数据服务,其采用与移动电话一致的 CDM(Code Division Multiplexing)技术,特别适合移动接收环境,能够更好地应对移动接收环境中信号质量下降的多路径干扰问题。

5. 我国对地面传输标准的要求

目前全国有3.2亿多电视用户,其中有线电视用户近1亿,而70%的用户家庭依靠无线方式接收广播电视节目,卫星直播仅在"村村通广播电视"范围内试点。因此,地面广播拥有大多数用户,是我国广播影视数字化的重点和难点。

电视广播的数字化是一个发展过程。与之对应,数字电视传输标准也有一个不断扩展的工程。地面数字电视传输标准作为一个基础标准,我国明确提出必须满足数字电视广播传输系统应用和产业两个方面的需求,并为今后实现扩展功能做好必要的准备。

利用电视广播频道,在8MHz带宽内,为高清晰度电视(HDTV)信号传输提供大于20Mb/s的净荷码率,并能使用简单天线支持室内固定接收,为标准清晰度电视(SDTV)信号传输提供大于5Mb/s的净荷码率,并能在车速移动条件下支持移动接收,具有单频组网能力,整体性能指标应优于或相当于相应的国外现有标准的性能。

为适应未来发展的需要,在支持数字电视、数字广播等多种业务的同时,应具有较强的数据分级保护传输能力,支持传输多优先级多媒体数据码流,以便同时传输 HDTV、SDTV、音频、数据、短信息等不同保护级别的信息,为今后实现接收机定位、定时接收和双向交互业务以及对用户的个性化信息服务等系统功能扩展提供必要的技术基础。

从产业发展的角度还有两个互相关联的重要需求,即产权的自主性和产品的经济性。我国是世界上最大的电视市场,也是世界上最大的电视机生产国,我国必须力求利用自己的基础发明专利有机地整合成独立的传输标准体系,形成比较完整的自主知识产权,构筑保护我国数字电视产业的技术壁垒。

为了适应国外市场的扩展,应有可能争取成为国际上第4个地面数字电视传输标准,同时力求和国际最通用的标准具有最大的产品接口兼容性,以便开发多制式数字电视产品,最大限度地占领市场。

6.2.3 IPTV 技术

IPTV 是利用宽带网的基础设施,以家用电视机或计算机作为主要终端设备,集互联网、多媒体、通信等多种技术于一体,通过互联网络协议(IP)向家庭用户提供包括数字电视在内的多种交互式数字媒体服务技术。

IPTV 与传统 TV 节目的最大区别在于"交互性"和"实时性",实现的是无论何时地都能"按需收看"的交互网络视频业务,对于"IPTV"的理解,也有两种观点:"IPTV=IP+TV"模式,即在这种实现方式中,IP业务和TV业务在传输线路中是完全独立并行的;另一个是"IPTV=TV over IP"模式,即包括 TV 在内的所有业务都承载在 IP 之上。

IPTV 工作原理和基于互联网的电话服务 IP 电话相似,通过互联网发送,然后在另一端进行复原,其实与大多数的数据传输过程相似。首先是编码,即把原始的电视信号数据进行编码,转化成适合 Internet 传输的数据形式,然后通过互联网传送最后解码,通过计算机或是电视机收看,只是由于传输的数据是视频和同步的声音,要求的传输速度是非常高的,所以它采用的编码和压缩技术是最新的高效视频压缩技术。

IPTV 有两个基本特点:基于 IP 技术和个性化的按需服务,与传统电视相比其最大的特点是交互性和实时性。用户可按需获取宽带 IP 网提供的媒体节目,实现实质性互动;其次,IPTV 借助先进高效(768kb/s 时接近 DVD 水平)的视频压缩技术(MPEG-4、H.264等),为用户提供高质量的数字媒体信息服务,此外,IPTV 还可以为用户提供包括数字电视节目、可视电话、VOD、网络游戏、网上购物和远程教育等在内的交互式信息服务。

1. IPTV 的组成

从物理结构上看,IPTV 系统分为三个子系统:网络系统(业务传送平台)、服务端系统(包括节目源和业务平台)、用户端系统。

1)节目(内容)源

节目源是提供用户可以看的节目,包括电视台在播节目、各类媒体信息及视频服务商提供的各类节目,它是用户需求的集合。

2)业务平台

业务平台主要包括三个方面:一是中心媒体基站(CMS)提供所有流媒体片源的存储,直播视频信号的编码、转码、流化、存储和播放,以及后台完整的运营支撑系统(OSS),包括:媒体管理、用户管理、内容管理、用户自助服务、计费和网管系统等。二是归属媒体基站(HMS),提供流媒体的分布式存储功能。三是边沿媒体基站(EMS),提供分布式存储和直接向用户提供端到端的流媒体服务。

3)内容分发网络

IPTV 业务具有个性化、交互性特点,点播类 IPTV 业务必须采用内容分发网(CDN/VDN)技术,需要在互联网基础网络之上叠加构建一个专用的内容分发网(CDN/VDN)。CDN/VDN 由核心服务器、分布式缓存服务器及存储设备、重定向 DNS(域名系统)服务器和内容交换服务器等组成,重定向 DNS 服务器依据 DNS 来确定发出请求的接收端地址,在兼顾服务器负载均衡的前提下,根据该地址选择最近的缓存服务器向接收端发送流媒体内容。

CND/VDN 的基本原理是在网络边缘设置流媒体内容缓存服务器,把经过用户选择的访问率极高的流媒体内容从初始的流媒体服务器复制、分发到网络边缘最靠近终端用户的缓存服务器上,当终端用户请求某点播类 IPTV 业务时,由 CDN/VDN 的管理和分发中心实时地根据网络流量和各缓存服务器的负载状况以及到用户的距离等信息,将用户的请求导向最靠近请求终端的缓存服务器并提供服务。CDN/VDN 采用集中式管理、分布式存储、内容边缘化、用户就近访问、分布式缓存就近服务、服务器负载均衡等策略,减轻视音频数据流对骨干网/城域网的带宽压力,减少网络拥塞,提高用户访问流媒体内容的响应速度和网络服务性能。

4）用户端

用户端设备的主要功能是接收（也包括发送用户请求）和处理（也包括存储功能）媒体流，向用户呈现媒体流。IPTV 用户接收终端分为 PC、IPTV 机顶盒＋电视机、手机三种平台。机顶盒客户端主要提供如下服务：音视频点播、音视频广播、电子节目单、遥控器操作、网络接入支持、管理与认证、最终用户的帮助信息。

2. IPTV 主要技术

IPTV 技术是一项系统技术，主要包括音视频编解码技术、流媒体传送技术、宽带接入网络技术、IP 机顶盒技术等。IPTV 技术是一项系统技术，它能使音视频节目或信号，以 IP 包的方式，在不同物理网络中被安全、有效且保质地传送或分发给不同用户。

IPTV 所涉及的主要技术如下。

1）音视频编解码技术

IPTV 音视频编解码技术在整个系统中处于重要地位，IPTV 作为 IP 网络上的视频应用，对音视频编解码有很高的要求。目前主流的视频编码格式有以下几种：MPEG-2、MPEG-4 Part 2、H.264/AVC，微软的 WMV-9、Real 公司的视频格式，前三者为公开的国际标准，后两者为企业的私有标准。H.264 具有高的编码效率和图像质量，代表了编解码技术的发展方向，H.264 已被大多数运营商和产业界看好，它将成为 IPTV 乃至互联网上其他视频业务的编码标准。

2）音视频服务器

音视频服务器是一种对音视频数据进行压缩、存储及处理的专用设备，它在广告插播、多通道循环、延时插出、硬盘播出及视频节目点播等方面都有广泛的应用。主要由音视频编码器、大容量存储设备、输入/输出通道、网络接口、音视频接口、RS422 串行接口、协议接口、软件接口、视音频交叉点矩阵等构成，同时提供视频处理功能。它主要支持 M-IPEG 或 MPEG-2 等压缩格式，在符合技术指标的情况下对视频数据进行压缩编码，以满足存储和传输的要求。

音视频存储器一般使用 SCSI 接口硬盘或 FC（Fiber Channel，光纤通道技术）接口硬盘。具有多通道输入输出、多种音视频格式接口。同时可配备 SCSI、FC 等网络接口进行组网，实现音视频数据的共享传输。

3）IP 单播（Unicast）和组播（Multicast）技术

单播主要完成数据从一方传送到另一方的任务，传送数据时必须在发送方和接收方之间建立通道，网络软件中的单播方式多以 TCP（Transmission Control Protocol，传输控制协议）的连接方式工作。发送方必须知道接收方的 IP 地址，数据将发送到接收方 IP 地址的缓冲区中，接收方必须在自己的 IP 地址处建立缓冲区，等待数据的接收，同时要维护好这个缓冲区，避免溢出。

组播是一种允许一个或多个发送者（组播源）发送单一的数据包到多个接收者（一次的，同时的）的网络技术。它提高了数据传送效率，减少了主干网出现拥塞的可能性，组播组中的主机可以是在同一个物理网络，也可以来自不同的物理网络（需要有组播路由器的支持）。实现 IP 组播传输时组播源和接收者以及两者之间的下层网络都必须支持组播。

单播方式采用视频分发（VDN/CDN）技术。组播传输允许同时发送单一的数据包到多个接收者。组播技术涉及网络安全以及网络异构性问题，大范围、综合业务的组播不易实现。视频分发技术相对来说简单些,因此,对于IPTV,视频分发应该是它的发展方向。为了不使网络、服务器发生堵塞,视频分发网络必须把服务器、存储器部署推进到小区,这样投资成本变得巨大,否则,又会因点播的人多了而发生网络堵塞和服务器堵塞。

4) IP QoS 技术

不同的业务对网络的要求是不同的,如何在分组化的 IP 网络实现多种实时和非实时业务成为一个重要话题,人们提出了 QoS(Quality of Service,服务质量)的概念。IP QoS 是指 IP 网络的一种能力,即在跨越多种底层网络技术(FR、ATM、Ethernet、SDH 等)的 IP 网络上,为特定的业务提供其所需要的服务。QoS 包括多个方面的内容,如带宽、时延、时延抖动等,每种业务都对 QoS 有特定的要求,有些可能对其中的某些指标要求高一些,有些则可能对另外一些指标要求高些。

5) 数字版权管理技术

数字版权管理(Digital Right Management,DRM)是随着电子音视频节目在互联网上的广泛传播而发展起来的一种新技术。首先在互联网上音视频节目的传播上得到应用,并逐步应用到其他业务领域。DRM 技术的目的是保护数字内容的版权,从技术上防止数字内容的非法复制,或在一定程度上提高复制的技术和成本门槛。用户认证子系统是 DRM 系统的重要支撑,只有通过认证的用户才可能使用 IPTV 业务。目前有许多认证系统,常用的认证机制包括 Kerberos 和 PKI 机制,基于这两种认证机制,产生了两种比较典型的 IPTV DRM 系统。

6) 宽带接入网络技术

IPTV 接入可以充分利用现有宽带接入技术,主要有 xDSL、FTTx＋LAN、Cable Modem 等三种。目前,xDSL 技术中最常用的技术有 ADSL 和 VDSL。FTTx 技术是光纤到 x 的简称,它可以是光纤到户(FTTH)、光纤到局(FTTE)、光纤到配线盒/路边(FTTC)、光纤到大楼/办公室(FTTB/o)。光纤具有很宽的带宽,可以说,光纤到户技术非常有利于开展 IPTV 业务。Cable Modem 接入方式是利用有线电视的同轴电缆传送数据信息,它的上下行速率可高达 48Mb/s。但 Cable Modem 是一种总线型的接入方式,同一条电缆上的用户互相共享带宽,在密集的住宅区,若用户过多,Cable Modem 一般难以达到较为理想的速率。

3. IPTV 的主要业务

当前的网络电视应用主要提供 4 类业务:直播电视(Live TV)、视频点播(VOD)、时移电视(Time-shifted TV)、基于机顶盒的因特网浏览业务。它们对网络有各自不同的传输质量要求。

1) Live TV

电视直播是 IPTV 系统的基本业务,也是运营商广泛推广的关键业务。将视频信号(摄像头信号、电视信号)实时压缩成数字信号,通过直播形式传送到每一个请求的客户端。在一台服务器上可以实时直播多路数字电视信号。采用点对多点的多播功能,服务器每路视频只发送一次信号,该信号会被复制到所需的用户设备,不需要为每个用户单独发送一路信号。一般采用 Multicast(组播)技术以减轻骨干网的带宽压力。组播本身不提供可靠传输机制。IPTV 运营商提供该业务时要保证不能比传统的模拟电视有太多的时延,不能简单地靠本地缓存技术来保证图像的连贯性;实时性要求很高,需要严格保障服务质量。要求网络不仅要有保护倒换机制,而且保护倒换的时间应做到毫秒级。

2) VOD

顾名思义,视频点播(Video On Demand,VOD)就是根据观众的要求播放节目的视频播放系统。视频点播是当前国际上最热门的高科技应用项目之一,它是随着计算机技术和网络通信技术的发展,综合了计算机、通信技术、电视技术而新兴的一门综合性技术。它适应了网络和视频技术的发展趋势,彻底改变了过去收看节目的被动方式,实现了节目的按需收看和任意播放,集动态影视图像、静态图片、声音、文字等信息为一体,为用户提供实时、交互、按需点播服务的系统。

为了使用户端实现视频点播(VOD),系统必须保证网络设备主干通道的通畅、用户端独享通道的稳定带宽。在考虑了流媒体通过 IP 网传送所附带的冗余信息及其他一些因素后,在计算实际要求带宽时需增加一定的冗余带宽。边缘交换机、接入交换机、主干交换机应具有足够的交换能力,在同时最多的视频流通过这些网络设备时不会产生瓶颈。对网络系统的主干通道带宽,连接到视频服务器的端口通道的带宽总量必须大于所允许的最大并发用户数所占的独享带宽之和。

3) Time-shifted TV

时移电视(Time-shifted TV)是在交互式宽频网络上实施的一种崭新的电视节目服务形式。传统电视的特点是固定时间、固定频道、单向广播;而时移电视的特点是用户可在任意时间收看任意频道中的任意节目或片段,可以像影碟机、录像机一样对收看的电视节目实行暂停、快进、快退等功能操作。IPTV 初期进行差异化竞争的主力产品是"时移电视"。时移电视本质上是 VOD 技术在电视节目收视方面的发展。它的实施需要具有大流量并发能力、存储能力的分布式前端和双向宽频网络的技术支撑,以及从事庞大的电视节目后台工作队伍的服务支持。

4. IPTV 发展前景

2016 年 8 月 3 日,中国互联网络信息中心(CNNIC)在京发布第 38 次《中国互联网络发展状况统计报告》(简称为《报告》)。《报告》显示,截至 2016 年 6 月,中国网民规模达 7.10 亿,互联网普及率达到 51.7%,超过全球平均水平 3.1 个百分点。同时,移动互联网塑造的社会生活形态进一步加强,"互联网+"行动计划推动政企服务多元化、移动化发展。人们对互联网的需求不再是单一的网上冲浪、查看新闻,而是提出了多样化的应用需求。现在存在的各种形式如网络游戏、在线影视、电子商务等都极大地丰富了人们的生活,而网络电视概念的提出及应用,给互联网的带宽、稳定性、连续性等提出了更加高端的要求。IPTV 用户总数达到 7227 万户,IPTV 产业目前正在蓬勃发展,IPTV 被认为是将来要普及千家万户的巨大产业。

6.3 手机与平板电脑

手机网络制式主要包括 GSM、CDMA、3G、4G 四种,手机自问世至今,经历了第 1 代模拟制式手机(1G)、第 2 代 GSM、TDMA 等数字手机(2G)、第 2.5 代移动通信技术 CDMA、第 3 代移动通信技术 3G、第 4 代移动通信技术 4G。

中国移动目前使用的是 GSM(2G)/TD-SCDMA(3G)/TD-LTE(4G)这三种模式;中国

联通使用的是 GSM(2G)/WCDMA(3G)/TD-LTE(4G)/FDD-LTE(4G)三种模式；而中国电信则使用的是 CDMA1X(2G)/EVDO(3G)/TD-LTE(4G)/FDD-LTE(4G)四种模式。对于国内的运营商来说,只要达到 7 模即 GSM/TD-SCDMA/WCDMA/TD-LTE/FDD-LTE/CDMA1X/EVDO 即可称之为全网通手机。

6.3.1 手机模式分类

1. GSM 手机

GSM 数字移动通信系统是由欧洲主要电信运营者和制造厂家组成的标准化委员会设计出来的,它是在蜂窝系统的基础上发展而成,包括 GSM900MHz、GSM1800MHz 及 GSM1900MHz 等几个频段。

GSM 系统有几项重要特点：防盗拷能力强、网络容量大、号码资源丰富、通话清晰、稳定性强不易受干扰、信息灵敏、通话死角少、手机耗电量低。

2. CDMA 手机

CDMA 是在数字技术的分支——扩频通信技术上发展起来的一种崭新而成熟的无线通信技术。它能够满足市场对移动通信容量和品质的高要求,具有频谱利用率高、话音质量好、保密性强、掉话率低、电磁辐射小、容量大、覆盖广等特点,可以大量减少投资和降低运营成本。

3. 3G 手机

3G 是第 3 代移动通信技术与通信系统的简称。3G 系统致力于为用户提供更好的语音、文本和数据服务。与现有的技术相比较而言,3G 技术的主要优点是能极大地增加系统容量、提高通信质量和数据传输速率。此外,利用在不同网络间的无缝漫游技术,可将无线通信系统和 Internet 连接起来,从而可对移动终端用户提供更多更高级的服务。

4. 双模手机

GSM＋CDMA 即双模手机,所谓的"双模"就是工作在两个网络模式下,这两个工作模式就是 GSM 网络和 CDMA 网络,所谓的 GSM/CDMA 双模手机就是指手机可以同时支持 GSM 以及 CDMA 这两个网络通信技术,它可以根据环境或者是实际操作的需要来从中做出选择,哪个网络技术更能发挥作用,就让手机切换到哪种模式下去工作,如果在一种模式下,手机通信质量不高或者是出现其他不良的通信现象,可以自由转到另外一个网络模式上工作,它实际上就是扩大了手机的通话频率,并大大提高通信的稳定性而已。

5. 4G 手机

4G 手机即第 4 代通信系统的缩写。4G 通信理论上达到 100Mb/s 的传输,4G 网络在通信带宽上比 3G 网络的蜂窝系统的带宽高出许多。每个 4G 信道将占有 100MHz 的频谱,相当于 WCDMA3G 网络的 20 倍,网络传输速度比目前的有线宽带还要快好多倍,4G 手机就是支持 4G 网络传输的手机。

6.3.2 手机模式与手机卡

1. 手机模式

1) 单卡双模

单卡双模就是手机等设备使用一个手机卡可以支持两种网络,如移动的 3G 制式 TD

网络手机就可以同时支持 TD 以及 GSM 这两种网络,双模指的是不同的移动电话系统,如 GSM、AMPS、TDMA、CDMA 等。

2) 单卡多模

单卡多模是指一个运营商卡号提供多种网络通信模式服务,通常包含 2G(GSM)、3G(CDMA/WCDMA/TD-SCDMA)、4G(TD-LTE/FDD-LTE)等。

3) 双卡双模

所谓的"双模"就是工作在两个网络模式下,这两个工作模式就是 WCDMA/GSM 或者 CDMA/GSM 或者 TD-SCDMA/GSM 网络,所谓的"双模手机"就是指手机可以同时支持两个网络通信技术。双卡通常指手机有两个 SIM 卡槽,每张卡槽分别对应不同的移动电话系统。

4) 双卡多模

双卡是手机两个 SIM 卡槽,可以同时插上两张 SIM 卡。其次,多模是多种手机网络模式的简写,就是手机支持多种移动网络。例如,同时支持 GSM(移动 2G 或联通 2G)和 WCDMA(联通 3G),也可以同时支持 GSM 和 CMDA2000(电信 3G),或者同时支持 GSM 和 TD-SCDMA(移动 3G),移动 4G(TD-LTE)/联通 4G(TD-LTE)/电信 4G(TD-LTE)等。

5) 全网通

全网通终端就是在所有移动网络制式下都能使用的终端。网络制式的不同,在很长一段时间内制约了用户对终端的自由选择,从 2G 时代到 3G 时代,部分网络制式用户量相对较小,导致终端品种有限,影响了用户对终端的自由选择权。到了 4G 时代,这样的局面大大改观。

近期通过的两项行业标准,均涉及六模全网通终端,涵盖的移动通信网络制式包括 LTE(TD-LTE 与 LTE FDD)、CDMA、TD-SCDMA、WCDMA、GSM(GPRS),基本实现了对目前国内移动通信用户的全覆盖,因此普遍将六模双卡多待终端称为全网通终端。

全网通终端的出现,意味着不同网络制式不再成为用户选择手机的障碍,真正将选择权交给用户。

2. 无线网络优缺点

2016 年 8 月,中国互联网络信息中心(CNNIC)发布的《中国互联网络发展状况统计报告》显示我国移动互联网用户总数达到 10.6 亿户,移动宽带用户(即 3G 和 4G 用户)总数达到 8.69 亿户,2G 和 3G 用户继续加快向 4G 用户转换,4G 用户总数达到 6.60 亿户,占移动电话用户的比重突破一半,达到 50.4%。

1) 无线网络的优点

手机无线上网成为人们普遍采用的上网方式,无线网络具有以下优点。

(1) 移动性。无线网用户,可以在无线网信号覆盖区域内的任何位置接入网络,真正实现随时、随地、随意地接入网络。

(2) 安装简单、建设周期短。无线网只需在主机安装无线网卡及一个或多个接入点设备,就可以解决一个区域的上网问题。

(3) 易扩展、易管理。无线局域网在初期规划时,可以根据当时的需求,布置少量的点。

以后随着用户的增加再增加几个接入点,而不需要重新布线。这使得网络运营初期的投资比较少。

(4) 能集成到已有的宽带网络。由于无线网技术与以太网完全一致,所以能够很方便地将无线网集成到已有的宽带网络中,也能将有线网已有的宽带业务应用到无线局域网中。这样可以利用已有的宽带有线接入资源,使无线网迅速地发展起来。

(5) 容易将移动业务扩展到无线局域网平台上。

(6) 无线局域网传输的信号可以跨越很宽的频段,而且数据不容易被窃取。

2) 无线通信技术的缺点

手机无线通信网络在给人们上网带来便利的同时,也存在以下不足之处。

(1) 虽然无线网 IEEE 802.11a 标准工作在 5GHz U-NII 频带时,物理层速率可达 54Mb/s,传输层速率可达 25Mb/s,但目前无线局域网还无法达到有线局域网的高带宽。

(2) 无线信号在空气中传输会受到其他电信号的干扰,使无线网的稳定性不够理想。

有线网络和无线网络之间的差异主要体现在传输带宽、传输距离、抗干扰能力、安全性能等方面。总的来说,无线网具有安装便捷、使用灵活、经济节约、易于扩展等优点,但同时存在传输速率低、存在通信盲点等缺点。无线局域网更便于移动特征较明显的网络系统,而有线网络则更适用于固定的、对带宽需求较高的网络系统。

6.3.3 智能手机

新媒体网络由网络硬件系统和网络软件系统组成。智能手机是移动上网的主要硬件,现介绍如下。

智能手机和个人计算机一样,都是由不同的零部件拼装而成。手机必备的零部件包括:CPU、RAM、ROM、GPU、屏幕、摄像头、电池、传感器、射频芯片等,具体介绍如下。

1. CPU

CPU 是智能手机的大脑,运算的核心部件。高性能的 CPU 可以为手机带来更高的运算能力,也会增加手机玩游戏看电影的速度体验,CPU 主要参数有两个:核心数和主频。当然,这些参数也不是越大越好,合理够用即可,因为多核心高主频也意味着更耗电,价格更高。

2. RAM

相当于计算机系统中的内存,也叫作运行内存,简称运存。RAM 越大,手机运行速度更快,多任务处理更流畅,打开多个应用更流畅,现在主流手机的 4GB 运存已足够满足绝大多数应用,1GB 也可以满足基本需要。

3. ROM

相当于计算机中的硬盘,用于安装 iOS 或 Android 系统及存放照片、视频等文档,ROM 越大,能存放的东西越多,但价格也就越高。

4. GPU

GPU 是图像处理单元,等同于计算机系统中的显卡。GPU 性能越高,对高清电影、视频、图片的处理能力就越好,游戏效果会得到更好的提升。

5. 屏幕

手机的屏幕材质有很多种,屏幕最重要的参数就是分辨率,目前主流手机分辨率达到

1080p(1920×1080),显示效果非常细腻。

6. 摄像头

摄像头比较重要的有两个参数:像素数和光圈大小。现在主流手机后置摄像头800万、1300万像素的都有,光圈越大,拍摄效果也是越好。

7. 电池

智能手机电池最重要的参数就是容量。大容量电池才能有比较好的续航能力,玩游戏看电影才能更持久。

8. 传感器

智能手机里边传感器很多,比如距离传感器、加速度传感器、重力传感器、陀螺仪、气压计等,传感器就是手机的耳鼻眼手,能够采集周围环境的各种参数给CPU,使得手机具有真正智能的功能。

9. 射频芯片

手机里边有很多跟射频相关的芯片,主要包括:射频发射芯片、GPS导航天线芯片、Wi-Fi无线网络芯片、NFC近场传输芯片、蓝牙芯片等,这些芯片的数量和性能,决定了手机通信手段的多少和通信能力的强弱。

6.3.4 平板电脑与 iPad

1. 平板电脑

平板电脑是微软公司早期(大约2002年间)大力推行的一种计算机(相对于笔记本增加旋转屏幕、手写功能等),配合当时的 Windows XP Tablet PC Edition 操作系统以及新开发的 Word 软件等,希望能有一种革命性的新的计算机操作体验。由于对硬件要求过高,而且操作习惯有别于传统计算机且并不方便,用户不适应,所以没有获得市场的广泛认可。

平板电脑是PC家族新增加的一名成员,其外观和笔记本相似,但不是单纯的笔记本,可以被称为笔记本的浓缩版。其外形介于笔记本和掌上电脑之间,但其处理能力大于掌上电脑,比之笔记本,它除了拥有其所有功能外,还支持手写输入或者语音输入,移动性和便携性都更胜一筹。

1)结构组成

平板电脑有两种规格,一为专用手写板,可外接键盘、屏幕等,当作一般PC用。另一种为笔记型手写板,可以像笔记本一样开合。目前,全球已有多家公司推出了平板电脑。

Tablet PC在设计上可以分为两大类:平板式和折叠式。平板式没有键盘,操作完全依靠手写笔,可以外接键盘但不是标准配置。折叠式外形与笔记本相同,液晶屏可以旋转180°再反过来盖住键盘。这两种设计方案都有各自的优点和缺点,平板式手持使用方便、重量轻、体积小、成本相对较低,但是实际操作尤其大量录入文字时显得相当费力。折叠式既可以手持使用,也可以按照使用传统笔记本的方式进行操作,但是重量、体积小。

Windows系列平板电脑采用X86架构的英特尔ATOM系列CPU,运行微软Windows XP/Vista/7/8/10操作系统,DDR 2 /DDR 3内存,固态硬盘,这些软硬件都是与计算机相同,具有完全的计算机性能,所以属于计算机家族。

常见平板电脑的处理器共有4大类,苹果系列处理器、NVIDIA Tegra2 处理器、Intel ATOM处理器和通用ARM处理器。而ATOM处理器在兼容性上的优势使得其目前依然是 Windows 系统的最佳搭档。为增强实用功能,与鼠标和键盘连接会使其成为必不可少的标准配置,现在的 Windows 系统专为鼠标和键盘而设计。

2) 5 大部件与故障判断

平板电脑 5 大组成部件:屏幕、主板、电池、摄像头、闪光灯、外壳。

(1) 屏幕。屏幕可以说是平板产品最核心的表现力,产品任何的优缺点都在其屏幕上得以表现,目前平板电脑的屏幕比例基本为 4∶3、16∶9、16∶10 三种比例,其显示效果也有一定区别。4∶3 的屏幕更适合阅读、浏览网页;而 16∶9 的比例更适合看电影,玩游戏,资源较丰富;16∶10 的话,观看电影的时候屏幕上下会出现多余黑边,影响用户体验。

目前平板电脑屏幕主要由三个部分组成:从上到下分别是保护玻璃、触摸屏、显示屏。而这三个部分是需要进行贴合的,其工艺分为全贴合与框贴两种工艺。全贴合工艺比框贴工艺透光性更好,从图像显示反射的影像更加优秀。

(2) 主板。平板电脑的主板是其关键部件,这里并不是单指主板的材质,而是集成在主板上面的中央处理器、内存、闪存等零部件,直接关系到产品的性能。中央处理器、内存、闪存是决定平板优劣的关键,除了中央处理器、内存、闪存之外,主板上还包括电池 IC、BIOS,一些通用平板电脑上还有通信模块等零部件,但以上三个为最核心的部件,也是最关键的部件。

(3) 电池。平板电脑的超长续航主要是由电池性能决定的。目前平板产品电池都内置在其中,消费者只能被动接受,这就出现不能查看电池的厂商、认证标识等信息,消费者只能根据电池容量来选择。同等配置下,产品电池容量越大,续航时间越长。电池认证标识存在,保证了电池的品质,认证标识越多,产品越有保障,权威的认证机构为:中国 CCC 强制性产品认证,美国 RU 机构认证、韩国 KCC 机构认证。

(4) 摄像头。尽管摄像头不能成为平板电脑最核心的部件,但摄像头的存在,使用户体验度大大增加。判断摄像头的优劣,像素是其着重考虑的一个因素,像素越高,摄像头越优秀。目前平板电脑摄像头像素为 500 万~1500 万像素不等。像素的数值是判断摄像头优劣的一个重要标准。

(5) 闪光灯。闪光灯是一种补光设备,能在瞬间发出很强的光线,多用于光线较暗的场所暂时照明,成像质量好,使照片更清晰。摄像头像素直接决定照片质量与视频效果,像素越高,成像效果越优秀。闪光灯的存在,能够在光线过亮或者过暗的环境下,辅助拍摄,使照片更清晰。

(6) 外壳。平板电脑的外壳是决定其手感与机身整体坚固度的重要因素。就目前来看,多数为金属、塑料、玻璃三种材料,每种材料都有自己的优缺点,但因为工艺的不同,材料的表现形式也不一样,三种材料中金属材质稳定,结构最高、质感最强。

金属背壳优缺点:金属材质后盖在质感与高强度的稳定结构方面表现出强大的优势,而易导热的特性使得机身表面的温度在夏天更高,冬天更低。

塑料背壳优缺点:塑料背板,原材料较为廉价,工艺相对简单且容易加工。相比金属质轻、耐冲击性好,有助于减轻产品的质量,提升其便携性。缺点也是显而易见,容易老化,耐热性差,热膨胀率大,受到高热会产生有毒的化学物质,对使用者的健康造成影响。

玻璃背板的优缺点:玻璃材质背壳使产品质感、隔热性与手感都有较大的提升,但抗压强度低是一个致命缺点。

3）平板电脑的优势

特有的 Table PC Windows XP 操作系统,不仅具有普通 Windows XP 的功能,普通 XP 兼容的应用程序都可以在平板电脑上运行,增加了手写输入,扩展了 XP 的功能。扩展使用 PC 的方式,使用专用的"笔",在计算机上操作,使其像纸和笔的使用一样简单。同时也支持键盘和鼠标,像普通计算机一样操作。

平板电脑便携移动,它像笔记本一样体积小而轻,可以随时转移它的使用场所,比台式计算机具有移动灵活性。平板电脑可以用来作普通的笔记本,随时记事,创建自己的文本、图表和图片。平板电脑支持多国家语言。提供了 Windows XP Professional 的所有安全特性,包括加密文件系统,访问控制等。

Windows 已经成为办公自动化的主流,移动办公是未来的必然趋势,平板电脑需要全面的操作系统,Windows 以良好的系统兼容性和可扩展性在企业领域得以广泛使用,成为企业员工所熟悉的操作系统。

对于个人终端产品,更轻更薄将是必然趋势,消费者对于便携性的标准要求将会不断提升。8~10 英寸将是未来的主流尺寸,这样既能保持平板电脑的便携性,又能提供更加舒适的操作性。在平板电脑领域,移动应用将发挥着重要的作用,让人们每时每刻都与世界保持紧密的联系。

2．iPad

iPad 是由苹果公司首席执行官史蒂夫·乔布斯于 2010 年在美国旧金山发布的一款电子产品。iPad 的成功让各 IT 厂商将目光重新聚焦在了"平板电脑"上,iPad 被很自然地归为"平板电脑"一族。但是,平板电脑是由比尔盖茨提出来的,必须能够安装 X86 版本的 Windows 系统、Linux 系统或 Mac OS 系统,即平板电脑最少应该是 X86 架构。而 iPad 系统是基于 ARM 架构的,根本都不能算作 PC,乔布斯也声称 iPad 不是平板电脑。

iPad 定位介于智能手机 iPhone 和笔记本之间的产品,(屏幕中有 4 个虚拟程序固定栏)与 iPhone 布局一样,提供浏览网站、收发电子邮件、观看电子书、播放音频或视频、玩游戏等功能。由于采用 ARM 架构,不能兼容普通 PC 和笔记本的程序,可以通过安装由 Apple 提供的 iWork 套件进行办公,可以通过 iOS 第三方软件预览和编辑 Office 和 PDF 文件。

iPad 采用智能手机的芯片,运行手机系统,没有 DDR 2/3 内存,不是硬盘而是闪存,虽然外表像平板电脑,实质上并不是常规计算机。

1) 型号类型

(1) iPad。发布于 2010 年 1 月,定位介于苹果的智能手机 iPhone 和笔记本产品 MacBook 系列之间,通体只有 5 个按键:Home,Power,音量加和减,还有一个重力感应与静音模式开关。音量键布局与 iPhone 相反,提供浏览互联网、收发电子邮件、观看电子书、播放音频或视频等功能。

(2) iPad 2。发布于 2011 年 3 月。2011 年 9 月,苹果中国方面正式宣布,3G 版的 iPad 2 正式上市。

(3) The New iPad。2012 年 3 月,苹果公司在美国发布第 3 代 iPad。苹果中国官网信息,苹果第 3 代 iPad 定名为"全新 iPad"。外形与 iPad 2 相似,但电池容量增大,有三块 4000mAh 锂电池,芯片速度更快,使用 A5X 双核处理器,图形处理器功能增强,配四核 GPU,并且在美国的售价与 iPad 2 一样。同时,第 3 代 iPad 支持 802.11a/b/g/n Wi-Fi

(802.11n 工作在 2.4GHz 和 5GHz,兼容 LTE 网络连接)。

(4) iPad with Retina Display。2012 年 10 月,苹果公司举行新品发布会发布第 4 代 iPad。它拥有 9.7 英寸屏幕,配备了 A6X 芯片,有关性能达到上代 iPad 所用 A5X 芯片的两倍左右,500 万 iSight 摄像头,支持更多运营商的 LTE 网络,前置摄像头支持 720p 摄像,采用 Lightning 闪电接口。

(5) iPad Mini。iPad mini 是 2012 年 10 月发布,是 iPad 系列中首部设有 7.9 寸屏幕并为体型最轻巧便携的型号。iPad mini 采用 7.9 英寸、1024×768 分辨率显示屏,500 万像素后置 iSight 镜头,120 万像素前置 FaceTime HD 镜头,处理器等硬件规格大致与 iPad 2 相同;但采用与 iPhone 5 相同的 Lightning 连接线作充电或数据传送。

(6) iPad Air。于 2013 年 10 月发布,屏幕尺寸为 9.7 英寸,更轻、更薄,新款 iPad 继续采用视网膜显示屏,边框更窄;厚度为 7.5mm,比上一代薄了 20%;重量是 1 磅(约合 454g),上一代重量则是 1.4 磅,轻了近 30%。在内部元器件方面,iPad Air 平板电脑采用苹果 A7 处理器,并搭配了 M7 协处理器,CPU 处理性能是上代产品的 8 倍,图形处理能力更是提高了 72 倍。后置摄像头像素是 500 万,支持 1080p 高清视频 FaceTime;电池续航能力达到 10 小时。

(7) iPad Pro。2015 年、2016 年苹果公司发布新产品 iPad Pro 及升级版。iPad Pro 提供三种颜色,分别为深空灰、金色和银色。设备分为 32GB Wi-Fi、128GB Wi-Fi、128GB 蜂窝网络版本。新款 iPad Pro 质量为 1 磅,采用了 True Tone 显示屏,配置了 1200 万像素的摄像头,支持 4K。该产品还拥有客户化的 Smart 键盘,支持 Apple Pencil"苹果触控笔"。

自 The New iPad 后,第 4 代 iPad 以及 iPad Air 都是用了 Retina 屏幕。iPad 的 Retina 显示屏的 310 万像素,使其成为先进卓越的移动设备显示屏。令一切看起来都更清晰、更传神。文字清晰锐利,色彩生动丰富,照片和视频富于细节表现。

所谓 Retina 是一种显示技术,可以把更多的像素点压缩至一块屏幕里,从而达到更高的分辨率并提高屏幕显示的细腻程度。最初该技术是用于苹果的 iPhone 4 上,其屏幕分辨率为 960×640(每英寸像素数 326ppi)。这种分辨率在正常观看距离下足以使人肉眼无法分辨其中的单独像素。

2) iPad 主要功能特点

(1) Safari。iPad 搭载的是 Safari 浏览器,大触摸屏可以方便上网,整个页面可以一次呈现,通过手指在屏幕上移动便可进行翻页、滚动,也可对相片进行放大缩小操作,支持网页缩略,体验更为直观。

(2) iTunes 商店。通过点触 iTunes Store 图标,可浏览并购买音乐、电视剧、短片等,或者进行影片租赁,这一切均通过无线完成。iTunes 商店上有成千上万部电影和电视剧选择,歌曲选择则多达数百万首。在 iPad 也可同步 Mac 或 PC 上已经有的 iTunes 内容。

(3) App Store。iPad 可以运行 App Store 近四十万个应用程序,其中,iPad 专属应用程序数目已经突破 10 万大关,从游戏到商务应用,一应俱全。单击 iPad 界面上的 App Store 图标便可完成,打开浏览完后便可选择喜欢的程序进行下载。

(4) iBooks(从 App Store 免费下载)。iBooks 是一个用来阅读和购买电子书的全新程序,在 App Store 上可免费在线阅读。可购买任何数字书籍,内置的 iBookstore 上有各种经典书籍和畅销书籍。一旦购买后,这些书籍便可在 iBookshelf 书架上显示,轻轻点触其中一本便可进行阅读。LED背光屏幕和高分辨率保证了色彩的锐利、丰富,即使在光线暗淡的环境下也可轻松体验阅读的快乐。

(5) iWork(从App Store购买,最新版iPad可免费获得):全新制作的iWork(Pages,Keynote,Numbers)可以让iPad拥有良好的办公功能。这样加上无线网络和出色的Office功能,商业精英移动办公不再是梦想。

(6) Siri。Siri能够利用语音来完成发送iMessage(需要网络)、安排会议、拨打FaceTime等更多事务。只需用习惯的讲话方式,就能让Siri帮助做事。Siri可以听懂说的话、知晓心意,甚至还能有所回应。

6.4 移动终端接入方式

移动终端或者叫移动通信终端是指可以在移动中使用的计算机设备,广义地讲包括手机、笔记本、平板电脑、POS机甚至包括车载计算机。但是大部分情况下是指手机或者具有多种应用功能的智能手机以及平板电脑。随着网络技术朝着高速化的方向发展,移动通信产业将走向真正的移动信息时代。另一方面,随着集成电路技术的飞速发展,移动终端的处理能力已经拥有了强大的处理能力,移动终端正在从简单的通话工具变为一个综合信息处理平台。这也给移动终端增加了更加宽广的发展空间。

6.4.1 移动上网设备

1. 移动终端设备特点

移动终端,特别是智能移动终端,具有以下显著的特点。

(1) 在硬件体系上,移动终端具备中央处理器、存储器、输入部件和输出部件,也就是说,移动终端往往是具备通信功能的微型计算机设备。另外,移动终端可以具有多种输入方式,诸如键盘、鼠标、触摸屏、送话器和摄像头等,并可以根据需要进行调整输入。同时,移动终端往往具有多种输出方式,如受话器、显示屏等,也可以根据需要进行调整。

(2) 在软件体系上,移动终端必须具备操作系统,如Android、iOS等。同时,这些操作系统越来越开放,基于这些开放的操作系统平台开发的个性化应用软件层出不穷,如通信簿、日程表、记事本、计算器以及各类游戏等,最大程度地满足了个性化用户的需求。

(3) 在通信能力上,移动终端具有灵活的接入方式和高带宽通信性能,并且能根据所选择的业务和所处的环境,自动调整所选的通信方式,从而方便用户使用。移动终端可以支持GSM、WCDMA、CDMA2000、TDSCDMA、Wi-Fi以及WiMAX等,从而适应多种制式网络,不仅支持语音业务,更支持多种无线数据业务。

(4) 在功能使用上,移动终端更加注重人性化、个性化和多功能化。随着计算机技术的发展,移动终端从"以设备为中心"的模式进入"以人为中心"的模式,集成了嵌入式计算、控制技术、人工智能技术以及生物认证技术等,充分体现了以人为本的宗旨。由于软件技术的发展,移动终端可以根据个人需求调整设置,更加个性化。同时,移动终端本身集成了众多软件和硬件,功能也越来越强大。

2. 移动终端设备

移动终端不仅可以通话、拍照、听音乐、玩游戏,而且可以实现包括定位、信息处理、指纹扫描、身份证扫描、条码扫描、RFID 扫描、IC 卡扫描等丰富的功能,成为移动执法、移动办公和移动商务的重要工具。移动终端已经深深地融入人们的经济和社会生活中,为提高生活水平,提高执法效率,提高生产效率,减少资源消耗和环境污染以及突发事件应急处理增添了新的手段。

在移动互联网时代,终端成为移动互联网发展的重点之一。围绕移动互联网发展的需求,移动互联网时代终端的发展呈现紧紧围绕用户需求,为用户提供全方位的服务和体验,趋向终端与服务一体化,这些移动终端包括上网本、智能手机和平板电脑。

1) 上网本

英特尔关于"上网本"的描述是:上网本是采用英特尔 Atom(凌动)处理器的无线上网设备,具备上网、收发邮件以及即时信息(IM)等功能,并可以实现流畅播放流媒体和音乐功能。

"上网本"的使用方式与传统的笔记本并不相同。"上网本"主要以"消费"内容为主,可以支持网络交友、网上冲浪、听音乐、看照片、观看流媒体、即时聊天、收发电子邮件、基本的网络游戏等;与笔记本(或 PC)可以进行内容的创建和编辑不同,笔记本(或 PC)则可以安装高级复杂的软件、下载、存储、播放 CD/DVD,进行视频会议,打开、编辑大型文件、多任务处理以及体验更为丰富的需要安装的游戏等。

2) 智能手机

智能手机,是指具有独立的操作系统,独立的运行空间,可以由用户自行安装软件、游戏、导航等第三方服务商提供的程序,并可以通过移动通信网络来实现无线网络接入手机类型的总称。

智能手机除了具备手机的通话功能外,还具备了 PDA 的大部分功能,特别是个人信息管理以及基于无线数据通信的浏览器和电子邮件功能。智能手机提供了足够的屏幕尺寸和带宽,既方便随身携带,又为软件运行和内容服务提供了广阔的舞台,很多增值业务可以就此展开,如股票、新闻、天气、交通、商品、应用程序下载、音乐图片下载等。融合 3C (Computer、Communication、Consumer)的智能手机已经成为未来手机发展的新方向。

3) 平板电脑

平板电脑的概念由微软公司在 2002 年提出,但当时由于硬件技术水平还未成熟,而且所使用的 Windows XP 操作系统是为传统计算机设计,并不适合平板电脑的操作方式(Windows 7 操作系统不适合于平板电脑)。2010 年 1 月,苹果公司发布 iPad,iPad 重新定义了平板电脑的概念和设计思想,取得了巨大的成功,从而使平板电脑真正成为一种带动巨大市场需求的产品。这个平板电脑(Pad)的概念和微软那时(Tablet)已不一样。iPad 让人们意识到,并不是只有装 Windows 的才是计算机,苹果的 iOS 系统也能做到。2011 年,Google 推出 Android 3.0 蜂巢(Honey Comb)操作系统。Android 是 Google 公司一个基于 Linux 核心的软件平台和操作系统,目前,Android 成为 iOS 最强劲的竞争对手之一。

6.4.2 移动上网方式

手机上网是新媒体主要特征之一,是指利用支持网络浏览器的手机通过 WAP 协议,同互联网相连,从而达到上网目的。手机上网具有方便性、随时随地性,已经越来越广泛,逐渐成为现代生活中重要的上网方式之一。

WAP 是一个开放式的标准协议,可以把网络上的信息传送到移动电话或其他无线通信终端上。WAP(无线通信协议)是在数字移动电话、互联网或其他个人数字助理机(PDA)、计算机应用乃至未来的信息家电之间进行通信的全球性开放标准。

Internet 接入方式是指把通过手机或其他移动设备连接到 Internet 上的方法。也就是常说的"上网"。一般来说,移动终端上网的途径有两种:个人单机上网或 Wi-Fi 热点上网,下面以苹果手机上网设置为例进行介绍。

1. 蜂窝移动网络上网

单击手机界面找到"设置"图标,打开设置界面如图 6.1 所示,单击"蜂窝移动网络",在蜂窝移动网络界面,打开"蜂窝移动数据"即可。

打开移动蜂窝网络界面如图 6.2 所示。拨动"蜂窝移动数据"右侧的开关,就可以上网操作了,但要注意的是,此时使用的上网流量都是手机购买的流量,超过预先购买的流量后,价格较高。

图 6.1 iPhone 手机设置界面

图 6.2 蜂窝移动网络界面

2. 手机 Wi-Fi 上网

Wi-Fi 是一种可以将个人计算机、手持设备(如 iPad、手机)等终端以无线方式互相连接的技术。无线网络上网可以简单地理解为无线上网,几乎所有智能手机、平板电脑和笔记本都支持无线上网,是当今使用最广的一种无线网络传输技术。实际上就是把有线网络信号转换成无线信号,使用无线路由器提供支持其技术的相关手机、平板等接收。手机如果有无线 Wi-Fi 的话,就可以不通过移动服务商的网络上网,省掉了流量费用。

在如图 6.1 所示的"设置"界面中,单击 Wi-Fi 选项,打开 Wi-Fi 界面,如图 6.3 所示。

选中某个 Wi-Fi 网络后,单击出现密码输入框,如图 6.4 所示。输入正确密码后,就可以联网。

图 6.3　Wi-Fi 选择界面

图 6.4　输入密码

3. 手机热点上网

Wi-Fi 热点是指把手机接收 GPRS、3G 或 4G 信号转化为 Wi-Fi 信号再发出去,这样手机就成了一个 Wi-Fi 热点。手机必须有无线 AP 功能,才能当作热点。有些系统自带建热点这个功能,比如 iOS(iPhone 手机)。

在手机"设置"界面中,单击"个人热点"选项,打开"个人热点"界面,如图 6.5 所示。单击"Wi-Fi 密码",出现如图 6.6 所示对话框。在对话框中输入密码,单击"完成"按钮就可以了。

如果把 iPhone 手机当作热点,那么其他手机、iPad 等具有 Wi-Fi 功能的终端,都可以搜索到手机建立的 Wi-Fi 网络,连接上网,产生的流量都是手机卡的 GPRS 或 3G/4G 流量,另外,把手机当作热点时功耗稍高,最好插上充电器使用。

4. 360 随身 Wi-Fi

在有局域网上网的公共场所,可以通过 360 公司开发的"360 随时 Wi-Fi"免费上网。360 免费 Wi-Fi 依赖于计算机网络来创建无线热点,只需在一台有无线网卡的计算机上安装免费 Wi-Fi 驱动,启用即可自动分享免费的 Wi-Fi 信号,手机及 iPad 接入后就能免费上网。如果计算机上没有无线网卡,可以购买一个"360 随时 Wi-Fi"卡,插入计算机上的 USB 插口,系统会自动安装驱动程序。

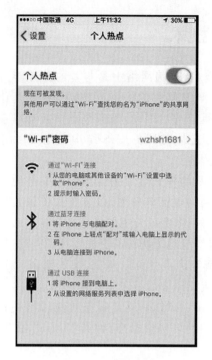
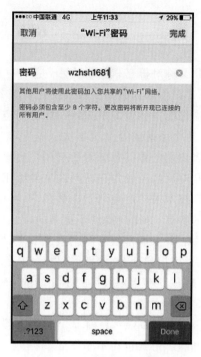

图 6.5　个人热点界面　　　　　　图 6.6　Wi-Fi 密码设置

安装完成后,会在计算机桌面出现一个"360 随时 Wi-Fi"界面,如图 6.7 所示。其中显示着 Wi-Fi 名称和密码。在手机或 iPad 上找到该 360 免费 Wi-Fi,输入密码就可以接入网络,开始免费上网了。

在"360 随时 Wi-Fi"主界面右下端单击"已连接的手机"标签,出现如图 6.8 所示的界面,可以查看连接的用户。

图 6.7　360 随时 Wi-Fi　　　　　　图 6.8　已联网用户列表

6.5　P2P 技术

P2P 又称对等互联网络技术,是一种网络新技术,依赖网络中参与者的计算能力和带宽,而不是把依赖都聚集在较少的几台服务器上。P2P 网络的一个重要的目标就是让所有的客户端都能提供资源,包括带宽、存储空间和计算能力。因此,当有节点加入且对系统请求增多,整个系统的容量也增大。这是具有一组固定服务器的 C/S 结构不能实现的,C/S 结构中客户端的增加意味着所有用户更慢的数据传输。

P2P 应用已经成为互联网的主要应用之一,P2P 的模式也成为许多新型业务的首选模式。P2P 技术被广泛应用于文件共享、网络视频、网络电话等领域,以分布式资源共享和并行传输的特点,为用户提供了更多的资源、更高的可用带宽以及更好的服务质量。P2P 节点不依赖中心节点而是依靠网络边缘节点,实现自组织与对等协作的资源发现和共享,因此拥有自组织、可扩展性、鲁棒性、容错性以及负载均衡等优点。可以预见,随着使用 P2P 实时流媒体(P2P-TV)用户数目的迅速增加,P2P 实时流媒体应用将占有更大比例。

P2P 应用主要有:文件分发软件,如 BitTorrent、eMule;语音服务软件,如 Skype;流媒体软件,如 PPLive。目前 P2P 应用并没有统一的网络协议标准,种类多、形式多样,其体系结构和组织形式也在不断发展。

6.5.1　P2P 文件分发

Web 文件分发协议(Web File Distribution Protocol,WFDP)是一种在 Web 站点上分发大文件的协议。它的原理是将大文件分割成若干子文件,然后将这些子文件发布到互联网,每个子文件都有一个可独立访问的 URL,发布者只需要将文件基本信息和所有子文件的 URL、偏移量、大小等信息生成一个 WFDP 文件公布,任何支持 WFDP 的客户端软件都可以下载子文件并合并还原成原始文件。

1. Bit Torrent

Bit Torrent 软件用户首先从 Web 服务器上获得下载文件的种子文件,种子文件中包含下载文件名及数据部分的哈希值,还包含一个或者多个的索引(Tracker)服务器地址。

它的工作过程如下:客户端向索引服务器发一个超文本传输协议(HTTP)的 GET 请求,并把它自己的私有信息和下载文件的哈希值放在 GET 的参数中;索引服务器根据请求的哈希值查找内部的数据字典,随机地返回正在下载该文件的一组节点,客户端连接这些节点,下载需要的文件片段。因此可以将索引服务器的文件下载过程简单地分成两个部分:与索引服务器通信的 HTTP,与其他客户端通信并传输数据的协议,称为 Bit Torrent 对等协议。Bit Torrent 协议也处在不断变化中,可以通过数据报协议(UDP)和 DHT 的方法获得可用的传输节点信息,而不是仅仅通过原有的 HTTP,这种方法使得 Bit Torrent 应用更加灵活,提高了 Bit Torrent 用户的下载体验。

2. eMule

eMule 软件基于 eDonkey 协议改进后的协议,同时兼容 eDonkey 协议。每个 eMule 客户端都预先设置好了一个服务器列表和一个本地共享文件列表,客户端通过 TCP 连接到 eMule 服务器进行登录,得到想要的文件的信息以及可用的客户端的信息。

一个客户端可以从多个其他的 eMule 客户端下载同一个文件,并从不同的客户端取得不同的数据片段。eMule 同时扩展了 eDonkey 的能力,允许客户端之间互相交换关于服务器、其他客户端和文件的信息。eMule 服务器不保存任何文件,它只是文件位置信息的中心索引。eMule 客户端一启动就会自动使用传输控制协议(TCP)连接到 eMule 服务器上。服务器给客户端提供一个客户端标识(ID),它仅在客户端服务器连接的生命周期内有效。连接建立后,客户端把其共享的文件列表发送给服务器。服务器将这个列表保存在内部数据库内。eMule 客户端也会发送请求下载列表。连接建立以后,eMule 服务器给客户端返回一个列表,包括哪些客户端可以提供请求文件的下载。然后,客户端再和它们主动建立连接下载文件。

eMule 基本原理与 BitTorrent 类似,客户端通过索引服务器获得文件下载信息。eMule 同时允许客户端之间传递服务器信息,BitTorrent 只能通过索引服务器或者 DHT 获得。eMule 共享的是整个文件目录,而 BitTorrent 只共享下载任务,这使得 BitTorrent 更适合分发热门文件,eMule 倾向于一般热门文件的下载。

3. 迅雷

迅雷是一款新型的基于多资源多线程技术的下载软件,迅雷拥有比目前用户常用的下载软件快 7~10 倍的下载速度。迅雷的技术主要分成两个部分,一部分是对现有 Internet 下载资源的搜索和整合,将现有 Internet 上的下载资源进行校验,将相同校验值的统一资源定位(URL)信息进行聚合。当用户单击某个下载链接时,迅雷服务器按照一定的策略返回该 URL 信息所在聚合的子集,并将该用户的信息返回给迅雷服务器。另一部分是迅雷客户端通过多资源多线程下载所需要的文件,提高下载速率。迅雷高速稳定下载的根本原因在于同时整合多个稳定服务器的资源,实现多资源多线程的数据传输。多资源多线程技术使得迅雷在不降低用户体验的前提下,对服务器资源进行均衡,有效降低了服务器负载。

每个用户在网上下载的文件都会在迅雷的服务器中进行数据记录,如有其他用户再下载同样的文件,迅雷的服务器会在它的数据库中搜索曾经下载过这些文件的用户,服务器连接这些用户,通过用户已下载文件中的记录进行判断,如用户下载文件中仍存在此文件(文件如改名或改变保存位置则无效),用户将在不知不觉中扮演下载中间服务角色,上传文件。

6.5.2 P2P 流媒体直播

P2P 流媒体直播是最新发展起来的一种网络流媒体技术,它利用 P2P 的原理来建立播放网络,从而达到节省服务端带宽消耗、减轻服务端处理压力的目的。采用该技术可以使得单一服务器就能轻松负荷起成千上万的用户同时在线观看节目。

P2P 直播首先需要流媒体的源,可以是流媒体文件如 wmv/rm/mp3 文件,也可以是其他流媒体服务器的输出内容如 Windows Media Server 输出的流。其次需要 P2P 的服务端软件来控制和转发媒体流。客户端则需要 P2P 的客户端来接收媒体流,由于系统资源消耗不多,采用普通的计算机就可以建立直播系统。

由于 P2P 的大部分处理都在客户端之间进行,对服务器压力很小,P2P 流媒体直播具有以下特点:P2P 直播在容量上按理论没有限制,在线用户越多网络越顺畅;P2P 直播不同于 VOD 点播,用户不可以选择播放的内容,只能按时间点来观看节目,因此 P2P 直播形式上更像是网络上的电视,用户只能在频道之间进行选择;由于需要建立缓冲来进行 P2P 交换,会带来一定的延时,在节目开始播放之前也需要几十秒的下载缓冲时间。

P2P 直播需要客户端插件支持。虽然流媒体本身的内容可以用 Windows Media Player 或者 Real Player 之类的通用播放器来播放,但是客户端还需要安装有插件来接收和交换流媒体的内容。

1. PPLive

PPLive 又称 PPTV,它是全球华人领先的、规模最大、拥有巨大影响力的视频媒体,全面聚合和精编影视、体育、娱乐、资讯等各种热点视频内容,并以视频直播和专业制作为特色,基于互联网视频云平台 PPCLOUD,通过包括 PC 网页端和客户端,手机和 Pad 移动终端,以及与牌照方合作的互联网电视和机顶盒等多终端向用户提供及时、高清和互动的网络电视媒体服务。

PPTV 的特性如下:清爽明了,简单易用的用户界面;利用 P2P 技术,人越多越流畅;丰富的节目源,支持节目搜索功能;频道悬停显示当前节目截图及节目预告;优秀的缓存技术;自动检测系统连接数限制;对不同的网络类型和上网方式实行不同的连接策略,更好地利用网络资源;在全部 Windows 平台下支持 UPnP 自动端口映射;自动设置 XP 的网络连接防火墙等。

2. PPS

PPStream(PPS 网络视频)是一套完整的基于 P2P 技术的流媒体大规模应用解决方案,包括流媒体编码、发布、广播、播放和超大规模用户直播。PPStream 是全球第一家集 P2P 直播点播于一身的网络电视软件,能够在线收看电影、电视剧、体育直播、游戏竞技、动漫、综艺、新闻、财经资讯等。PPS 网络电视完全免费,无须注册,下载即可使用;播放流畅,P2P 传输,越多人看越流畅,完全免费,是广受网友推崇的上网装机软件。

3. CBOX

CNTV 客户端全称是 CNTV-CBOX 网络电视客户端。CBOX 是中国网络电视台的网络电视客户端软件,拥有包括视频直播、点播、电视台列表、智能节目单、视频搜索等功能,实现个性化电视节目播放与提醒,让网友更加自由、方便地体验中国网络电视台。

CBOX 央视影音(cbox.cntv.cn)作为中国最大的网络电视直播客户端,在线提供一百四十多套电视台高清同步直播,一千三百多套点播栏目。涵盖 CCTV 及卫视电视台直播、栏目点播、节目预告、体育直播、影视、动漫等,用户可免费下载安装 CBOX 央视影音,在线享受高清体验,包括 PC 客户端和移动客户端。

6.5.3 P2P 语音服务 Skype

Skype 是网络语音沟通工具。它可以提供免费高清晰的语音对话,也可以用来拨打国内国际长途,还具备即时通信所需的其他功能,比如文件传输、文字聊天等。

Skype 本身也是基于 P2P 网络,在它里面有两种类型的节点:普通节点和超级节点。普通节点是能传输语音和消息的一个功能实体;超级节点则类似于普通节点的网络网关,所有的普通节点必须与超级节点连接,并向 Skype 的登录服务器注册来加入 Skype 网络。Skype 的登录服务器上存有用户名和密码,并且授权特定的用户加入 Skype 网络。

Skype 的另一个突出特点就是能够穿越地址转换设备和防火墙。Skype 能够在最小传输带宽 32kb/s 的网络上提供高质量的语音。Skype 是使用 P2P 语音服务的代表。由于具有超清晰语音质量、极强的穿透防火墙能力、免费多方通话以及高保密性等优点,成为互联网上使用最多的 P2P 应用之一。

在语音质量方面,在拨号连接的带宽下就可获得传统电话的语音质量,而且它采用私有协议,所有的语音数据都进行端对端的加密,所有用户数据都是分布方式存储,同时它也支持即时消息和会议功能。

在 Skype 网络中,普通节点和超级节点都是由 Skype 客户端来充当的。每个 Skype 客户端运行时可以以两种方式工作,一是作为普通节点,另一种是作为超级节点。一个 Skype 客户端软件运行在何种状态下是由软件根据带宽和处理器性能自动选择的。任何一个客户端,只要它具有公共的 IP 地址、具有足够的 CPU,内存和带宽都可以成为超级节点,完成其他普通节点的转接工作。

每一个 Skype 客户端软件都会维护一个超级节点的列表,如果一个超级节点连接不上,它会尝试与列表中的其他节点连接。另外,为了保证 Skype 网络的可用性,除了普通用户的客户端可以作为超级节点,网络中还有一些固定的超级节点。这些节点可以作为 Skype 客户端首次运行时的默认超级节点来帮助客户端完成呼叫功能。也就是说,一个普通的 Skype 客户端在运行时,除了在注册时需要与 Skype 的注册服务器通信进行用户口令的认证,其他时候不需要与任何集中的服务器进行通信,所有的呼叫信令和媒体流都由超级节点来完成。

小　　结

本章主要介绍了新媒体传输技术,主要包括移动通信技术,移动数字电视传输技术,移动终端接入互联网的方式以及 P2P 传输。在移动通信技术的介绍中,讲述了移动通信的发展过程,从第 1 代以模拟信号为基础的移动通信到第 4 代以数字通信技术为主要标志的 3G、4G 的广泛应用,为新媒体传输创造了条件,开辟了移动上网的新阶段。同时出现了移动数字电视传输技术,应用在城市公交车辆、高铁等交通工具上。移动通信技术的发展为网络文件传输、流媒体传输及 IPTV 的发展创造了条件,进一步推动了移动终端——智能手机和平板电脑的发展,为移动办公和电子商务打下了基础,更好地满足了人们的日常工作生活需要。

思　考　题

1. 移动通信的发展经历了哪几个阶段？各有什么特点？
2. 移动端数字电视制式标准有哪些？
3. 常见移动终端接入互联网方式有哪些？
4. IPTV 技术主要有哪些？
5. 智能手机包括哪些主要部件？各部分功能如何？
6. 平板电脑有哪些主要部件？各部分功能如何？
7. 什么是 P2P？常见的 P2P 有哪些应用？

第 7 章　新媒体内容检索

随着互联网的广泛应用,信息爆炸式增长,导致用户查找有用信息较为困难,信息检索技术应运而生。信息检索(Information Retrieval)是指信息按一定的方式组织起来,并根据用户的需要,查找出相关信息的过程和技术。狭义的信息检索是指从信息集合中找出所需要的信息的过程,也就是常说的信息查寻。

7.1　信息检索与搜索

信息检索是指从信息资源的集合中查找所需文献或查找所需文献中包含的信息内容的过程。

信息检索起源于图书馆的参考咨询和文摘索引工作,从 19 世纪下半叶开始发展,至 20 世纪 40 年代,索引和检索已成为图书馆独立的工具和用户服务项目。随着计算机网络的发展,计算机技术与信息检索理论紧密结合;脱机批量情报检索系统、联机实时情报检索系统、文献信息检索相继研制成功并商业化,20 世纪 60 年代到 20 世纪 80 年代,在信息处理技术、通信技术、计算机和数据库技术的推动下,信息检索在教育、军事和商业等领域高速发展,并得到了广泛的应用。

7.1.1　信息检索

信息检索有广义和狭义之分。广义的信息检索全称为"信息存储与检索",是指将信息按一定的方式组织和存储起来,并根据用户的需要找出有关信息的过程。狭义的信息检索为单独的检索功能,是指从信息集合中找出用户所需要的有关信息的过程。

狭义的信息检索包括三个方面的含义:了解用户的信息需求、信息检索的技术或方法、满足信息用户的需求。

信息的存储是实现信息检索的基础,存储的信息不仅包括原始文档数据,还包括图片、视频和音频等,首先要将这些原始信息进行计算机语言的转换,并将其存储在数据库中,否则无法进行机器识别。当用户根据需求输入查询请求后,检索系统根据用户的查询请求在数据库中搜索与查询相关的信息,通过一定的匹配机制计算出信息的相似度大小,并按从大到小的顺序将信息转换输出。

1. 信息检索分类

1) 按存储与检索对象划分

按存储与检索对象划分,信息检索可以分为以下三类。

(1) 文献检索。文献检索是指根据学习和工作的需要获取文献的过程。文献是指具有历史价值的文章和图书或与某一学科有关的重要图书资料,随着现代网络技术的发展,文献检索更多是通过计算机技术来完成。

（2）数据检索。数据检索是将经过选择、整理和评价（鉴定）的数据存入某种载体中，并根据用户需要从某种数据集合中检索出能回答问题的准确数据过程或技术。

（3）事实检索。事实检索是情报检索的一种类型。广义的事实检索既包括数值数据的检索、算术运算、比较和数学推导，也包括非数值数据（如事实、概念、思想、知识等）的检索、比较、演绎和逻辑推理。它要求检索系统不仅能够从数据（事实）集合中查出原来存入的数据或事实，还能够从已有的基本数据或事实中推导、演绎出新的数据或事实。

以上三种信息检索类型的主要区别在于：数据检索和事实检索是要检索出包含在文献中的信息本身，而文献检索则检索出包含所需要信息的文献即可。

2）按存储的载体和查找的手段

按存储的载体和实现查找的技术手段为标准划分为以下两种。

（1）手工检索。手工检索是一种传统的检索方法，即以手工翻检的方式，利用工具书（包括图书、期刊、目录卡片等）来检索信息的一种检索手段。

手工检索不需要特殊的设备，根据所检索的对象，利用相关的检索工具即可进行。手工检索的方法比较简单、灵活，容易掌握。但是，手工检索费时、费力，特别是进行专题检索和回溯性检索时，需要翻检大量的检索工具，反复查询，花费大量的人力和时间，而且很容易造成误检和漏检。

（2）计算机检索。计算机检索指人们在计算机或计算机检索网络的终端机上，使用特定的检索指令、检索词和检索策略，从计算机检索系统的数据库中检索出需要的信息，然后通过终端设备显示或打印的过程。

现在把计算机检索称为计算机信息检索，也指计算机网络信息搜索，是指互联网用户在网络终端，通过特定的网络搜索工具或是通过浏览的方式，查找并获取信息的行为。

随着互联网的普及和电子商务的发展，企业和个人可获取、需处理的信息量呈爆发式增长，而信息检索作为内容管理的核心支撑技术，随着内容管理的发展和普及，也将应用到各个领域。

2. 信息检索方法

信息检索方法包括：普通法、追溯法和分段法。

1）普通法

普通法是利用书目、文摘、索引等检索工具进行文献资料查找的方法。运用这种方法的关键在于熟悉各种检索工具的性质、特点和查找过程，从不同角度查找。普通法又可分为顺检法和倒检法。顺检法是从过去到现在按时间顺序检索，费用多、效率低；倒检法是逆时间顺序从近期向远期检索，它强调近期资料，重视当前的信息，主动性强，效果较好。

2）追溯法

追溯法是利用已有文献所附的参考文献不断追踪查找的方法，在没有检索工具或检索工具不全时，此法可获得针对性很强的资料，查准率较高，查全率较差。

3）分段法

分段法是追溯法和普通法的综合，它将两种方法分期、分段交替使用，直至查到所需资料为止。

7.1.2 搜索与搜索引擎

检索是数据库时代的概念,人们将数据存到数据库里,放进去拿出来,就是检索,搜索是互联网时代的概念,人们将信息资源放在网上,第三方将互联网的信息搜罗起来,建立索引,这是搜索。两者最大的不同是数据环境的不同,搜索是网络环境下的信息存取。

1. 搜索引擎

通常指的是收集了互联网上几千万到几十亿个网页并对网页中的每一个词(即关键词)进行索引,建立索引数据库的全文搜索引擎。当用户查找某个关键词,页面内容中包含该关键词的网页都将作为搜索结果被搜索出来。在经过复杂的算法进行排序后,结果将按照与搜索关键词的相关度高低,依次排列。

在搜索引擎的后台,有一些用于搜集网页信息的程序。所收集的信息一般是能表明网站内容(包括网页本身、网页的 URL 地址、构成网页的代码以及进出网页的链接)的关键词或者短语。然后将这些信息的索引存放到数据库中。

搜索引擎的系统架构和运行方式吸收了信息检索系统设计中许多有价值的经验,也针对互联网数据和用户的特点进行了许多修改,其核心的文档处理和查询处理过程与传统信息检索系统的运行原理类似,但其所处理的数据对象即互联网数据的繁杂特性决定了搜索引擎系统必须进行系统结构的调整,以适应处理数据和用户查询的需要。

互联网发展早期,以雅虎(Yahoo)为代表的网站分类目录查询非常流行。网站分类目录由人工整理维护,精选互联网上的优秀网站,并简要描述,分类放置到不同目录下。用户查询时,通过一层层的单击来查找自己想找的网站。也有人把这种基于目录的检索服务网站称为搜索引擎,但从严格意义上讲,它并不是搜索引擎。

1990 年,加拿大麦吉尔大学(University of McGill)计算机学院的师生开发出 Archie。当时,万维网(World Wide Web)还没有出现,人们通过 FTP 来共享交流资源。Archie 能定期搜集并分析 FTP 服务器上的文件名信息,提供查找分别在各个 FTP 主机中的文件。用户必须输入精确的文件名进行搜索,Archie 告诉用户哪个 FTP 服务器能下载该文件。虽然 Archie 搜集的信息资源不是网页(HTML 文件),但和搜索引擎的基本工作方式是一样的:自动搜集信息资源、建立索引、提供检索服务。所以,Archie 被公认为现代搜索引擎的鼻祖。

1994 年 4 月,斯坦福大学的两名博士生,美籍华人杨致远和 David Filo 共同创办了 Yahoo!。随着访问量和收录链接数的增长,Yahoo! 目录开始支持简单的数据库搜索。因为 Yahoo! 的数据是手工输入的,所以不能真正被归为搜索引擎,事实上只是一个可搜索的目录。Yahoo! 中收录的网站,因为都附有简介信息,所以搜索效率明显提高。

1995 年,一种新的搜索引擎形式出现了——元搜索引擎。用户只需提交一次搜索请求,由元搜索引擎负责转换处理后提交给多个预先选定的独立搜索引擎,并从各独立搜索引擎返回所有查询结果,集中起来处理后再返回给用户。

2. 搜索引擎工作原理

搜索引擎系统架构如图 7.1 所示。按照该结构完成搜索过程的 5 个基本步骤。

搜索引擎的工作过程,一般分为以下 5 个步骤。

1) 从互联网上抓取网页

利用能够从互联网上自动收集网页的网络蜘蛛程序,自动访问互联网,并沿着任何网页

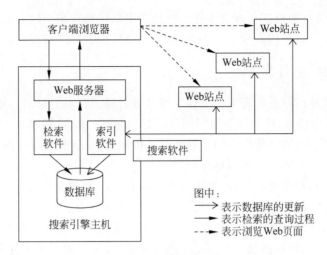

图 7.1 搜索引擎原理

中的所有 URL 爬到其他网页,重复这个过程,并把爬过的所有网页收集回来。

搜索引擎派出一个能够在网上发现新网页并抓文件的程序,这个程序通常称为蜘蛛(Spider)或者爬虫。搜索引擎从已知的数据库出发,就像正常用户的浏览器一样访问这些网页并抓取文件。搜索引擎通过这些爬虫去爬互联网上的外链,从一个网站爬到另一个网站,去跟踪网页中的链接,访问更多的网页,这个过程就叫爬行。搜索引擎抓取的页面文件与用户浏览器得到的完全一样,抓取的文件存入数据库。

2) 分析网页

由网页分析程序对收集回来的网页进行分析,提取相关网页信息,根据一定的相关度算法进行大量复杂计算,得到每一个网页针对页面内容中及超链中每一个关键词的相关度。并以巨大表格的形式存入数据库,这个过程即是索引(Index),在索引数据库中,网页文字内容,关键词出现的位置、字体、颜色、加粗、斜体等相关信息都有相应记录。

3) 建立索引数据库

对搜索到的有用信息,建立网页索引数据库。

4) 返回搜索结果

用户通过查询接口输入查询条件,检索程序在索引数据库中检索,从网页索引数据库中找到符合该关键词的所有相关网页。并且根据排名算法计算出哪些网页应该排在前面,然后按照一定格式返回到"搜索"页面。

5) 返回用户

页面生成系统将搜索结果的链接地址和摘要等内容组织起来返回给用户。

7.2 全文检索、关键字检索

全文检索是一种将文件中所有文本与检索项匹配的文字资料检索方法。全文检索是将存储于数据库中整本书、整篇文章中的任意内容信息查找出来的检索。它可以根据需要获得全文中有关章、节、段、句、词等信息,也就是说类似于给整本书的每个字词添加一个标签。

关键字就是用户在使用搜索引擎时输入的、能够最大程度概括用户所要查找的信息内容的字或者词,是信息的概括化和集中化。在搜索引擎优化行业中的关键字,往往是指网页的核心和主要内容。对于搜索引擎来说,网页主要讲的内容,就可以归结出一个关键字。

7.2.1 全文搜索引擎

全文搜索引擎从网站提取有关信息建立网页数据库。搜索引擎的自动信息搜集功能分为两种:一种是定期搜索,即每隔一段时间(比如 Google 一般是 28 天),搜索引擎主动派出"蜘蛛"程序,对一定 IP 地址范围内的互联网站进行检索,一旦发现新的网站,它会自动提取网站的信息和网址加入到自己的数据库。

另一种是提交网站搜索,即网站拥有者主动向搜索引擎提交网址,它在一定时间内(两天到数月不等)定向向网站派出"蜘蛛"程序,扫描网站并将有关信息存入数据库,以备用户查询。由于搜索引擎索引规则发生了很大变化,主动提交网址并不保证网站能进入搜索引擎数据库,因此目前最好的办法是多获得一些外部链接,让搜索引擎有更多机会找到并自动将网站收录。

当用户以关键词查找信息时,搜索引擎会在数据库中进行搜寻,如果找到与用户要求内容相符的网站,便采用特殊的算法,通常根据网页中关键词的匹配程度、出现的位置/频次、链接质量等,计算出各网页的相关度及排名等级,然后根据关联度高低,按顺序将这些网页链接返回给用户。

7.2.2 目录索引

与全文搜索引擎相比,目录索引有许多不同之处。首先,搜索引擎属于自动网站检索,而目录索引则完全依赖手工操作。用户提交网站后,目录编辑人员会亲自浏览提交的网站,然后根据一套自定的评判标准甚至编辑人员的主观印象,决定是否接纳网站内容。如果审核通过,网页才会出现于搜索引擎中,否则不会显示。

搜索引擎收录网站时,只要网站本身没有违反有关的规则,一般都能收录成功。而目录索引对网站的要求则高得多,有时即使登录多次也不一定成功。在登录搜索引擎时,一般不用考虑网站的分类问题,而登录目录索引时则必须将网站放在一个最合适的目录。

搜索引擎中各网站的有关信息都是从用户网页中自动提取的,所以从用户的角度看,我们拥有更多的自主权;而目录索引则要求必须手工另外填写网站信息,而且还有各种各样的限制。更有甚者,如果工作人员认为用户提交网站的目录、网站信息不合适,也可以随时对其进行调整,当然事先是不会和用户商量的。

目录索引,顾名思义就是将网站分门别类地存放在相应的目录中,因此用户在查询信息时,可选择关键词搜索,也可按分类目录逐层查找。如以关键词搜索,返回的结果跟搜索引擎一样,也是根据信息关联程度排列网站,只不过其中人为因素要多一些。如果按分层目录查找,某一目录中网站的排名则是由标题字母的先后顺序决定的。

目前,搜索引擎与目录索引有相互融合渗透的趋势,原来一些纯粹的全文搜索引擎现在也提供目录搜索。

7.2.3 元搜索引擎

元搜索引擎(Meta Search Engine)不是一种独立的搜索引擎,它最显著的特点是没有自己的资源索引数据库,是架构在许多其他搜索引擎之上的搜索引擎。元搜索引擎在接受用户查询请求时,可以同时在其他多个搜索引擎中进行搜索,并将其他搜索引擎的检索结果经过处理后返回给用户。元搜索引擎为用户提供一个统一的查询页面,通过自己的用户提问预处理子系统,将用户提问转换成各个成员搜索引擎能识别的形式,提交给这些成员搜索引擎中,然后把各个成员搜索引擎的搜索结果,按照自己的结果处理子系统进行比较分析,去除重复并且按照自定义的排序规则进行排序返回给用户。所以,一般的元搜索引擎都包括三大功能结构:提问预处理子系统、检索接口代理子系统和检索结果处理子系统。

7.3 搜索工具介绍

随着互联网的广泛应用,海量的数据信息给人们搜索有用信息带来了困难。获得有益信息变得越来越麻烦,计算机技术的成熟与发展,为信息检索提供了高效快捷的方法,下面对搜索工具进行介绍。

1. 国内常用的搜索引擎

1) 百度(Baidu)

2000年1月,两位北大校友、超链分析专利发明人、前 Infoseek 资深工程师李彦宏与好友徐勇(加州伯克利分校博士后)在北京中关村创立了百度(Baidu)公司。2001年8月发布百度搜索引擎 Beta 版,此前 Baidu 只为其他门户网站搜狐、新浪、Tom 等提供搜索引擎,2001年10月正式发布 Baidu 搜索引擎,专注于中文搜索。

Baidu 搜索引擎的其他特色包括:百度快照、网页预览/预览全部网页、相关搜索词、错别字纠正提示、MP3搜索、Flash 搜索。2002年3月闪电计划(Blitzen Project)开始后,技术升级明显加快。后推出贴吧、知道、地图、国学、百科、文档、视频、博客等一系列产品,深受网民欢迎。

一个网站的命脉就是流量,而网站的流量可以分为两类。一类是自然流量,一类就是通过搜索引擎而来的流量。如果搜索引擎能够有效地抓取网站内容,那么对于网站的好处是不言而喻的。

在两大搜索引擎的工作中,百度的工作周期相对来说比 Google 短一些,百度大约在10天左右重新访问网站一次,Google 大约在15天左右重新访问一次网站。由于一天之内不能游历全球所有的网站,如果推广网站时,能到更多的网站上提交相应的网站信息,也是加快蜘蛛收录网站内容的重要环节。

2) 360 搜索

360搜索,原为奇虎360公司开发的基于机器学习技术的第三代搜索引擎——360综合搜索,具备"自学习、自进化"能力和发现用户最需要的搜索结果。2012年8月,奇虎360推出该综合搜索,由于拥有强大的用户群和流量入口资源,这对其他搜索引擎极具竞争力,该服务初期采用二级域名,整合了百度搜索、谷歌搜索内容,可实现平台间的快速切换。2015年,360推出独立品牌"好搜",原域名可直接跳转至新域名。2016年2月,将"好搜搜索"重新更名为"360搜索",域名也由"haosou.com"切换为更易输入的"so.com",继续依托360品牌的基础,在安全、可信赖等方面,继续形成差异化优势。同时,将拦截钓鱼、双重赔付、杜绝虚假广告作为产品使命。

主要功能有：新闻搜索、网页搜索、问答搜索、地图搜索、软件搜索、手机应用搜索、良医搜索以及视频、图片、音乐搜索等；当切换到二级目录搜索产品下搜索，可以直达产品搜索的相关结果，对搜索的结果更加贴近。

该搜索的优点是：强大的技术支持，以及与其相关联的其他软件支持。360 由平安卫士起家，曾经构成了 360 导航、360 阅读器等组成的产品系列，360 系列产品成为搜索引擎重要的流量入口之一。

3）搜狗（Sogou）搜索

搜狗搜索是搜狐公司于 2004 年 8 月推出的全球首个第三代互动式中文搜索引擎，域名为 www.sogou.com。2013 年，搜狗搜索与腾讯 SOSO 达成战略合作，一系列业务层面的整合，开启了搜狗在移动搜索领域的想象空间；2014 年，搜狗微信公众平台搜索上线，独家接入数百万微信公众号资源数据，成为全面覆盖网页、微信等媒体形态的搜索引擎，产品优势得以提升；2015 年，搜狗发布搜狗搜索移动客户端 3.0，推出"微信头条"功能，为用户提供精准兴趣化的微信公众号内容及个性化的阅读体验，差异化优势进一步扩大。

搜狗搜索引擎的特色为：能够从用户的需求出发，以人工智能新算法，分析和理解用户可能的查询意图，对不同的搜索结果进行分类，对相同的搜索结果进行聚类，在用户查询和搜索引擎返回结果的过程中，引导用户更快速准确地定位自己所关注的内容。该技术全面应用到了搜狗网页搜索、音乐搜索、图片搜索、新闻搜索等服务中，帮助用户快速找到所需的搜索结果。

2016 年推出明医搜索、英文搜索和学术搜索等垂直搜索频道，与其他搜索引擎的内容差异化升级。搜狗搜索的垂直搜索也各有特色：音乐搜索的歌曲和歌词数据覆盖率高，视频搜索为用户提供贴心的检索方式，图片搜索拥有独特的组图浏览功能，新闻搜索及时反映互联网热点事件，还有地图搜索的创新功能路书，使得搜狗的搜索产品线极大地满足了用户的需求，体现了搜狗强大的研发、创新能力。

优点：搜狗搜索的覆盖面广，所具备功能能满足一般用户需求，尤其是音乐搜索方面具备一定优势。

4）搜搜（SOSO）

搜搜是腾讯旗下的搜索网站，是腾讯主要的业务单元之一。网站于 2006 年 3 月正式发布并开始运营，目标是"打造一个精准化、个性化、社区化的创新搜索平台""做绿色的商业化的平台"，已成为中国网民首选的三大搜索引擎之一，能够为用户提供实用便捷的搜索服务，同时承担腾讯全部搜索业务，也是腾讯整体在线生活战略中重要的组成部分之一。

2007 年 5 月，腾讯与 Google 中国正式达成合作，由 Google 为 SOSO 提供技术支持。2009 年 9 月，SOSO 搜索的结果页面已经去掉"以下结果由 Google 提供"字样，其自主研发的网页搜索引擎上线。2009 年 11 月 1 日，腾讯搜索推广正式上线，不再使用 Google。

2012 年 6 月，微软与腾讯 SOSO 签署战略合作协议，腾讯 SOSO 成为微软 Bing 中文搜索显示广告和关联广告外部独家合作伙伴。2013 年 9 月，腾讯入股搜狗，并将旗下的搜索和 QQ 输入法并入搜狗的业务中。

搜搜主要功能包括网页搜索、综合搜索、图片搜索、音乐搜索、论坛搜索、搜吧等 16 项产品，通过互联网信息的及时获取和主动呈现，为广大用户提供实用和便利的搜索服务。用户既可以使用网页、音乐、图片等搜索功能寻找丰富内容信息，也可以通过搜吧、论坛等产品表达和交流思想。搜搜旗下的问问产品能为用户提供更广阔的信息及知识分享平台。

优点：与QQ等腾讯其他的软件捆绑，提供了一定的使用上的便利，有一些特色功能，比如表情搜索、中国首家街景地图等。

5) 有道 (youdao) 搜索

有道搜索是网易公司的搜索服务，在网易结束与谷歌的合作后，网易公司自行研发的有道搜索成为其搜索服务的内核。作为网易自主研发的全新中文搜索引擎，有道搜索致力于为互联网用户提供更快更好的中文搜索服务。有道搜索于2006年年底推出测试版，2007年7月正式成为网易旗下搜索引擎 so.163.com 的内核，并于2007年12月11日推出正式版。目前有道搜索已推出的产品包括网页搜索、图片搜索、热闻、在线词典、桌面词典、工具栏和有道阅读等。网易有道以搜索产品和技术为起点，在大规模数据存储计算等领域具有深厚的技术积累，并在此基础上衍生出语言翻译应用与服务、个人云应用和电子商务导购服务等三个核心业务方向。

网页搜索提供"网页预览"、"即时提示"等创新功能可以帮助用户更快更准地找到想要的结果，使用了其自主研发的自然语言处理、分布式存储及计算技术；图片搜索结果界面简洁直观，首创根据拍摄相机品牌、型号，甚至季节等高级搜索功能；博客搜索是有道搜索的一大特色产品，相比同类产品具有抓取全面、更新及时的优势，独特的"博客档案"也成为博客世界里交流的桥梁；海量词典是词典和搜索技术的结合，特有"有道网络释义"功能，从海量网页中挖掘出传统词典没有的词汇，将新词、术语一网打尽。

网易有道凭借着自身的门户优势，也在稳步提升自己的市场占有率，2012年占据了1%的市场份额。

有道的优点是做词典出身，擅长英文单词及在线翻译。缺点是过于倾向特色，其他功能偏弱。

2. 国外常用的搜索引擎

1) 谷歌 (Google)

1998年，拉里·佩奇和谢尔盖·布林在美国斯坦福大学的学生宿舍内共同开发了谷歌在线搜索引擎，并迅速传播给全球的信息搜索者。1998年8月7日，谷歌公司在美国加利福尼亚州以私有股份公司的形式创立，以设计并管理一个互联网搜索引擎。

创始之初，Google官方的公司使命为"集成全球范围的信息，使人人皆可访问并从中受益"。1999年下半年，谷歌网站"Google"正式启用。随着雅虎、国内百度等搜索引擎的相继出现，现代人已经成为"搜一代"。搜索引擎不仅是人们工作、生活的助手，还成为娱乐工具。2004年年初的一个最高峰时期，通过它的网站及其客户网站如雅虎、美国在线和CNN，Google处理了万维网上的80%的搜寻请求。

2006年4月，Google公司行政总裁埃里克·施密特在北京宣布该公司的全球中文名字为"谷歌"。同时，Google公司于2006年2月在台湾地区登记之分公司取名为"美商科高国际有限公司"。

谷歌Google主要的搜索服务有：网页，图片，音乐，视频，地图，新闻，问答。2010年3月，谷歌高级副总裁、首席法律官大卫·德拉蒙德公开发表声明，宣布谷歌关闭在中国大陆市场搜索服务，并将搜索服务由中国内地转至中国香港。

优点：Google是全球最大的并且最受欢迎的搜索引擎，它是世界上使用人数最多的英文搜索引擎,被认为效率最高最准确,排序也是最科学的搜索引擎。

缺点:Google 中国于 2010 年退出中国大陆市场,将服务器搬离北京至中国香港,目前,大陆地区暂时无法使用。

2) 雅虎(Yahoo)搜索引擎

雅虎(Yahoo)是美国著名的互联网门户网站,也是 20 世纪末互联网奇迹的创造者之一。其服务包括搜索引擎、电邮、新闻等,业务遍及 24 个国家和地区,为全球超过 5 亿的独立用户提供多元化的网络服务。同时也是一家全球性的因特网通信、商贸及媒体公司。

雅虎(Yahoo)有英、中、日、韩、法、德、意、西班牙、丹麦等 12 种语言版本,各版本的内容互不相同,提供目录、网站及全文检索功能。目录分类比较合理,层次深,类目设置好,网站提要严格清楚,网站收录丰富,检索结果精确度较高。

1997 年元月,《今日美国》为全国信息网的网络族筛选"内容最丰富、最具娱乐价值、画面最吸引人且最容易使用的网络站台",结果发现"雅虎(Yahoo)"连续数周在内容最优良、实用性最高、最容易使用等项目上夺魁。1999 年 9 月,中国雅虎网站开通。2003 年 3 月,雅虎完成对 Inktomi 的收购,成为 Google 的主要竞争对手之一。雅虎是最老的"分类目录"搜索数据库,也是最重要的搜索服务网站之一,在全部互联网搜索应用中所占份额达 36% 左右。所收录的网站全部被人工编辑按照类目分类。其数据库中的注册网站无论是在形式上还是内容上质量都非常高。

优点:世界上最早的搜索引擎之一,对国内用户而言,在 Google 不能用的情况下,可作为 Google 的替代品,主要用于查询英文资源。

缺点:缺乏核心技术,搜索结果主要由 Google 和 Bing 等其他搜索引擎提供。在 2013 年宣布停止中国雅虎。

3) 必应 Bing

必应(英文名:Bing)是微软公司于 2009 年 5 月推出的全新搜索引擎服务,用以取代 Live Search 的全新搜索引擎服务。简体中文版于 2009 年 6 月 1 日正式对外开放访问。为符合中国用户使用习惯,中文名称被定为"必应",有"有求必应"的寓意。2013 年 10 月,微软在中国启用全新的明黄色搜索标识,致力于将必应打造成为继 Windows、Office 和 Xbox 后的微软品牌第 4 个重要产品。必应被定位为,向中国用户提供了美观、高质量、国际化的中英文搜索服务。

必应 Bing 搜索引擎的功能主要包括:网页搜索、咨询、词典、翻译、地图、图像热门、必应 Video、必应学术、网典风云榜。它改变了传统搜索引擎首页的简单风格,将来自世界各地的高质量风景图片设置为首页背景,并加上相关的热点搜索提示,使用户在访问必应搜索的同时获得丰富的资讯。另与其他搜索引擎的区别在于,Bing 增加了视频搜索结果无须单击直接预览播放、图片搜索结果无须翻页等功能,使得浏览搜索结果时更加快捷。

必应搜索引擎优点如下。

(1) 登录便捷。不论是 PC 还是手机均可登录。手机版本的 Bing 搜索引擎可对搜索结果进行优化排版,方便用户阅读搜索结果,当用户单击任何一个搜索结果,例如打开一个网页时,Bing 会将其自动划分为几个区域,用户只需单击数字区域即可观看该部分内容。

(2) 搜索便捷。从多次单击到零次单击。必应与 Windows 8.1 操作系统融合,用户无须打开浏览器或单击任何按钮,直接在 Windows 8.1 搜索框中输入关键词,就能一键获得来自互联网、本机以及应用商店的准确信息,从而颠覆传统意义上依赖于浏览器的搜索习惯,实现搜索的"快捷直达"。

(3) 操作界面可切换。可以选择 Bing 右上方的地区选项,以获得更多版本。例如,中国用户可以单击 Bing 右上方的"中国",选择"美国-英语"版 Bing。尽管语言方面可能存在问题,但用户可以在不同版本的切换中获得更丰富的服务,获取更多的英文资料。

(4) 微软开发的搜索引擎,因与微软系统的 IE 浏览器捆绑,使用率比较高。

必应搜索引擎缺点如下。

(1) 对国内用户而言,IE 使用率越来越低,Bing 搜索用户较少。

(2) 有用户认为,Bing 的搜索信息没有 Google 准确,之所以必应能被接受,很大程度上是因为它填补了 Google、Yahoo 退出中国市场后的空缺。

7.4 信息检索数据库

7.4.1 国际知名检索库

1. SCI 和 ISTP 检索

1) SCI 及 ISTP 检索介绍

SCI(Science Citation Index,科学引文索引)由美国科学情报研究所(ISI)创立,是世界著名的期刊文献检索工具。SCI 中的所有论文都是从 ISI 自然科学资料库中选取的,其中收录了全世界出版的数、理、化、农、林、医、生命科学、天文、地理、环境、材料、工程技术等自然科学各学科的核心期刊三千七百多种。所选用的刊物来源于 94 个类、四十多个国家、五十多种文字,这些国家主要有美国、英国、荷兰、德国、俄罗斯、法国、日本、加拿大等,也收录一定数量的中国刊物。它不仅是检索工具,更是科学研究成果评价、制定学科发展规划和进行学术排名的重要依据,在国际上具备权威性。

2) ISTP 检索介绍

ISTP(Index to Scientific & Technical Proceedings,科技会议录索引)创刊于 1978 年,由美国科学情报研究所出版,是国际顶级的科技文献检索索引,该索引收录生命科学、物理与化学科学、农业、生物和环境科学、工程技术和应用科学等学科的会议文献,包括一般性会议、座谈会、研究会、讨论会、发表会等。其中,工程技术与应用科学类文献约占 35%,其他涉及学科基本与 SCI 相同。作为全球三大检索之一,在各类职称评定以及硕博毕业中拥有举足轻重的地位。自 2008 年 10 月 20 日起,在全新升级的 Web of Science 中,ISTP 更名为 CPCI(Conference Proceedings Citation Index)。

CPCI 的数据库划分为以下两类:①科学与技术版本(CPCI-S)涵盖了所有科学与技术领域,包括:农业与环境科学、生物化学与分子生物学、生物技术、医学、工程、计算机科学、化学与物理等。综合来讲:偏重理工科。②社会科学与人文科学版本(CPCI-SSH)包含来自于社会科学、艺术与人文领域的所有学科,包括:心理学、社会学、公共健康、管理学、经济学、艺术、历史、文学与哲学。

检索方式:其检索方式与 SCI 相似,只需在搜索页面选择 CPCI 选项即可。

3) 主要功能

在服务功能上,具有如下新特点:无须专门软件,使用浏览器即可使用;记录采用超文本链接语言,方便相关信息之间的链接;通过网络,数据更新迅速;显示文献 Times Cited (被引用次数),并可链接到相应的文献;支持跨年度或多年度检索,对检索结果的数量不加限制;检索被引作者不仅限于第一作者;可通过引用文献、相关记录和索引次数等检索结果所涉及文献,互相链接、层层深入,能得到各种信息。

4) 检索方法

(1) 普通检索步骤如下。普通检索中,提供主题、作者、团体作者、刊名、作者地址的检索,可以进行语言或文献的限制。步骤如下。

① 登录 Web of Science 系列数据库,选择检索的数据库,如图 7.2 所示。

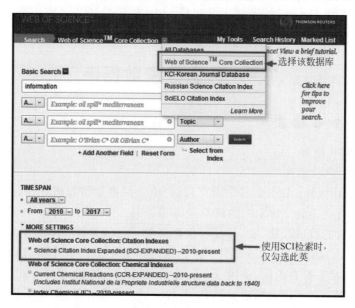

图 7.2 SCI 数据库选择

② 输入相应的主题、作者地址以及来源文献等关键词(一个或多个字段检索),如图 7.3 所示。

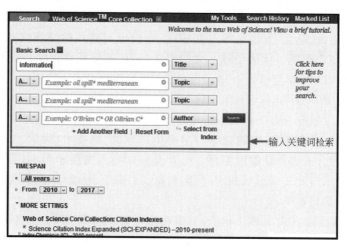

图 7.3 检索条件设置

③ 检索结果可以通过语种、文献类型进行限制。

④ 单击 Search 按钮进行检索,结果如图 7.4 所示。

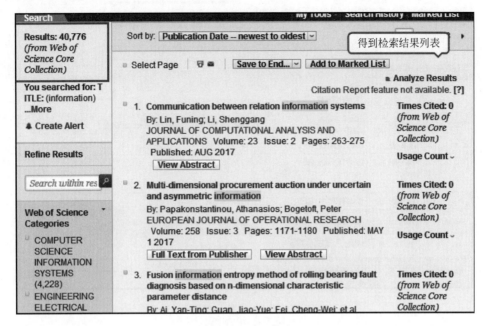

图 7.4　检索结果

(2) 引文检索。从引用作者、引用文献、引用年份进行检索。被引用者通常指第一作者,被引用文献为出版物名称、刊名缩写、书名或出版号等,如图 7.5 所示。可检索出被引用者的所有著作,引文检索结果如图 7.6 所示。检索结果列表如图 7.7 所示。

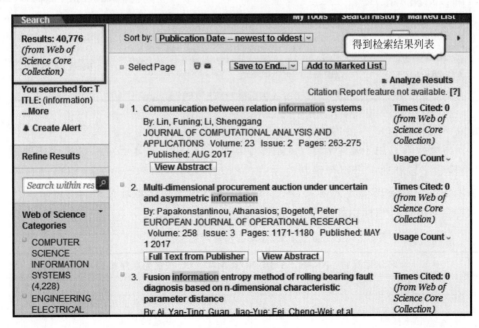

图 7.5　引文检索

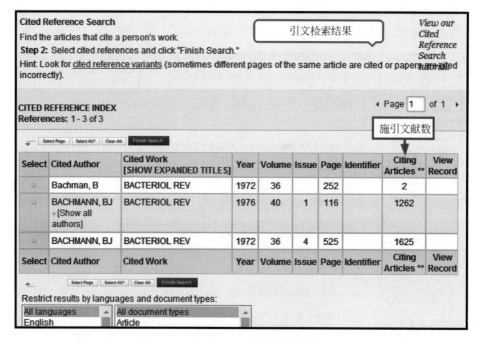

图 7.6 引文检索结果

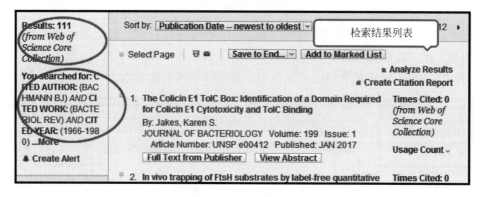

图 7.7 检索结果列表

(3) 高级检索。用于复杂检索,可用多字段组合检索。适合于对检索式比较熟悉的读者,它用检索字段和通配符组合编制检索式。例如,输入 AU=Chen J* NOT AD=China 检索结果中的作家会出现陈 J(陈剑、陈 Jian-Xiu 等),但不包括地址在中国的记录。

(4) 检索运算符和标识如表 7.1 所示。

表 7.1 SCI 检索运算符和标识

布尔运算符:NEAR、SAME、NOT、AND、OR(按优先顺序排列)	
字段标识	
TS=主题	SO=出版物名称
TI=标题	DO=DOI
AU=作者	PY=出版年

续表

布尔运算符：NEAR、SAME、NOT、AND、OR（按优先顺序排列）	
字段标识	
AI＝作者识别号	AD＝地址
GP＝团体作者	SU＝研究方向
ED＝编者	IS＝ISSN/ISBN

运算符意义如下。

AND：可查找包含被该运算符分开的所有检索词的记录。

OR：可查找包含被该运算符分开的任何检索词的记录。

OT：可将包含特定检索词的记录从检索结果中排除。

使用 NEAR/x 可查找由该运算符连接的检索词之间相隔指定数量的单词的记录。该规则也适用于单词处于不同字段的情况。用数字取代 x 可指定将检索词分开的最大单词数。如果只使用 NEAR 而不使用/x，则系统将查找其中的检索词由 NEAR 连接且彼此相隔不到 15 个单词的记录。

在"地址"检索中，使用 SAME 将检索限制为出现在"全记录"同一地址中的检索词。需要使用括号来分组地址检索词。

在各个检索字段中，检索运算符（AND、OR、NOT、NEAR 和 SAME）的使用会有所变化。例如：

"主题"字段中可以使用 AND，但"出版物名称"或"来源出版物"字段中不能使用。

在多数字段中使用 NEAR，但不要在"出版年"字段中使用。

在"地址"字段中可以使用 SAME，但不能在其他字段中使用。

在大多数检索式中都可以使用通配符（＊、＄、?），星号（＊）代表任何的字符，包括任何字符。问号(?)代表任何单个字符。美元符号（＄）表示零个或一个字符。但是，通配符的使用规则会随着字段的不同而不尽相同，出版年份不可使用通配符。

2. EI 检索

1）EI 检索介绍

EI（The Engineering Index）创刊于 1884 年，是美国工程信息公司（Engineering Information Inc.）出版的著名工程技术类综合性检索工具。拥有 12 个工程数据库，汇集了来自一百九十余个工程学科的 2000 万个索引记录，收录文献几乎涉及工程技术各个领域，例如：动力、电工、电子、自动控制、矿冶、金属工艺、机械制造、土建、水利等。

在我国的学术界，EI 除被用来作为检索工具以外，被其收录文章的状况是评价国家、单位和科研人员的成绩、水平以及进行奖励的重要依据之一。EI 公司在 1992 年开始收录中国期刊。1998 年，EI 在清华大学图书馆建立了 EI 中国镜像站。

EI 网络版主要依托的是 CompendexWeb 数据库，如图 7.8 所示，可实现跨数据库检索。

2）检索方法

包括快速检索（Quick Search）、专家检索（Expert Search）和叙词检索（也称规范词检索，Thesaurus Search）。

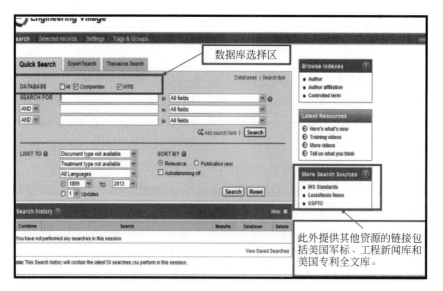

图 7.8 检索首页

(1) 快速搜索。快速检索是数据库默认的检索方式,能够进行直接快速的检索,其界面允许用户从一个下拉式菜单中选择检索字段,还可以通过若干限制条件来控制检出结果,可选择语言,限定时间,选择排序方式等。检索结果排序分为:按相关性(Relevance)或出版年(Publication Year),如图 7.9 所示。

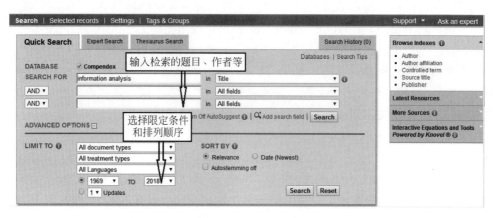

图 7.9 快速检索页

例如,检索 1969—2017 年,题目中含有 information analysis 的文献,检索结果按相关性排序,则检索结果如图 7.10 所示,单击 Detailed 可看到详细信息,也可继续对检索结果进行二次检索,或对文献进行统计分析。

(2) 专业检索。提供更强大而灵活的功能,与快速检索相比,用户可以使用更复杂的布尔逻辑,该检索方式包含更多的检索选项,可以实现快速检索无法实现的检索要求。

使用专家检索时,应在检索词后加入字段说明,否则系统默认在全字段检索。

(3) 检索规则。逻辑算符:逻辑算符用 AND、OR、NOT 表示。截词符:用星号"﹡"表示,可代表 0、1 或多个字符可找到该单词的所有变化形或不同拼法,分为词尾截断和词间

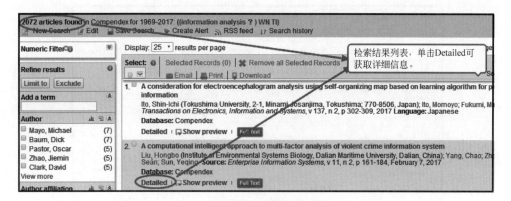

图 7.10　快速检索结果列表

截断；位置算符：Onear/n 连接的两个词之间可插 0～n 个词，词序不能颠倒。Near/n 两个词之间可插 0～n 个词，词序可以颠倒，平台不区分大小写。

3. ScienceDirect

1) 检索库介绍

Elsevier 是荷兰一家全球著名的学术期刊出版商，每年出版大量的学术图书和期刊，大部分期刊被 SCI、SSCI、EI 收录，是世界上公认的高品位学术期刊。近年，该公司将其出版的两千五百多种期刊和 11 000 本图书全部数字化，生成了 ScienceDirect 全文数据库，并通过网络提供服务。该数据库涉及学科有：计算机科学、工程技术、能源科学、环境科学、材料科学、数学、物理、化学、天文学、医学、生命科学、商业、及经济管理、社会科学等。2000 年，国内 11 所学术图书馆联合订购了 SDOS 数据库中自 1998 年以来的全文期刊。

2) 检索方法

ScienceDirect 有两种检索方法，分别是简单检索和高级检索。

(1) 简单检索。简单检索可直接在首页检索框内输入 Keywords（关键词）、Author's Name（作者）、Journal /Book Title（期刊名）、Volume（卷）、Issue（期刊号）、Page（页码）等检索词，即可检索，如图 7.11 所示。

图 7.11　检索首页

(2) 高级检索。在首页单击 Advanced search 即可进入高级检索，如图 7.12 所示。

高级检索的限定条件，分为 All（全部）检索、Journals（期刊）检索、Books（书籍）检索、Reference Works（参考词汇）检索、Images（图像）检索、Advanced Search 高级检索、Erpert Search 专家检索。

逻辑检索符：在输入检索词时系统默认各检索字段间为 AND（与）的关系；默认的显示

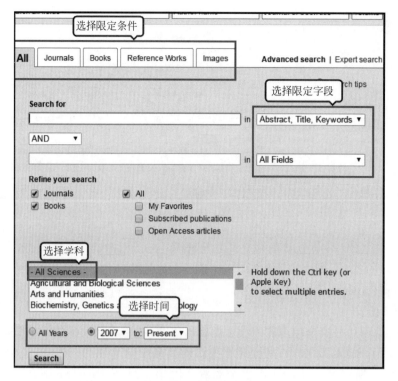

图 7.12 高级检索页

结果数为 50 个,且按相关度排列,用户也可以自选;在同一检索字段中,可以用逻辑运算符 AND(与)、OR(或)、NOT(非)来确定检索词之间的关系(逻辑算符要求大写);如果在检索词尾部加"*",表示检索同输入词起始部分一致的词。

(3) Journals(期刊)检索。可以选择期刊种类,包括 Article(文章)、Review Article(综述文章)、Short Survey(短调查)、Short Communication(短交流)、Correspondence,Letter(信件,信)、Discussion(论述)、Book Review(书评)、Product Review(产品评论)、Editorial(编辑)、Publisher's Note(出版说明)、Erratum(勘误)。也可以输入期刊的卷、期刊号和页码。

除以上介绍的检索方法外,还有 Books(书籍)检索,用以选择订购的书籍或喜欢的书籍;Reference Works(参考词汇)检索,可以不限定参考词汇,也选择特定的参考词汇,可以选择一个或多个科目或显示参考作品;Images(图像)检索,用来选择图像搜索和视频搜索等。

7.4.2 国内知名检索库

1. 维普网

维普网建立于 2000 年,其所依赖的中文科技期刊数据库,是中国最大的数字期刊数据库。收录期刊总数一万两千余种,文献总量三千余万篇。学科范围涵盖了社会科学、自然科学、工程技术、农业科学、医药卫生、经济管理、教育科学和图书情报学等。

网站从建立以来,服务范围已经覆盖中国 80% 以上的高校、科研机构、事业单位和高端企业,针对全国高等院校、公共图书馆、情报研究机构、医院、政府机关、大中型企业等各类用户的需求,现已有中文科技期刊数据库、中国科技经济新闻数据库、中文科技期刊数据库(引文版)、外文科技期刊数据库、中国科学指标数据库、智立方文献资源发现平台、中文科技期刊评价报告、中国基础教育信息服务平台、维普-Google学术搜索平台、维普考试资源系统、图书馆学科服务平台、文献共享服务平台、维普期刊资源整合服务平台、维普机构知识服务管理系统、文献共享平台、维普论文检测系统等系列产品。维普网主界面如图7.13所示。

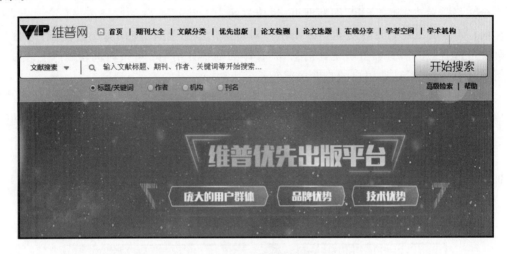

图7.13　维普网首页

1) 维普检索

维普期刊资源整合服务系统是中文科技期刊资源一站式检索及提供深度服务的平台,是一个由单纯提供原始文献信息服务过渡延伸到提供深层次知识服务的整合服务系统。包括但不限于以下功能:中刊检索、文献查新、期刊导航、检索历史、引文检索、引用追踪、H指数、影响因子、排除自引、索引分析、排名分析、学科评估、顶尖论文、搜索引擎服务等。集合所有期刊资源从一次文献保障到二次文献分析再到三次文献情报加工的专业化信息服务整合平台,兼具为机构服务功能在搜索引擎的有效拓展提供支持工具。

具体包括5个检索模块:期刊文献检索、文献引证追踪、科学指标分析、高倍引析出文献和搜索引擎服务。常使用的是期刊文献检索,"期刊文献检索"模块,继承原中文科技期刊数据库检索查新及全文保障功能,并进行检索流程梳理和功能优化,新增文献传递、检索历史、参考文献、基金资助、期刊被知名国内外数据库收录的最新情况查询、查询主题学科选择、在线阅读、全文快照、相似文献展示等功能。

2) 主要功能

(1) 同义词检索。以汉语主题词表为基础,参考各个学科的主题词表,拥有规范的关键词用代词表(同义词库),可实现高质量的同义词检索,提高查全率。

(2) 复合检索表达方式。例如,要检索作者"张三"关于林业方面的文献,只需利用"a=张三*k=林业"这样一个简单的检索式即可实现。这种通过简单的等式来限定逻辑表达式中每个检索词的检索入口,可实现字段之间组配检索。

(3) 特色的参考文献检索入口。可实现与引文数据库的无缝链接操作,在全文库中实现对参考文献的检索。通过检索参考文献获得源文献,可查看相应的被引情况、耦合文献等。提供查看参考文献的参考文献,越查越老,及查看引用文献的引用文献,越查越新的文献关联漫游使用,提高用户获取知识的效率,并提供有共同引用的耦合文献功能,方便用户对知识求根溯源。

(4) 丰富的检索功能。可实现二次检索、逻辑组配检索、中英文混合检索、繁简体混合检索、精确检索、模糊检索,可限制检索年限、期刊范围等。

(5) 检索结果页面直接支持全记录显示。查看信息更方便,并支持字段之间的链接。下载全文只需单击"全文下载"图标即可,快捷方便。

(6) 详尽的镜像站管理功能。方便用户对资源的权限管理、使用情况分析、管理分析。管理员可远程登录服务器查看统计信息,具有详细的统计功能:可按时间段、IP 段、用户名进行统计,以及流量计费用户的收费情况等。

(7) 个性化的"我的数据库"功能。使用者可以通过注册个性化的标识名,使用"我的数据库"功能,包括期刊定制、关键词定制、分类定制、保存检索历史以及查询电子书架等功能。

3) 检索方式

主要分为 5 种检索方式:基本检索、传统检索、高级检索、期刊导航、检索历史。本文主要针对"期刊文献检索"模块下的检索进行介绍,其他模块检索使用方法与其相似。

(1) 基本检索。期刊文献检索功能模块默认的检索方式,检索方便快捷。

检索条件限定:使用下拉菜单选择时间、期刊、学科等限定条件,如图 7.14 所示。

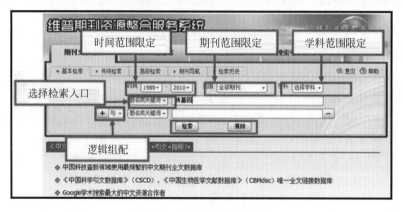

图 7.14 基本检索条件限定

选择检索入口,输入检索词,单击"检索"按钮查看结果,反复修正检索策略得到最终检索结果如图 7.15 所示。

图 7.15 基本检索结果

基本检索首页可以进行如下操作。

时间范围限定：使用下拉菜单选择时间范围。

期刊范围限定：可选全部期刊、核心期刊、EI 来源期刊、CA 来源期刊、CSCD 来源期刊、CSSCI 来源期刊。

学科范围限定：包括管理学、经济学、图书情报学等 45 个学科，勾选复选框可进行多个学科的限定。

选择检索入口：任意字段、题名或关键词、题名、关键词、文摘、作者、第一作者、机构、刊名、分类号、参考文献、作者简介、基金资助、栏目信息 14 个检索入口。

逻辑组配：检索框默认为两行，单击＋、－可增加或减少检索框，进行任意检索入口与、或、非的逻辑组配检索。

（2）传统检索。原网站的中文科技期刊数据库检索模式，经常使用本网站的老用户可以单击此链接进入检索界面进行检索操作，如图 7.16 所示。

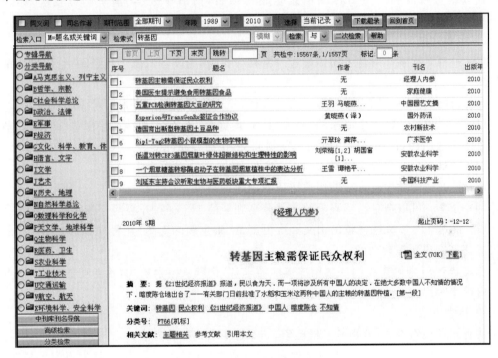

图 7.16　传统检索页面

（3）高级检索。提供向导式检索和直接输入检索两种方式。运用逻辑组配关系，查找同时满足几个检索条件的文章。

① 向导式检索。向导式检索的检索操作严格按照由上到下的顺序进行，用户在检索时可根据检索需求进行检索字段的选择。

② 直接输入检索式检索。

③ 读者可在检索框中直接输入逻辑运算符、字段标识等，单击"扩展检索条件"并对相关检索条件进行限制后单击"检索"按钮即可。

逻辑运算符如表 7.2 所示。

关于检索字段的代码，如表 7.3 所示。

表 7.2　逻辑运算符对照表

逻辑运算符	逻辑运算符	逻辑运算符
*	+	-
并且、与、and	或者、or	不包含、非、not

表 7.3　检索字段代码对照表

代码	字段	代码	字段
U	任意字段	S	机构
M	题名或关键词	J	刊名
K	关键词	F	第一作者
A	作者	T	题名
C	分类号	R	文摘

2. CNKI 检索

1) CNKI 检索介绍

国家知识基础设施(National Knowledge Infrastructure,NKI)的概念,由世界银行提出于 1998 年。CNKI(China National Knowledge Infrastructure)工程是以实现全社会知识资源传播共享与增值利用为目标的信息化建设项目,由清华大学、清华同方发起,始建于 1999 年 6 月。

2) 主要功能

(1) 一框式检索。对输入短语经过一系列分析,预测读者的需求和意图,给出准确的检索结果。

(2) 智能提示。给用户带来了极大的方便,而且能智能建议检索词对应的检索项。

(3) 在线预览。读者由原来的"检索-下载-预览"三步走,变成"检索-预览"两步走,节省了读者的宝贵时间,让用户第一时间预览到原文,快捷方便。

(4) 文献导出。实现多次检索结果一次性导出,并生成检索报告。

(5) 平面式分类导航。帮助用户快速找到数据来源。

(6) 分享。可以把自己感兴趣的文献分享到新浪、人人网、开心网等各网站的微博。

(7) 推送。可以关注文献的引文频次更新、检索主题的更新、几种期刊的更新,E-mail、手机短信订阅更新提醒功能。

总之,CNKI 兼顾了不同层次用户群的需求,简化默认检索模式,重点功能、用户重点关注的内容更突出。

3) 检索方法

共有三种检索方法,分别是一框检索、高级检索和出版物检索。

(1) 一框检索。输入检索词直接检索,选择数据库(默认为文献,文献为跨库包括期刊、博硕士、国内重要会议、国际会议、报纸和年鉴)以及检索字段,在检索框中直接输入检索词,单击"检索"按钮进行检索,如图 7.17 所示。

图 7.17　直接检索

① 数据库切换直接检索。选择字段以及输入检索词,切换数据库则直接检索,如果检索框为空,则不检索,如图 7.18 所示。

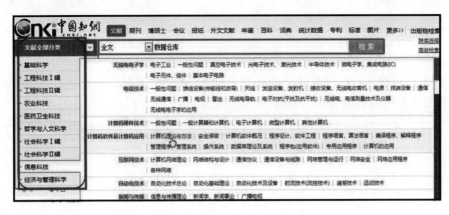

图 7.18 切换数据库

② 文献分类检索。文献分类检索，提供以鼠标滑动显示的方式进行展开，包括基础科学、工程科技、农业科技等领域，每个领域又进行了细分，根据需要选择某一个分类，即进行检索，如图 7.19 所示。

图 7.19 文献分类检索

在"文献"检索中，提供了跨库选择功能，如图 7.20 所示。可选择想要的数据进行组合检索。

图 7.20 跨库选择

③ 智能提示检索。当输入检索词"数据仓库"时，只输出了"数据"两个字，系统会根据输入的词自动提示相关的词，通过鼠标（键盘）选中提示词，鼠标单击"检索"按钮（或者单击提示词，或者直接按回车键），即可实现相关检索，如图 7.21 所示。

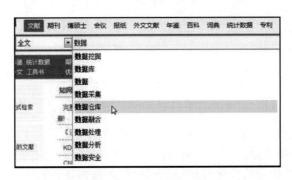

图 7.21 智能提示检索

④ 相关词检索。在检索结果页面的下方,提供了输入检索词的相关词,单击相关词即可进行检索,如图7.22所示。

图7.22 相关词检索

⑤ 历史记录检索。在检索结果的页面右下方,有检索历史记录。单击历史检索词,同样可以检索出数据(检索项为页面默认的检索项),如图7.23所示。

图7.23 历史记录检索

在检索结果后,如果对检索结果不满意,可以选择在结果中检索,这样检索的结果更加精确。

(2)高级检索。高级检索如图7.24所示。其中,"＋"和"－"按钮用来增加和减少检索条件,"词频"表示该检索词在文中出现的频次。在高级检索中,还提供了更多的组合条件,如来源、基金、作者以及作者单位等。

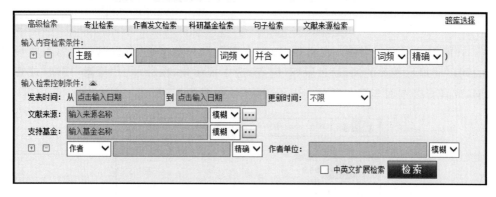

图7.24 高级检索

在高级检索模式里的检索结果,基本和一框式检索结果功能类似,包括分组、排序、导出、设置摘要模式、输出关键词等。在高级检索结果页面的右侧,为文献分类目录。单击任意一个分类,结果发生相应的变化,选中某个分类,再选择条件检索,将会缩小检索范围、提高检索效率,检索的结果范围更精确。在高级检索中,如果检索结果不是很满意,可以在"结果中检索"功能中增加检索条件,这样搜索的范围会更精确,范围更小。

(3) 出版物检索

在 KDN 首页单击出版物检索进入导航首页,如图 7.25 所示。

图 7.25　出版物检索

进入导航首页,在该页中有检索框和分类导航。左侧文献分类目录帮助用户快速定位导航的分类;导航首页有推送的栏目,是当前热门的期刊论文等,如图 7.26 所示。

图 7.26　出版物检索导航首页

3. 万方数据

1) 检索库介绍

万方数据股份有限公司成立于 2000 年,是国内第一家以信息服务为核心的股份制高新技术企业,是在互联网领域,集信息资源产品、信息增值服务和信息处理方案为一体的综合信息服务商。

万方数据股份有限公司以客户为导向,依托强大的数据采集能力,应用先进的信息处理技术和检索技术,为科技界、企业界和政府部门提供高质量的信息资源产品。在丰富信息资源的基础上,万方数据还运用先进的分析和咨询方法,为用户提供信息增值服务,并陆续推出企业竞争情报系统、通信、电力和医药行业竞争情报系统等一系列信息增值产品,以满足用户对深度层次信息和分析的需求,为用户确定技术创新和投资方向提供决策。

在为用户提供信息内容服务的同时,作为国内第一批开展互联网服务的企业之一,万方数据坚持以信息资源建设为核心,努力发展成为中国第一的信息服务提供商,开发独具特色的信息处理方案和信息增值产品,为用户提供从数据、信息到知识的全面解决方案,服务于国民经济信息化建设,推动中国全民信息素质的成长。

万方数据股份有限公司坚持"数据、信息、知识,不断满足用户需求;价值、增值、超值,持续提升服务品质"的质量方针,以质量求生存、以质量树品牌、以质量图发展,要求并贯彻全员树立质量意识,严把产品的质量关口,注重质量管理和质量保证。

追求卓越,创造完美,为顾客提供技术先进、质量可靠的产品和完善的服务是万方数据股份有限公司在质量方面运作的总的原则和宗旨。

2) 检索方法

万方数据的检索方法分为简单检索、高级检索和查新咨询服务中心。

(1) 简单检索。简单检索就是在万方数据的网站首页进行快速检索。简单检索有4种检索范围,分别是学术论文检索、期刊检索、学位论文检索和会议论文检索。万方数据在简单检索时默认在学术论文检索范围内检索文献,如需检索其他种类论文就要选定其他检索范围。选定检索范围后,在检索框输入检索词进行检索即可。

万方数据在检索结果页面提供了进一步缩小检索范围、学科分类数目提示、根据论文类型、发表年份等信息分类的功能。比如二次检索功能,可以通过标题、作者、关键词、论文类型、发表年份、有无全文等条件再次检索。万方数据在检索结果页还提供了上次检索结果的不同分类,例如,学科分类、论文类型分类、发表时间分类、期刊分类等。

(2) 高级检索。万方数据中高级检索又分为高级检索、经典检索、专业检索。

① 高级检索。高级检索要根据众多的检索条件输入检索内容,将检索词按检索条件输入到检索框中即可检索。

② 经典检索。经典检索有5个检索条件,分别是标题、作者、作者单位、中图分类和关键词。将检索词按检索条件输入到检索框中即可检索。

③ 专业检索。专业检索需输入 CQL 表达式:含有空格或其他特殊字符的单个检索词用引号("")括起来,多个检索词之间根据逻辑关系使用 and 或 or 连接。

提供检索的字段:Title、Creator、Source、KeyWords、Abstract。

可排序字段:CoreRank、CitedCount、Date、relevance。例如:"激光 and KeyWords=纳米""Title All "电子逻辑电路"""数字图书馆 and Creator exact 张晓林 sortby CitedCount Date/weight=3 relevance"。

3) 查新咨询服务中心

查新咨询服务中心可以通过系统提供的各种检索以及辅助分析工具,对查新点的新颖性进行查证。

小　　结

新媒体知识浩瀚如海,获取知识的方式多种多样,但如此众多的信息给人们准确获得有用信息带来了很大的迷惑,花费很大的精力和时间,信息检索方法应运而生。本章介绍了信息检索的分类与检索方法,对搜索引擎进行了简要介绍,本章最后介绍了目前国内外常用的搜索引擎和国内外知名数据库,以及国际三大检索机构 SCI、EI 和 ISTP 的使用方法和中国维普网、CNKI 和万方数据库查询使用方法。正确掌握这些数据库的使用方法,将给快速获取有用信息提供极大的便利,节省大量的时间。

第 8 章 新媒体应用

随着移动互联网技术的兴起,媒体传播的方式发生了巨大的变化。各种基于网络设备特别是可移动设备的新媒体传播已经逐渐成为主流。公众可以方便地通过手机、平板电脑等移动终端获取声音图像文字等资源,阅读信息、看视频、听音乐变得非常方便,同时也可以即时通信,发布信息。通过移动终端可以在线购物、在线支付、在线收款,极大地改变了人们的商务模式。也可以通过手机银行进行转账、缴费等各种服务,新媒体逐渐改变了人们的社交、生活与工作方式。

8.1 社交媒体

社交媒体是人们彼此之间用来交流,分享意见经验和观点的工具平台。现阶段主要包括社交网站、微博、微信、博客、论坛等。社交媒体在移动互联网上蓬勃发展,如火如荼,其传播的信息已成为人们获得信息的重要途径,制造了社交生活中争相讨论的一个又一个热门话题,从而吸引了传统媒体争相跟进。社交媒体,例如博客、论坛、维基、播客、视频博客、职业社交网站、企业社交网站等新媒体,几乎在每一个行业都绽放光彩。

社交网络(Social Network Service,SNS)是一种新媒体,在网络平台上,无数的信息被网络中的节点(人)过滤并传播着,有价值的消息会被迅速传遍全球,无价值的信息则会被人们遗忘或者只能得到小范围的传播,这也就是所谓的社会化媒体(Social Media)。在国内,最有影响力的社交媒体形式包括:微博、微信、博客、贴吧、论坛等。

8.1.1 微博

微博(Weibo)是微型博客(MicroBlog)的简称,是博客的一种形式,它是通过关注机制分享简短实时信息的广播式社交网络平台。微博基于用户关系信息分享、传播以及获取信息的平台。用户可以通过 Web、移动 APP 等各种客户端组建个人社区,以 140 字(手机页面版已突破字数限制,可以编辑长文档)的文字更新信息,并实现即时分享。

1. 微博的特点

博客偏重于梳理自己在一段时间内的所见、所闻、所感,作为一种分享和交流平台,其更注重时效性和随意性。微博客更能迅速及时地表达出每时每刻的思想和最新动态。常见的微博包括新浪微博、腾讯微博、网易微博、搜狐微博等,经过近几年的发展与竞争,新浪微博一枝独秀,其他品牌微博逐渐没落,因此微博在没有特殊说明的情况下均指新浪微博。下面以新浪微博为重点,介绍微博的主要用法与功能。

2. 新浪微博使用方法

新浪微博现已成为国内最热门的微博,Internet 版官方网址是 weibo.com,手机可通过

m.weibo.cn来访问新浪微博,手机用户还可以通过下载客户端(APP)来访问微博,不论是计算机版、手机网页版还是客户端,内容大同小异,操作方法也相似。下面以手机iPhone 6s Plus为例进行移动终端操作介绍。

1) 注册登录

访问主页面后首先必须注册。新浪微博的注册需要通过手机验证,一方面为了防止恶意注册,另一方面也是为了保护用户账号安全,如图8.1所示。如果以前曾经登录过微博,则进入网站后会自动登录之前的账号。因此,如果需要注册新账号,则需要在个人微博首页右上角单击"退出"按钮,退出当前账户。

在手机浏览器中输入m.weibo.cn,即可打开微博登录界面,登录后主界面如图8.1所示。在界面的上部有4个选项:首页、消息、发现和我,每个选项列出不同的内容。界面第三行左侧是微博账号昵称,右部有三个图标,分别是:写微博、搜索和刷新。如果想发表微博,只需单击"写微博"图标即会出现编辑页面。

如果在手机下载安装客户端软件(APP),登录后主界面如图8.2所示。在界面的下部有5个选项:首页、消息、+、发现和我,每个选项列出不同的内容。如果想发表微博只需单击"+"号即会出现编辑页面。

图8.1 手机网页页面

图8.2 手机客户端微博主界面

2) 编辑发布

进入微博主界面后,就可以查看最新发生的新闻事件,也可以将自己身边的新闻发布出去。用户可根据自己的兴趣爱好通过"发现"去查看相关的内容,也可以选择话题浏览信息,进入微博主页后便会显示相关话题的内容推送。

进入编辑页面，即可编写文字内容，也可以把图片、视频或者其他话题以及表情等加入到正在编辑的微博中，手机页面版和客户端编写微博的操作界面是相同的，如图 8.3 所示。但是手机微博客户端可以编辑的微博素材更多，可以是文字、图片视频、音乐、商品等，如图 8.4 所示。

图 8.3　手机页面微博编辑界面

图 8.4　手机客户端微博编辑元素

微博内容编辑完成后，单击界面上端的"发送"按钮，即可以将信息发送到微博界面，别人就可以对该条微博内容进行评价和转发。

3）关注其他用户

使用微博的用户以及发布微博的用户来自各行各业，用户可以通过关注其他用户来及时获取相关动态。如果想关注特定的用户，可以通过用户首页顶部的搜索框进行查找，然后单击"关注"按钮即可。

通过关注一些政府或者机构的官方微博，可以及时获取一些消息和政策，关注明星微博，以获取自己喜爱明星的动态等。总之，微博的关注机制是连接用户与用户的基本桥梁，在信息传播过程中发挥着最重要的作用。

总之，通过微博可以随时随地分享新鲜事，可以方便地表达所想、所看、所闻，而让更多的人关注你的心情。随着使用微博的人数越来越多，转发和评论的功能迅速被扩大化，由此产生一系列微博效应，如微博反腐、微博打拐、微博营销和微博自媒体等。

微博现在已经成为中国互联网的热点，传播平台、媒体属性越来越大，关于微博的问题甚至在两会上得以提出，并且引来热议，显现出微博这样一种新兴的网络交流工具在人们的生活中已经占有了相当重要的地位。

8.1.2 微信

微信(WeChat)是腾讯公司推出的一个为手机和 PAD 等智能终端提供即时通信服务的应用程序。用户可以通过网络快速发送免费语音短信、视频、图片和文字进行即时通信,除此之外,微信还提供了一系列特色服务,如公众平台、朋友圈、消息推送等,用户可以通过"摇一摇""搜索号码""附近的人"、扫二维码方式添加好友和关注公众平台,还可以将内容分享给好友以及将用户看到的精彩内容分享到微信朋友圈,朋友圈内提供了点赞、转发和评论等功能。

1. 微信的功能与特点

微信的功能越来越强大,甚至可以代替一些简易的 APP 应用,目前提供的主要服务如下。

1) 即时通信

微信用户之间可以进行单聊、群聊,可以发送多媒体消息,可以添加或删除好友。

2) 社交圈

微信提供朋友圈、漂流瓶、摇一摇、附近的人等功能,使用户能快速扩大社交圈,分享和互动交流信息等。

3) 公众平台

微信公众平台主要有实时交流、消息发送和素材管理。用户可以对公众账户的粉丝分组管理、实时交流,同时也可以使用高级功能中的编辑模式和开发模式对用户信息进行自动回复。

4) 微信支付

微信支付是集成在微信客户端的支付功能,用户可以通过手机完成快速的支付流程。微信支付向用户提供安全、快捷、高效的支付服务,以绑定银行卡的快捷支付为基础。用户只需在微信中关联一张银行卡,并完成身份认证,即可将装有微信 APP 的智能手机变成一个全能钱包,之后即可购买合作商户的商品及服务,用户在支付时只需在自己的智能手机上输入密码,无需任何刷卡步骤即可完成支付,整个过程简便流畅。

5) 城市服务

城市服务是微信提供的一项新服务。2015 年 7 月,微信官方宣布,"城市服务"正式接入北京市。用户只要定位在北京,即可通过"城市服务"入口,轻松完成社保查询、个税查询、水电燃气费缴纳、公共自行车查询、路况查询、12369 环保举报等多项政务民生服务。

6) 发展与前景

微信技术发展迅速,不断地为用户提供新功能。2016 年 1 月,2016 微信公开课 PRO 版在广州举行,"微信之父"张小龙首次公开演讲,宣布微信公众号将推出"应用号",通过公众号完成一些 APP 的部分功能。张小龙指出,越来越多的产品通过公众号来做,因为这里开发、获取用户和传播成本更低。拆分出来的服务号并没有提供更好的服务,所以微信内部正在研究新的形态,名为"应用号"。

在未来,微信"应用号"功能将取代一些独立 APP。很多用户在微信里买火车票、电影票,并不需要专门安装 APP。未来用户只要关注应用号,就像安装 APP 一样,这个号不会主动推送内容,很安静地存在微信里,只提供功能性服务。

2. 微信的基本使用方法

微信是专门为移动设备设计的一款软件,使手机用户能更方便快捷地通信。微信注册必须通过手机验证,且手机号就是微信号(早期注册可以不用手机号)。另外,微信号会与设备绑定,当用户更换设备登录微信账号的时候,也必须重新验证身份。微信 APP 可以在各大应用商店出现,也可通过搜索引擎搜索下载。

1) 注册

一般情况下,微信注册必须在手机设备上,且只能使用手机号作为微信号(早期注册用户可以不用手机号码来注册),这是由微信特色所决定的,另一方面是为了保护用户账号安全。在手机上使用微信,按照注册向导可以快速拥有属于自己的微信号,登录成功后,可使用微信各项功能。需要注意的是,微信账号一旦在设备上登录,便会与当前设备绑定,当更换设备登录时需要进行手机验证和身份验证,所以应尽量使用自己的手机进行注册和登录操作。

另外,微信也有网页版(https://wx.qq.com/),登录网页版微信需要手机版的支持,通过手机验证或者扫描网页版二维码才可登录,如图 8.5 和图 8.6 所示。一旦登录后就可以在计算机和手机上通过微信的"文件传输助手"进行文件传输,而且两者显示的即时通信内容完全一致。

图 8.5　微信手机验证登录

图 8.6　微信二维码验证登录

2) 微信界面

微信手机版登录后主界面如图 8.7 所示。主界面下端有 4 个按钮,分别是:微信、通信录、发现和我,单击后分别打开不同的内容,完成不同的功能。

计算机登录后主界面如图 8.8 所示。在界面的左端从上到下排列有三个功能图标,分别是:聊天、通信录和收藏,分别完成不同的功能。

3) 添加好友

用户可以通过单击微信界面右上角的加号来添加新朋友,如图 8.9 所示,进入搜索朋友

图 8.7 微信手机界面

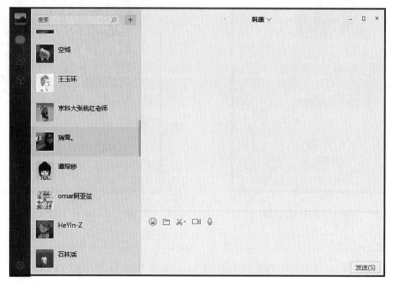

图 8.8 微信计算机界面

界面,如图 8.10 所示。可以直接输入朋友微信号、QQ 号或者手机号,或者输入关键字搜索朋友,另外,微信还提供了其他添加朋友的方式,如雷达加朋友、面对面建群和扫一扫等,使用这些方式可以更快捷地和其他用户建立朋友关系。

图 8.9 微信界面　　　　　　图 8.10 添加朋友

4）即时通信

微信自诞生起就将语音消息作为特色功能，除了语音消息，使用微信还可以发送文字、图片、视频等多种类型的媒体，如图 8.11 所示，使得通信过程更加富有表现力。

图 8.11 微信基本通信功能

微信通信功能提供单聊和群聊。添加的好友可以在"通讯录"中进行管理。在通讯录中可以单击朋友头像发起单聊,也可以通过单击"群聊"来创建聊天室进行多人聊天,如图 8.12 所示。这样聊天的内容群里的人都可以看到。

5)发现功能

微信的"发现"界面如图 8.13 所示。单击相应条目可使用相关功能。

图 8.12　微信通讯录界面　　　　图 8.13　微信发现界面

(1)朋友圈。在朋友圈中可以发送文字动态,也可以发送图片和小视频,朋友可以对动态进行评论、转发和点赞,用户之间形成良好互动。

(2)扫一扫。使用微信扫一扫功能可以方便地扫描二维码、条形码等。

(3)摇一摇。使用微信摇一摇功能,可以找到该时间段同样在使用摇一摇功能的其他用户,为陌生人之间创造互相认识的契机。

(4)附近的人。利用手机定位功能,"附近的人"功能会将一定范围内同样使用微信的用户罗列出来形成列表,单击列表中的条目即可同附近的陌生人聊天。此功能为附近的人提供互相认识的机会,拉进了人与人的距离。

6)订阅号和公众号

通过关注一些组织的微信公众号和订阅号,可以方便地获取其相关消息情报和服务。以下以"陕西交通广播"为例,展示如何关注一个订阅号。

首先,从通讯录界面单击公众号进入公众号管理界面,如图 8.14 所示。然后,单击右上角"+"号进入公众号搜索界面,并搜索关键字"交通广播",搜索结果如图 8.15 所示。

最后,选择"陕西交通广播",并单击关注,如图 8.16 所示。成功关注公众号之后就使用公众号服务。在微信主界面可以通过"订阅号"来查看所有的公众号推送的消息。

图 8.14 公众号管理界面　　　　　图 8.15 公众号搜索结果

图 8.16 公众号服务界面

7）文件传输助手

微信的"文件传输助手"功能可以让用户实现手机信息资源与计算机交互,实现两者之间文件的无障碍传输。

在微信主界面单击"文件传输助手",如图 8.17 所示。在出现的界面中可以传输文字信息,或者单击编辑框右侧的"＋"号出现添加其他文件的界面,如图 8.18 所示。

图 8.17　文件传输助手

图 8.18　文件传输界面

8）微信收钱与支付

单击微信主界面中的"我",出现如图 8.19 所示对话框。单击"钱包"打开如图 8.20 所示对话框。在其中可以进行收付款、零钱、添加银行卡操作,也可以在该界面完成腾讯公司提供的红包服务、手机充值、理财通、生活缴费、城市服务等功能,还提供第三方服务,包括滴滴出行、火车票机票、酒店、美团外卖等。

在"钱包"界面单击"收付款"出现如图 8.21 所示界面,该界面上部分为向商家付款,而且有明显的转款提示,请大家转款时注意,谨防上当受骗。单击"知道了",出现向商家付款的条形码和二维码。

在微信"收付款"界面,单击下部的"我要收款",出现如图 8.22 所示界面。单击二维码下面的"设置金额",打开设置收款数目的界面,输入数额后,单击"下一步"后即出现收款数目的界面,让付款方扫描该二维码后,即完成付款。

9）自己建立公众号

用户除了关注现有的公众号,也可以自己建立公众号,使用公众号作为自媒体传播的手段,为其他用户发送消息和提供服务。自己建立公众号需要用户熟悉 Web 系统开发,使用

PHP、Java、C♯等开发公众号后台,有兴趣的开发人员可登录 https://open.weixin.qq.com/(如图 8.23 所示)深入了解。

图 8.19 微信"我"界面

图 8.20 微信"钱包"界面

图 8.21 微信"收付款"界面

图 8.22 微信"收钱"界面

图 8.23　使用微信开放平台建立公众号

除了以上基本功能，微信还提供一些额外服务，有待用户去深入探索。

8.1.3　博客

博客，英文名为 Blogger，是 Web Log 的混成词，它的正式名称为网络日志，是一种通常由个人管理、不定期张贴新的文章的网站。大部分的博客内容以文字为主，结合图像、其他博客或网站的链接及其他与主题相关的媒体，能够让读者以互动的方式留下意见。博客是表达并传播个人思想，记录工作生活的一种方式。国内比较著名的有新浪、网易等博客，还有一些针对特定行业、专业性比较强的博客，如 CSDN 博客和博客园。

博客更强调专业性和深度，他们都是专业博客网站，博客的使用非常简单，在注册之后直接进行写作即可，以博客园（http://www.cnblogs.com/）、CSDN（http://blog.csdn.net/）和简书（http://www.jianshu.com/）为代表，不同于微博微信等快速传播的媒体，博客更注重深度和沉淀，以内容为中心。

下面以网易博客为例介绍使用方法。在手机下载安装后，首先注册账号，可以用自己的网易邮箱来登录，登录后出现如图 8.24 所示主界面。主界面下部有以下选项：动态、精品、我的博客和发布，每个选项有不同的内容。

单击主界面下部的"发布"选项，弹出菜单列表，包括：发布日志、发布心情、拍摄照片、选择照片。单击"发布日志"菜单，出现博客编辑窗口，如图 8.25 所示，可以进行博客的撰写。

博客已被越来越多的人们使用，最初博客是为了让朋友了解自己的最新动态、生活等情况的途径，也是社交的一部分。

8.1.4　贴吧

贴吧，专指百度贴吧，是一个以兴趣为中心的社区，是百度旗下独立品牌，为全球最大的中文社区。贴吧结合搜索引擎建立了一个在线的交流平台，让那些对同一个话题感兴趣的人们聚集在一起，方便地展开交流和互相帮助。可以说，贴吧是专门为兴趣而生。

贴吧的使命是让志同道合的人相聚。贴吧的组建依靠搜索引擎关键词，不论是大众话题还是小众话题，都能精准地聚集大批相同爱好的网友，展示自我风采，结交知音，搭建别具特色的"兴趣主题"互动平台。贴吧目录涵盖社会、地区、生活、教育、娱乐明星、游戏、体育、企业等方面,是全球最大的中文交流平台,它为人们提供了一个表达和交流思想的自由网络空间,并以此汇集志同道合的网友。

图 8.24　博客主界面

图 8.25　撰写博文

1. 贴吧的功能和特点

百度贴吧以兴趣为主导,聚集吸引了大批用户,拥有一系列特色功能。

1) 吧刊

有别于传统电子杂志,贴吧的"吧刊"在制作、分享方面的门槛很低,通常由贴吧用户组织并创建,不仅便于用户浏览阅读,而且便于搜索引擎索引及广泛传播,从而更大程度地满足网民通过互联网搜索获取优质信息的需求。

2) 个人中心

用户可以记录自己的心情和新鲜事,关注贴吧各路达人,获取自己的粉丝。通过与其他用户亲密互动,形成稳定的好友关系,让贴吧生活更丰富多彩。也可以根据个性化需求关注用户喜欢的贴吧,获取最新的精品帖子、图片、视频、热门转贴等内容,还可以关注好友在贴吧的一举一动,包括道具使用、游戏应用、吧务等动态,增强了平台的实用性和用户黏度。

3) 楼中楼

在一个主题帖中,用户可以针对某一个层主进行回复,这些回复作为该层的组成部分会在当前层中显示,这些讨论内容俗称楼中楼帖,简称楼中楼。

4) 明星贴吧

2012—2014 年,明星贴吧进行了多次改版升级,让这片最大的粉丝聚居地变得更美好。明星贴吧的吧主可以对自己的贴吧进行装扮,更换大幅头像,明星相关的图片、资讯、视频、

MV、音乐、群组等,都会在第一时间推送到贴吧,方便吧友保持关注。

5)贴吧群聊

百度贴吧群聊于2013年9月正式上线,它打破了贴吧传统的发帖聊天模式,开启了崭新的贴吧群时代。并且群聊功能是贴吧史上最大规模测试、最多迭代次数、最大人力投入,也是互联网诞生速度最快的重量级IM产品之一,这一切都致力于为吧友提供时效性的私密交流空间。

6)图片贴吧

图片贴吧项目旨在帮助吧友更快地找到感兴趣的图片,创造更好的看图环境及体验,帮助优质图片内容更好地产生及传播。2012年8月,百度贴吧内测上线了图片项目的第一期产品:贴吧看图模式,将贴吧内的图片内容以瀑布流的方式更直观地展现给吧友,并且提供了方便快捷的图片单张页,满足吧友对高清图片的浏览需求。

7)文字直播贴

通过文字进行相关事件、热点直播、名人访谈等,嘉宾及用户实时讨论。

8)直播贴

涵盖文字直播及视频直播,实现多吧交叉实时互动。直播贴包括主持人、嘉宾、吧友,给大家一个更自由沟通的平台,让吧友可以第一时间了解热门信息,同时还能与嘉宾(包括名人、明星、达人等)零距离沟通。

2. 贴吧使用方法

贴吧是以兴趣为中心,因此使用贴吧的第一步是按照自己的兴趣搜索并关注对应的贴吧。以关注"美食吧"为例介绍如下。本贴吧以iPhone 6s为例介绍,其他登移动终端使用方法与此相似。

1)贴吧介绍

在手机下载安装后,主界面如图8.26所示。主界面上部有一些重点内容类别推荐,包括:推荐、直播、视频、热议、访谈、栏目精选、每日精选登内容。在界面的下面有以下选项:首页、进吧、视频、消息、我的。

在主界面单击"进吧"选项,出现精彩视频、运动达人等贴吧推荐选项,单击"查看更多"选项,出现所有主题吧界面,如图8.27所示。单击选中其中一个主题,就出现了这个主题下的所有吧,选择适合自己的内容的吧,单击"进吧"就可以了。

2)关注贴吧

关注贴吧非常简单,进入自己感兴趣的贴吧后,单击"关注"按钮即可,如图8.28所示。用户一旦关注贴吧,则会成为该贴吧的会员,会员有等级之分,不同等级的会员拥有不同的贴吧特权。

3)浏览和回复帖子

在贴吧中可以浏览吧友发布的帖子,也可以在感兴趣的帖子里添加回复。吧友的每一次单独回复都自成"一层楼",每回复一次"楼层"加高一层,按照回复先后顺序,各个吧友的回复称为"一楼""二楼""三楼"等,因此对某一个帖子的回复行为也称为"盖楼"。帖子原作者称为"楼主",每一层的回复者称为"层主"。用户不仅可以直接对楼主进行回复,还可以对层主进行回复,对楼主的回复行为称为"盖楼",对层主的回复行为称为盖"楼中楼",以上都是使用贴吧时的一些用语。

图 8.26 贴吧主界面

图 8.27 吧目录

4) 发表帖子

除了浏览和回复帖子，用户还可以将自己的见闻或者想法发表出来与吧友共享。在贴吧主页最底部可以找到发表帖子界面，如图 8.29 所示。发表新帖子，除了简单的文本，还可以添加图片、视频等多媒体让帖子更加生动。完成帖子的撰写后单击右上角的"发帖"按钮即可，发表之后的帖子会显示在贴吧帖子列表，其他用户可以在帖子中互动和交流。

图 8.28 关注贴吧

图 8.29 撰写新帖

5) 搜索贴吧

在贴吧主界面，单击右上角的"放大镜"，出现搜索编辑框，在其中输入感兴趣的吧，例如，搜索"西安工业大学"关键字，确定后即会出现所有有关的吧，如图 8.30 所示，主界面显示的是用户关注的所有贴吧，单击任意一个即可进入贴吧帖子列表。单击第一项即可进入"西安工业大学贴吧"主页，在贴吧内除了浏览和回复帖子，还可以通过单击右上角的按钮出现对吧进行操作的菜单，如图 8.31 所示。

图 8.30　手机贴吧主界面

图 8.31　吧操作菜单

3. 贴吧问题

现如今，贴吧的影响力已经非常大，甚至会引导用户的选择和行为，由此也引发了一些负面问题，例如，售卖贴吧、爆吧、雇佣水军大量灌水来导向舆论等事情时常被曝光。2016年1月，百度贴吧因"血友病贴吧"被卖而陷入舆论漩涡。有资深业内人士称，售卖贴吧，其实出售的是贴吧管理权和运营权，购买者可删除负面信息、发广告，让贴吧成为自己产品或形象的公关舆情平台。以此看来，道德与利益之间的权衡也是新媒体传播中应该被重视的问题。

除了一些新兴社交媒体，一些资深的网络社区也不得不提，最具代表性的是天涯社区、猫扑社区和人人网（校内网）。他们也属于社交媒体的范畴，限于篇幅，此处不再赘述。

8.2　网络电视

网络电视又称 IPTV，它基于宽带高速 IP 网，以网络视频资源为主体，将电视机、个人计算机及手持设备作为显示终端，通过机顶盒或计算机接入宽带网络，实现数字电视、时移电视、互动电视等服务,网络电视的出现给人们带来了一种全新的电视观看方法,它改变了以往被动的电视观看模式,实现了电视以网络为基础按需观看、随看随停的便捷方式。

1. 网络电视

从总体上讲,网络电视可根据终端分为三种形式,即 PC 平台、TV 平台和手机平台(移动终端平台)。

1) PC 平台

通过 PC 收看网络电视是当前网络电视的主要方式,因为互联网和计算机之间的关系最为紧密,用户可以使用 PC 平台方便地使用网络视频服务,使用优酷、土豆和 PPTV 等视频服务软件观看网络电视。

2) TV 平台

TV 平台以电视作为显示终端,结合辅助设备,在传统的电视机上享受网络视频服务。辅助设备包括:网络机顶盒、电视盒子、HTPC。

网络机顶盒一般指由国家广电网络提供的数字电视和网络电视服务设备,如图 8.32 所示。设备不仅能提供网络视频资源,还提供各大卫视实时数字电视节目。

图 8.32 网络电视机顶盒

电视盒子一般指天猫魔盒和小米盒子这类第三方智能产品,如图 8.33 所示。这些电视盒子本身内置智能操作系统,连接电视后将电视作为显示器输出视频,具体的网络通信、视频解码、视频播放是由电视盒子本身控制完成。

HTPC(Home Theater Personal Computer,家庭影院计算机)如图 8.34 所示,是以计算机作为信号源和控制的家庭影院,也就是一部预装了各种多媒体解码播放软件,可用来播放各种影音媒体,并具有各种接口,可与多种显示设备如电视机、投影机、显示器、音频解码器、音频放大器等音频数字设备连接。

图 8.33 天猫魔盒和小米盒子

图 8.34 HTPC 机顶盒

除了使用辅助设备,传统电视品牌也开始加大向网络电视领域发展的步伐。尤其是我国的一些知名的电视品牌,推出的智能电视将网络电视功能纳入其中,更是实现了全手机操作的智能化享受,打破了长期以来电视遥控器对家庭电视的束缚,推进了网络电视的新发展。这些电视机内置智能操作系统,可以在电视机上安装视频 APP,观看网络视频。

3）手机平台

严格地说,手机电视是 PC 网络的子集和延伸,结合手机操作系统,将手机屏幕作为显示终端以提供网络电视服务。手机电视通过移动网络传输视频内容,由于它可以随时随地收看,且用户基础巨大,所以自成一体。

通过各种移动终端(Android 移动终端和 iOS 移动终端),借助于相关 APP 或者移动 Web 技术,获得与 PC 端同样的网络视频服务。

在手机和平板这类移动终端上可以通过安装第三方 APP 来获取网络视频服务,例如,央视影音、电视家、腾讯视频、搜狐视频等。有些视频因为版权问题,只能在特定的 APP 中观看,用户在选择移动端视频软件的时候应该考虑这一点。

4）网络电视存在问题

网络电视高速发展的同时也面临着诸多的问题,政策管制、网络改革、市场竞争环境等都在一定水平上制约着其发展。同时网络视频的版权问题成为最值得关注的问题,盗版视频猖獗无疑损害着视频节目所有人的切身利益,不利于网络电视的发展。

2. 手机 K 歌

现在智能手机的功能超来越强大,K 歌也不再是需要去 KTV 里的专属活动了。让智能手机也能像 KTV 唱歌一样得到随时随地的乐趣,想唱就唱,将给人们的生活带来不少乐趣。目前在网络流行的 K 歌软件很多,现简单介绍如下。

1）唱吧

唱吧是最时尚的手机 K 歌软件之一。唱吧 6.0 在音乐的世界可以尽情歌唱,纵享欢乐,曲库丰富、曲目更新及时,有趣的合唱模式,尽享和朋友一起对唱或者大合唱的欢乐,炫酷 MV 模式,成为 MV 的主角,自然流畅的 K 歌体验、特别的混响特效,让歌唱天分尽情释放。

唱吧的主界面如图 8.35 所示。界面上部分有搜索框,可以搜索自己想唱的歌曲,支持通过歌曲名、歌手名以及首字母搜索。搜索框下部有点歌台、已点歌曲和本地录音三个选项。界面中间部分以歌星、分类、合唱、演唱、在线唱等方式满足用户 K 歌需要。

在主界面的下部有我的唱吧、精彩表演、唱歌、聊天和发现功能选项,分别满足不同的需要,K 歌主要在"唱歌"选项中完成。在唱歌界面单击"歌星"打开对话框,如图 8.36 所示。在其中可以通过多种方法选择歌手,选定歌手后,将打开该歌手所有可以演唱的歌曲,单击歌曲后面的"演唱"后,系统将下载选定的歌曲。下载完成后进入 K 歌界面,如图 8.37 所示。

K 歌界面上部有"独唱""合唱"选择图标按钮,中间是视频录制窗口,窗口中有对视频设置特效的命令。界面最下部是"开始"命令条,单击就可以 K 歌了。屏幕上部是歌曲名称以及进度显示,单击图片可以通过摄像头或者相册图片更换背景。

歌词是以卡拉 OK 的模式显示的,歌曲开始的时候屏幕中就会显示原声的声线以及演唱的声线,如图 8.38 所示。演唱准确声线就会和原声重合,如果唱的太高或者太低声线也相应会走高或者走低,可以根据声线的走向来确定自己唱的是否准确,而且每唱一句应用都会对单句进行评分,后面就是总分。如果不记得歌曲怎么唱了还可以单击"原唱"听听原唱找找感觉,不过只支持 50s。

图 8.35　唱吧主界面

图 8.36　唱吧歌星界面

图 8.37　K 歌界面

图 8.38　K 歌录制过程

用户可以随时单击"完成"结束这次演唱或者等到一首歌唱完之后,系统会给出总评分以及击败全国多少人的评价,单击右上角的"分享"按钮可以将你的成就分享到微博或者QQ空间中。也可以单击"回放录音"听听自己唱的怎么样,如果觉得满意的话可以直接将歌曲上传到自己的主页,别的网友就可以收听歌曲了,不满意的话还可以重录。

2) 全民 K 歌

全民 K 歌是腾讯开发的手机 K 歌交友应用软件(APP),全民 K 歌独创歌曲段落重唱功能,并拥有智能打分、趣味调音、好友擂台、趣味互动等功能,能在最短时间内提升唱功。真正的 K 歌达人都梦想自己的演唱能有演唱会、剧场那样的效果,而全民 K 歌的趣味调音功能就能实现这个愿望。该功能可模拟 KTV、演唱会、剧场、露天广场等多种音效,让演唱瞬间高大上。此外,还能通过调音随意将自己的声音变为男声或女声,会有意想不到的震撼效果。

手机下载安装全民 K 歌软件后,主界面如图 8.39 所示。界面上部为热门推荐的 K 歌信息,最下面是 5 个选项,分别是:动态、发现、麦克风图标、消息和我的。单击"麦克风"图标,出现如图 8.40 所示对话框。打开歌曲搜索框和歌手、分类、已点、合唱、清唱、直播、说唱等功能,按照需要选择自己想唱的歌曲。找到歌曲后,单击歌曲后面的"K 歌"按钮,就开始下载歌曲伴奏了,下载完后自动进入 K 歌模式,如图 8.41 所示。

图 8.39　全民 K 歌主界面

图 8.40　全民 K 歌"我的"界面

在全民 K 歌主界面单击"我的"选项,出现如图 8.42 界面对话框。界面中显示着已经下载的伴奏、本地录音、我的合唱等内容以及作品、粉丝、关注和好友数目,自己的作品可以通过微信、朋友圈 QQ 好友、新浪微博等方式发布出去。

图 8.41　K 歌过程

图 8.42　全民 K 歌"我的"界面

8.3　电子商务

电子商务是新媒体技术与商务活动的有机结合。电子商务是以网络技术为手段,以商品交换为中心的商务活动,在互联网(Internet)、企业内部网(Intranet)和增值网(Value Added Network,VAN)上以电子交易方式进行交易活动和相关服务的活动,是传统商业活动各环节的电子化、网络化及信息化。

电子商务在全球各地广泛的商业贸易活动中,在互联网开放的环境下,基于浏览/服务器应用方式,买卖双方不谋面进行各种商贸活动,实现消费者的网上购物、商户之间的网上交易和在线电子支付以及各种商务活动、交易活动、金融活动和相关的综合服务活动的一种新型的商业运营模式。

8.3.1　电子商务分类

电子商务最常见的分类为:B2B、B2C、C2C、O2O 等。

1. B2B 模式

B2B(Business-to-Business),即商家对商家模式,是指进行电子商务交易的供需双方都是商家(或企业、公司),它们使用互联网技术或各种商务网络平台,完成商务交易过程。在国内,最典型的 B2B 的网站是"阿里巴巴批发网",商家可以在阿里巴巴平台上从供货商处批发商品或原材料,加工后出售给消费者。

2. B2C 模式

B2C(Business-to-Customer),即商家对消费者。通常说的直接面向消费者销售产品和服务商业零售模式。这种形式的电子商务一般以网络零售业为主,主要借助于互联网开展在线销售活动。B2C 即企业通过互联网为消费者提供一个新型的购物环境——网上商店,消费者通过网络在网上购物、网上支付等消费行为。最典型的以 B2C 模式运营的有:天猫、京东、凡客,天猫的卖家都是一些大商家,而京东和凡客都是自营模式。

3. C2C 模式

C2C(Consumer to Consumer),即消费者对消费者。C2C 就是个人与个人之间的电子商务。比如一个消费者有一件商品,通过网络进行交易,把它出售给另外一个消费者,此种交易类型就称为 C2C 电子商务。在国内,最典型的 C2C 平台就是淘宝,一些消费者在淘宝上开店,另一些消费者从淘宝上购物,中间由淘宝提供交易平台。

C2C 的模式与普通用户息息相关,个人可以通过 C2C 平台出售闲置的东西或其他商品,也可以在 C2C 平台进行创业。国内最流行的平台是淘宝。

4. O2O 模式

O2O 即 Online To Offline(在线离线/线上到线下),是指将线下的商务机会与互联网结合,让互联网成为线下交易的平台。O2O 的概念非常广泛,既可涉及线上,又可涉及线下就可以通称为 O2O。2013 年,O2O 进入高速发展阶段,开始了本地化及移动设备的整合和完善,于是 O2O 商业模式横空出世,成为 O2O 模式的本地化分支。

O2O 的发展离不开移动互联网技术的发展,最经典的 O2O 模式应用案例是滴滴打车。滴滴打车通过线上与线下结合,整合车辆资源,为用户提供方便快捷的打车服务。当前互联网创业的主流就是 O2O 模式,该模式有效挖掘线上和线下资源,从而提供更好的服务。

电子商务涉及的领域非常广泛,除了以上几种模式,还有 B2M、M2C、B2A、C2A 等商业模式。

8.3.2 移动电子商务模式

随着移动互联网技术的高速发展,产生了一些新的电子商务模式。最具代表性的是微店和微商(微信商店、微信商人),它们是一些电子商务模式在移动互联网下的形态。

1. 微店

微店是移动端的新型产物,任何人通过手机号码注册即可开通自己的店铺,并通过一键分享到 SNS 平台来宣传自己的店铺并促成交易。微店模式的出现,标识着个人网商群体的真正崛起。

使用微店首先需要通过手机下载并安装"微店 APP",其登录界面如图 8.43 所示。用户可以使用手机号新注册账号,也可以直接使用微信账号登录,若使用微信账号登录,可直接利用微信的通信与分享功能,将微店信息发送给好友或者发布至朋友圈,有效利用微信中的社交网络进行宣传,利于个人微店的发展。

用户登录后根据店铺创建向导,填写必要的信息后,直接进入微店主界面,如图 8.44 所示。

微店的特色是可以为用户直接提供货源,降低开店创业难度。在微店主界面单击"商品"按钮,进入商品发布界面,如图 8.45 所示。一方面可以添加已有的商品到微店,另一方面可从微店提供的货源中挑选商品进行添加,单击"无须选货一键开店"进入商品代理页面,如图 8.46 所示。也可以单击主页下面的"寻找货源"选择自己感兴趣的商品,在此页面选择感兴趣的商品单击"我要代理"按钮,即可成为该商品代理。商品代理的职责是将该商品的信息和链接分享到QQ、微博或者微信等社交媒体进行宣传,如果有人通过单击该链接并购买商品,则代理人可获得一定的佣金。微店提供的代理模式旨在使用户开店零门槛,快速搭建自己的创业平台。

图8.43 微店登录

图8.44 微店主界面

图8.45 微店发布商品界面

图8.46 微店货源界面

"微店 APP"提供了一套管理移动 B2C 的解决方案。在微店 APP 首页,"微店"选项提供了基本的掌上店铺管理功能;单击"商品"按钮可以进行商品发布、下架商品和商品分类等操作;"订单"选项提供了交易订单管理功能;"统计"功能记录掌上店铺的浏览量、收藏量、订单量和访客量等数据统计;使用"客户"功能可以让买家和卖家进行实时交流;使用"收入"功能可以查看店铺在特定时间段内的资金流动。总之,微店的出现降低了电子商务的门槛,普通用户可以使用手机等移动终端快速建立自己的掌上交易平台,个人网商迅速崛起。

2. 微商

微商(Wechat Business)是基于微信生态的社会化分销模式。它是企业或者个人基于社会化媒体开店的新型电商,从模式上来说主要分为两种:基于微信公众号的微商称为 B2C 微商,基于朋友圈开店的称为 C2C 微商。微商和淘宝一样,有天猫平台(B2C 微商)也有淘宝集市(C2C 微商)。所不同的是微商基于微信"连接一切"的能力,实现商品的社交分享、熟人推荐与朋友圈展示。从微商的流程来说,微商主要由基础完善的交易平台、营销插件、分销体系以及个人端分享推广微客 4 个流程部分组成。

微商最大的好处在于沉淀用户,实现分散的线上线下流量完全聚合。微信原本就是一款社交工具,这就决定了微商比传统电商更能精准地找到用户群和互联大数据,从而大幅提升企业服务和订单量。

微商一般是指"微信商人",即利用微信"社交圈和人脉关系网"进行商品的宣传和销售的一类人。要成为微商一般需要注意以下问题。

(1)代理商品。利用微信进行销售活动,必须根据自身情况选定一款合适的商品进行代理,代理者必须对代理的商品非常了解并且自身试用过,可将试用过程中的一些图片、感受保存下来日后发信息及向顾客介绍该产品使用。

(2)扩大朋友圈。微商代理使用转载发图的方式推销货品,足够大的朋友圈使商品信息的传播范围更广,增加销售机会。微商在平时应注意收集顾客对该产品的信息反馈以及相关信息,及时发图让顾客了解该产品的最新动态。

(3)稳定的货源。好的固定货源对微商来说很重要。微商没有担保交易,同时也需要货到付款。因此,好的产品质量是微商与顾客间的纽带。

(4)诚信。线上交易有一定的虚拟特性,微商必须有意识地约束自己的行为,切忌弄虚作假行为。

(5)坚持。微商刚开始运营时都会遇到这样或者那样的阻力,只有坚持才能看见黎明的曙光。

8.3.3 电子商务的衍生

1. 手机银行

在电子商务活动中不可避免地会涉及货币交易,从而衍生出适合于电子商务的一系列在线金融方式,电子银行便是使用最广的电子商务支付平台。

下面介绍个人手机银行。

个人手机银行是指银行通过互联网,为个人客户提供账户查询、转账汇款、投资理财、在线支付等金融服务的网上银行服务。客户可以足不出户就能够安全便捷地管理活期和定期存款、信用卡及个人投资等。可以说,个人手机银行是在 Internet 上的虚拟银行柜台。

一般说来,手机网上银行的业务包括基本网银业务、网上投资、网上购物、个人理财及其他金融服务。

(1) 基本网银业务。手机银行服务包括:在线查询账户余额、交易记录、下载数据、转账和网上支付等。

(2) 网上投资。由于金融服务市场发达,可以投资的金融产品种类众多,手机网上银行一般提供包括股票、期权、共同基金投资等多种金融产品服务。

(3) 网上购物。手机网上银行大大方便了客户网上购物,为客户在相同的服务品种上提供了优质的金融服务或相关的信息服务,加强了商业银行在传统竞争领域的竞争优势。

(4) 个人理财助理。个人理财助理是网上银行重点发展的一个服务品种。各大银行将传统银行业务中的理财转移到网上进行,通过手机客户端为客户提供理财的各种解决方案,提供咨询建议,或者提供金融服务技术的援助,从而极大地扩大了商业银行的服务范围,并降低了相关的服务成本。

(5) 其他生活服务。除了银行常规业务服务外,手机银行的网上银行还提供多种日常生活缴费服务,比如在线缴纳电话费、购买网络服务、缴纳电费、燃气费等。

(6) 其他金融服务。为客户提供多种金融服务产品,如保险、抵押和按揭等,以扩大网上银行的服务范围。

以招商银行为例,在使用个人手机网上银行之前客户必须在银行柜台前办理网上银行相关手续,之后在手机等移动终端下载银行客户端软件,下载手机银行 APP,可进入银行官网,打开软件主界面如图 8.47 所示。

在手机银行主页面单击"我的"按钮,进入手机银行功能界面,如图 8.48 所示。个人网上银行提供一系列服务,包括:我的账户、转账汇款、缴款支付、信用卡、个人贷款、投资理财、客户服务等,满足客户各种各样的需求。

图 8.47 招商银行手机银行主界面

图 8.48 手机银行功能界面

2. 支付宝

第三方电子支付平台是属于第三方的服务中介机构,提供第三方担保支付的功能。它主要是面向开展电子商务业务的企业支付平台提供电子商务基础支撑与应用支撑服务,不直接从事具体的电子商务活动。第三方支付平台独立与银行、网站以及商家来做职能清晰的支付。

在国内,使用最广泛和最安全的第三方支付平台是支付宝,用户可以通过支付宝进行网络交易中的支付,还可以使用支付宝理财。余额宝是支付宝打造的余额增值服务,把钱转入余额宝即购买了由天弘基金提供的余额宝货币基金,可获得收益,类似于银行利息。余额宝内的资金还能随时用于网购支付,灵活提取。

支付宝团队花了8年时间从一个工具变成一个应用,又用了两年从一个应用变成一个支付平台。支付宝会贯穿到各种真实生活的场景,包括消费、生活、金融理财、沟通等多个领域,成为以每个人为中心的一站式场景平台。支付宝已成为年轻一代必不可少的支付工具。

使用支付宝首先需要在手机等移动端下载安装支付宝客户端软件,安装后注册支付宝账号,就可以进入支付宝主界面了,注册需要填写相关注册信息,需要进行实名认证和银行卡绑定,完成注册操作后进入手机支付宝主界面,如图8.49所示。

在移动设备上,使用"支付宝APP"可获取更多的增值服务。支付宝主要功能界面如图8.50所示。支付宝提供了方便快捷的支付方式,找到这些功能,单击即可使用。

图 8.49　支付宝主界面

图 8.50　支付宝功能界面

(1)"扫一扫"功能允许用户通过简单扫描二维码的方式完成支付或收款。

(2)"付钱"功能可为用户生成付款二维码,方便其他支付宝用户通过"扫一扫"功能来进行货币结算。

(3)"收钱"功能会让用户扫描二维码向手机机主付款。

(4)"卡包"功能主要用于管理专享折扣、券和卡。新版本增加了安全保管证件功能,包括行驶证、驾驶证等。

除了基本支付功能,在支付宝 APP 还提供生活缴费、城市服务、滴滴出行服务、在线充值服务、在线开店、在线购物和红包服务等。

值得一提的是,许多商家都与支付宝进行合作,消费者可以直接使用支付宝完成支付,避免了携带现金的麻烦,同时还可以享有支付宝带来的折扣。每年的 12 月 12 日,阿里巴巴都会举行"双 12"活动。与"双 11"线上打折网购不同的是,"双 12"主打线下,许多大商家都会在这一天联合支付宝举行促销打折活动,例如,消费者在超市购物后使用支付宝支付,可享受"满 100 减 50"的优惠。支付宝为用户提供了便捷支付服务的同时又带来了优惠。总之,支付宝提供了一整套的在线理财和在线生活服务。

3. P2P 在线理财

在电子商务领域,P2P 是指互联网金融点对点借贷平台。P2P 是英文 Person-To-Person 的缩写,意即个人对个人。又称点对点网络借款,是一种将小额资金聚集起来借贷给有资金需求人群的一种民间小额借贷模式,是互联网金融产品的一种。民间小额借贷,借助互联网、移动互联网技术的网络信贷平台及相关理财行为、金融服务。

P2P 网贷模式中,客户对象主要有两方面,一是将资金借出的客户,另一个是需要贷款的客户。个人通过 P2P 平台在收取一定服务费用的前提下向其他个人提供小额借贷的金融模式。P2P 平台是以收取双方或单方的手续费为盈利目的或者是赚取一定息差为盈利目的,受国家相关政策监控。网贷平台数量近两年在国内迅速增长,已达到两千余家,比较活跃的有几百家。

随着互联网技术的快速发展和普及,P2P 小额借贷逐渐由单一的线下模式,转变为线下线上并行,随之产生的就是 P2P 网络借贷平台,使更多人群享受到了 P2P 小额信贷服务。P2P 网络借贷平台发展的一个重要目的,就是通过这种借贷方式来缓解人们因为在不同年龄时收入不均匀而导致的消费力不平衡问题。

近几年,网贷服务平台层出不穷,但质量和可信度也良莠不齐,通过 P2P 模式理财的用户必须慎重选择,小心上当受骗。

在各类 P2P 产品中,微金所独树一帜。微金所成立于 2013 年,是依托互联网技术创新,基于多年为银行提供中小企业信用评级服务的风控经验,倾力搭建的低成本、高效率、跨区域的小微金融移动交易平台,为中小微企业主打通高速融资通道的同时,为理财偏好不同的客户提供优质的、差异化的投资理财项目。

微金所服务面向个人、中小型企业、非银行金融机构、信贷服务商和大众投资者,拥有多项服务和保障,为用户提供在线信贷理财服务和财产保障服务。使用微金所非常简单,只需要在手机上下载安装,按照向导进行注册、实名认证,然后就可以登录,主界面如图 8.51 所示。充值后就可以选择项目进行投标。本质上说,这种信贷模式和国债等理财方式是相同的,均是投资后获取利息分红,而微金所的信贷服务不管是服务质量,还是对用户资金的保障程度,都是国内同行业内首屈一指的,用户可安全使用。

微金所注册登录后的主页面包括首页、理财、发现和我的选项,分别完成不同的功能。充值和提现在"我的"选项完成,如图8.52所示。选择项目在"理财"选项完成,投资种类很多,期限可长可短,非常自由,满足不同的用户需求。

图 8.51　手机版微金所主页

图 8.52　微金所"我的"账户界面

微金所是一家做交易所模式的平台,作为一家肩负社会责任、积极推动互联网金融行业发展的企业,通过对在各地业务发展过程中,根据市场规律进行交易的利率数据的总结,每年微金所都发布网络金融信贷相关调研报告及信贷机构年度评级报告,报告更加市场化,客观和精确地对区域市场的利率水平进行反馈,为政府推进利率市场化、监管部门制定金融政策、民间借贷阳光化、金融机构业务拓展都具有非常有益的参考。

8.3.4　移动电子邮局

电子邮件已经是人们生活中不可或缺的信息沟通渠道,通过计算机网页进行邮件收发已经普及,但是像手机、iPad等移动终端进行邮件收发越来越受到商务人士的关注,移动办公成为现实,因此对移动端进行邮件收发越来越重要。使用移动端进行邮件收发需要在手机等移动端安装相关软件(APP),下面以苹果iPhone 6s Plus为基础进行介绍。

1. 网页邮箱大师

网易邮箱大师,支持所有邮箱,它不仅是邮箱,更是移动办公利器。网易根据其多年专业邮箱服务经验,打造了更好用的手机邮箱。

在移动端下载安装打开后,弹出"添加邮箱账号"登录主界面,如图8.53所示。添加邮箱确认打开后,进入"收件箱"主界面,如图 8.54 所示。在"收件箱"界面可以查看所有的邮件。主界面的下部有 4 个选项:邮件、代办、通讯录和我,分别完成相应的任务。

图 8.53　添加邮箱账号界面　　　　　图 8.54　进入邮箱界面

单击"收件箱"界面左上角的列表图标,打开文件夹菜单界面,如图 8.55 所示。单击邮箱文件夹打开相应的邮件。

单击"收件箱"界面右上角的"＋"图标,弹出"写邮件、新建代办、扫一扫"功能菜单,单击"写邮件"菜单,出现邮件编辑界面,如图 8.56 所示。邮件编写完成后,单击右上角的"发送",即可将邮件发送。

手机邮箱的使用方法与计算机网页邮箱大同小异,使用简单方便,此处不再赘述。

2. QQ 邮箱

QQ 邮箱是腾讯公司于 2002 年推出的安全、稳定、快速、便捷的电子邮件服务的邮箱产品,已为超过一亿的邮箱用户提供免费和增值邮箱服务。QQ 邮箱服务以高速电信骨干网为强大后盾,独有独立的境外邮件出口链路,免受境内外网络瓶颈影响,全球传信。采用高容错性的内部服务器架构,可确保任何故障都不影响用户的使用,随时随地稳定登录邮箱,收发邮件通畅无阻。

移动端 QQ 邮箱开发有 iOS 和 Android 两种版本,可以满足所有移动终端用户需求。iOS 版本安装后登录界面如图 8.57 和图 8.58 所示。

进入邮箱后,单击收件箱就可以打开邮箱,查看邮件,如图 8.59 所示。单击右上角的"书写笔"按钮,就可以撰写邮件了,如图 8.60 所示。

图 8.55　邮箱文件夹菜单

图 8.56　撰写邮件

图 8.57　手机端 QQ 邮箱登录界面

图 8.58　进入邮箱后界面

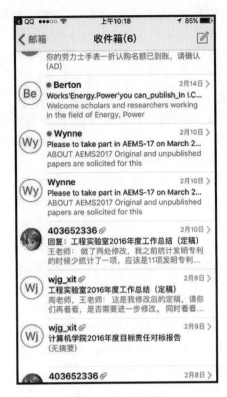

图 8.59 收件箱界面

图 8.60 撰写邮件界面

邮件撰写完成后,单击右上角的"发送"按钮,邮件就发送出去了。手机邮箱的其他操作方法与网页邮箱相似,不再赘述。

8.4 电子资源使用

当今,各行各业不断发展,传统纸质资源很难满足行业最新知识快速传播获取的需求,而使用电子资源获取知识能很好地解决这个问题。不同的电子资源可以通过不同的形式表现出来,而人们也可以通过不同的形式和方法来获取。

8.4.1 电子阅览器

1. 电子阅览器

电子阅读器指的是专门为了显示文本而设计的设备,一种采用 LCD、电子纸为显示屏幕的新式数字阅读器,可以阅读网上绝大部分格式的电子书比如 PDF、CHM、TXT 等。现在的电子书阅读器越来越多采用的是电子纸技术,使用 E-ink(电子墨水)显示技术,提供类似纸张阅读感受的电子阅读产品。

E-ink(电子墨水)是一种旨在模拟印刷纸的显示技术来显示数字化文本,它提供了类似新闻纸的分辨率,相对于一个液晶屏幕而言,消除了眩光并减少了视觉疲劳。由于电子墨水仅在文本变化时消耗电力,如翻页操作,因此一个满载的电池可以维持 7~10 天,相比之下,大多数采用液晶屏显示技术的设备的电池续航能力大概只有 10 小时。另外,某些电子阅读器也提供类似博客、网站、新闻推送等电子文档的访问。在大多数情况下,上网本和智能手机被作为电子阅读器使用。

在电子阅读越来越盛行的时代,与一般的手机和计算机相比,电子阅读器有其不同的特质使得电子阅读更具有吸引力,主要优点如下。

(1) 方便携带。电子阅览器体积一般都比书要小,重量也要轻很多,非常便于携带。

(2) 容量大。目前的大多数电子书阅读器除了机器内部的存储空间以外,都可以外接扩展卡,例如 SD 卡、CF 卡、MMC 卡,有的还可以外接 U 盘。视支持容量来定,可以存放几万到 100 万本电子图书,可以说一本电子书阅读器,就是一个小型的移动图书馆。

(3) 专业。电子书阅读器和手机、PSP 等产品不同,电子书阅读器的专业性较强,除了简单的看书以外,还支持字体放大缩小,像纸书一样做标注,做书签,手写记事,长时间待机等比较专业的功能。便用 E-ink 屏的电子书阅读,充一次电,一般都可以阅读 7000 页左右,一本书按 2000 页算,充一次可以看三四本书。

(4) 支持格式多。电子书阅读器从最初支持单纯的 TXT 格式以及厂商的格式,到现在支持大多数的图书格式,比如 TXT、JPG、BMP、HTML、PDF、DOC、EPUB、DJVU、CHM 等,甚至有的电子书阅读器还可以支持 RAR、ZIP、PPT 等格式。

电子阅读器相比于手机和计算机,在更大程度上解决了人们阅读舒适度的问题。这种舒适度不仅是携带方便,能随时随地阅读,更是因其良好的显示技术所致。电子阅读器已经不是一个简单的计算机或手机形式的转换,已经形成自己独特的核心技术优势。这个优势就是结合人们的阅读习惯,把纸质阅读的优势转移到电子阅读器上。基于此,电子阅读器又叫类纸,显示的感觉和纸张是很接近的,随着科技的发展,最后要达到纸张的水平,或者超过纸张,其特殊的核心技术使得电子阅读器相比于一般电子阅读产品更为仿纸性,更为省电。

2. Kindle 电子阅览器

Kindle 是亚马逊出品的电子阅览器,以亚马逊平台为依托提供种类丰富且价格低廉的电子资源。Kindle 版本众多,主要包括电子书和平板电脑两大类别,通常说的 Kindle 电子书,是使用 e-ink 技术的便携式电子书阅读器;Kindle 平板主要是 Kindle Fire 系列,是 7 英寸和 8.9 英寸平板电脑。Kindle 是最有名的电子阅览器,不仅可以作为电子阅览器来使用,还提供了更多实用的功能。

1) 第一代 Kindle

最初,Kindle 电纸书的屏幕为电子墨水屏(Electronic Paper,又称之为 E-ink)。它非常省电,只有在刷屏的时候才耗电,且没有任何亮度,即使在太阳底下也可以非常方便地阅读,显示效果也非常接近纸,待机状态下犹如在屏幕底下压了一张报纸。但也有一些缺点:屏幕非常薄,因此在外力作用下极易损坏;屏幕没有任何亮度,这个既是 E-ink 屏幕的优点,也是其弱点,因为在日光下它的显示效果非常出色,而在光线差或者完全没有光线的环境下,阅读变得困难或者完全没法阅读,需要借助其他光源。

2) 第二代 Kindle

第二代电子书阅览器 Kindle DX 搭配 9.7 英寸显示屏,并支持横幅显示,内置 PDF 阅读器,且提供多至 3.3GB 的存储空间。Kindle DX 还允许用户扩展页边距,并缩短线段的长度。Kindle DX 提供了更好的阅读体验,至今已经有多所大学与亚马逊建立了合作关系,使用新版 Kindle DX 为学生提供教科书。

3）Kindle 平板电脑

2011 年 9 月，亚马逊发布了第一款 Kindle Fire 平板电脑。相对于苹果公司的 iPad，Kindle Fire 的尺寸更小，当时售价不到 iPad 的一半。

亚马逊 Kindle Fire 采用 7 英寸 IPS 宽屏幕，分辨率 1024×600；搭载双核处理器，拥有 8GB 容量存储，安装 Android 系统，最大支持 8 小时续航；厚度仅 11.4mm，重约 414g。这款平板没有内置摄像头和麦克风，机身正面没有任何物理按键，背面印有 Kindle 标识和亚马逊的 LOGO。支持 Wi-Fi 网络(802.11b/g/n)，但没有集成 3G 模块。

4）移动端 Kindle

Kindle 在支持以上专有设备的同时，开发了手机 APP，在手机端下载 Kindle 阅览器，可以尽情阅读书籍、电子书和杂志，安装完成后主界面如图 8.61 所示。

单击右上角的 a 图标，出现书籍浏览器，如图 8.62 所示。在搜索框中输入书的名称后，即可以找到想要的书籍。

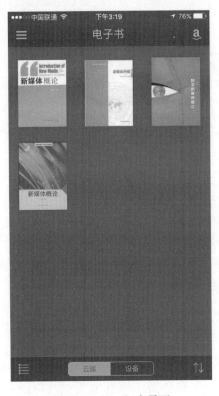

图 8.61　Kindle 主界面

图 8.62　图书浏览界面

在图书浏览界面的上部是编辑框，在其中输入要搜索的书名即可搜索到想要的书目，搜到书目后，单击就可以开始阅读了。

移动端电子数字阅读器还有很多，比如掌阅、多多阅览器、电子书搜索器、有声双语小说等都是不错的在线图书阅览器，这些阅览器使用简单，使用方便。

值得一提的是有声双语小说手机端软件(APP)，该客户端提供中文、英文于一体的阅读界面，而且是语音阅读，十分便于阅读。主界面如图 8.63 所示，选中书目后，进入阅读界面，如图 8.64 所示。

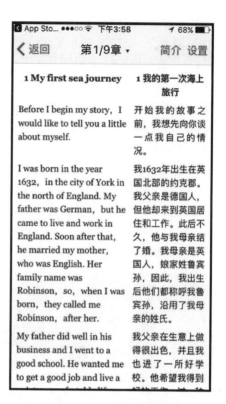

图 8.63　有声双语小说主界面　　　　　图 8.64　阅读界面

8.4.2　超星移动图书馆

超星数字图书馆是目前世界上最大的中文在线数字图书馆,提供大量的电子图书资源,其中包括文学、经济、计算机等五十余大类,数百万册电子图书,500 万篇论文。超星图书库中的相关书籍、文献和期刊拥有版权保护,一般情况下只能阅读文章部分内容,如果需要获取完整资源,就必须进行购买。注册账号进行登录并充值,才可阅读完整的电子书籍。

1. 安装下载

超星阅览器还可用于扫描资料、采集整理网络资源等,是国内外用户数量最多的专用图书阅览器之一。移动数字图书馆需要下载并安装,手机 iOS 版登录界面如图 8.65 所示。

在主界面单击"书架"图标,打开书架对话框,如图 8.66 所示。单击界面中间的"＋"号图标,选择"在线书城"菜单命令,打开在线书城,如图 8.67 所示。其中有很多热门图书,选择图书的名字后,出现界面,单击"下载"就将该书添加到书架上面了,以后可以随时阅读。

单击主界面右下角的"田字"更多图标,打开"内容中心"界面,如图 8.68 所示。所有资源以列表方式显示,包括:热门报刊、头条、教育、科技、财经、文史、人文、体育、娱乐、军事等内容。

2. 阅读文档

在超星移动图书馆主界面的"书架"中找到要阅读的书目,打开就可以阅读了,如图 8.69 所示。在阅读时,通过在手机屏幕上左右滑动就可以实现"前/后翻页"功能了。打开一部书的内容后,单击左上角的"列表图标"可以打开书的"目录",如图 8.70 所示。也可以添加"书签"到阅读的书目中。

图 8.65 超星移动图书馆主界面

图 8.66 书架界面

图 8.67 在线书城界面

图 8.68 内容中心

图 8.69　阅读界面　　　　　　　　　图 8.70　目录/书签界面

3. 使用书签和查找

对种类和数量繁多的书籍,查找和翻阅起来会很不方便。超星阅读器提供了书签和书籍查找功能,可以很好地解决这个问题。使用书签功能可以很方便地保存当前阅读的进度,方便下一次从当前处继续阅读。

在阅读过程中,当需要添加书签时,只需要在阅读界面中,单击右上角的"书签"图标,就将书签添加到当前的页面中了。当再次打开"目录/书签"界面,就会发现已经添加的书签了,单击书签即立即翻到添加书签的页面,可以继续向下阅读了。

超星数字图书馆还有很多功能,限于篇幅,请读者自己摸索使用。

8.4.3　期刊阅览 CAJ

CAJ 为中国学术期刊全文数据库英文缩写,即 China Academic Journals,同时也是中国学术期刊全文数据库中文件的一种格式。中国学术期刊全文数据库是目前世界上最大的连续动态更新的中国期刊全文数据库,积累全文文献 800 万篇,题录 1500 余万条,分为 9 大专辑,126 个专题文献数据库,其知识来源包括国内公开出版的 6100 种核心期刊与专业特色期刊的全文。

CAJ 全文浏览器(CAJViewer)是中国期刊网的专用全文格式阅读器,本款阅读器是清华同方知网(北京)技术有限公司的系列产品,它支持中国期刊网的 CAJ、NH、KDH 和 PDF 格式文件,可以在线阅读中国期刊网的原文,也可以阅读下载到本地硬盘的中国期刊网全文。

1. CAJ 云阅读

手机版 CAJ 云阅读整合网站平台资源,提供方便的文献搜索、下载、分类管理、阅读和标注;云同步功能更是把多个平台下的阅读环境整合成一个阅读系统,实现阅读内容管理和标注的云共享,跨越了桌面平台与移动平台的限制,做到随时随地的阅读。

手机(iOS)版安装完成后,打开主界面如图 8.71 所示。主界面下部包括:首页、定制、文档、搜索和个人等选项,分别完成不同的功能。

在主界面单击"搜索"选项,出现搜索对话框,如图 8.72 所示。在搜索框中输入期刊名,单击"放大镜"即可搜索到需要的期刊。

图 8.71　CAJ 云阅读主界面　　　　　　图 8.72　搜索对话框

2. 手机知网

手机知网是中国领先的移动知识服务平台,提供全国上万种期刊、报纸等内容个性订阅,以及各类专题知识定制、行业情报推送、文档阅读管理等独具特色的强大知识服务功能。无论工作上还是生活中,都是必不可少的阅读学习和创新研究工具。特色如下。

(1) 个性定制,实时推送。个性化内容便捷订阅,并将最新内容实时推送到手机。

(2) 丰富内容,自由选择。三千余种大众杂志,精彩纷呈。七千九百余种学术期刊,同步更新。学科手机报,学科情报早知道;全国重要报纸,最新资讯报道;亿万文献资源,快速自由定制。

(3) 新的旧的,一览无余。包括 1994 年以来的期刊(部分精品期刊回溯至创刊),2000年以来的重要报纸、学位论文、会议论文等优质内容资源。

(4) 学科动态,触手可得。学科与行业发展动态与研究成果,触手可得。

(5) 亿万文献,精准搜索。亿万文献资源,每日更新;丰富搜索功能,快速精准。

手机下载安装完成打开后主界面如图 8.73 所示。主界面包括:首页、关注、搜索和个人 4 个选项。分别完成不同的功能。

主界面包括以下部分:今日快讯、期刊、知网书文萃博览等窗口,手指上下拨动即可浏览到不同的窗口,通过单击每个窗口下面的"查看全部"选项,可以打开新的界面,在界面上部有一个"放大镜"图标,单击出现搜索框,输入关键词即可搜索相关的内容,如图 8.74 所示。找到期刊后单击就可以打开阅读了。

图 8.73　手机知网主界面　　　　　图 8.74　搜索对话框

在主界面单击"关注"选项,出现如图 8.75 所示界面。在关注界面单击"选择感兴趣的期刊"出现如图 8.76 所示对话框。在其中可以选择感兴趣的期刊进行查看阅读。

用户也可以对不同学科进行关注查询,会出现相应的期刊列表界面,找到合适的期刊后,单击期刊名称就可以阅读了。需要提醒的是,这些电子期刊都是要支付一定费用的。

8.4.4　PDF 阅览器

PDF(Portable Document Format,便携式文档格式)是由 Adobe Systems 用于与应用程序、操作系统、硬件无关的方式进行文件交换所发展出的文件格式。PDF 文件以 PostScript 语言图像模型为基础,无论在哪种打印机上都可保证精确的颜色和准确的打印效果,即 PDF 会忠实地再现原稿的每一个字符、颜色以及图像。

PDF 是一种可移植文档格式。这种文件格式与操作系统平台无关,也就是说,PDF 文件不管是在 Windows、UNIX 还是在苹果公司的 Mac OS 操作系统中都是通用的。这一特点使它成为在 Internet 上进行电子文档发行和数字化信息传播的理想文档格式。越来越多的电子图书、产品说明、公司文告、网络资料、电子邮件在开始使用 PDF 格式文件。

图 8.75　关注对话框

图 8.76　感兴趣的期刊界面

Adobe 公司设计 PDF 文件格式的目的是为了支持跨平台的，多媒体集成的信息出版和发布，尤其是提供对网络信息发布的支持。为了达到此目的，PDF 具有许多其他电子文档格式无法相比的优点。PDF 文件格式可以将文字、字型、格式、颜色及独立于设备和分辨率的图形图像等封装在一个文件中。该格式文件还可以包含超文本链接、声音和动态影像等电子信息，支持特长文件，集成度和安全可靠性都较高。

对普通读者而言，用 PDF 制作的电子书具有纸版书的质感和阅读效果，可以逼真地展现原书的原貌，而显示大小可任意调节，给读者提供了个性化的阅读方式。

打开 PDF 文件需要使用专用的软件，最常用的有 Adobe 官方提供的 Acrobat Reader 和福昕 PDF 阅读器。前者功能强大，后者轻量简洁。

1. Adobe Reader

Adobe Reader(也被称为 Acrobat Reader)是美国 Adobe 公司开发的一款优秀的 PDF 文件阅读软件。文档的撰写者可以向任何人分发自己制作(通过 Adobe Acrobat 制作)的 PDF 文档而不用担心被恶意篡改。手机、iPad 等移动终端 PDF 阅读器 Adobe Reader，可为使用者在智能手机和平板电脑上等移动终端提供高品质的 PDF 文档查看与互动，是业界领先的手机 PDF 阅读器。

2. Foxit Reader

福昕阅读器(Foxit)作为一款在全球范围内流行的 PDF 阅读器，能够快速打开、浏览、审阅、注释、签署及打印任何 PDF 文件，具有轻快、高效、安全等特性，是目前一款带有 PDF 创建功能的阅读器。

该软件的特点是：安全可靠，从底层技术、应用设计、功能实现到处理机制，都广泛考虑了各层面用户对安全的需求，被微软推荐为首选的 PDF 阅读器；采用快速、精准的 PDF 渲染引擎，渲染速度快，渲染质量高（高保真度）；占用系统资源少，可以查看多个 PDF 文件，支持多标签文档浏览模式；支持在 PDF 文档中快速添加、编辑和删除书签。支持通过缩放选项或选框缩放、放大镜和仿真放大镜等工具缩放 PDF 文档。

PDF 文件阅读器软件使用方法简单，在手机上安装后就会和手机上的 PDF 文件关联，操作简单方便，此处不再赘述。

小　　结

本章介绍了新媒体技术在互联网支持下的应用方法，主要包括社交应用、网络电视、电子商务和电子资源使用。社交媒体通过移动客户端的手机博客、微博、微信、贴吧等得到了广泛的应用，极大地方便了人们的日常信息交流沟通。而随着移动互联网带宽的增加，网络视频越来越普及，通过手机在线观看电视成为潮流，在线阅读成为碎片化时间获取信息和获取娱乐的主体，丰富了人们的生活、工作和学习。电子商务给人们的生活购物带来了方便，特别是近几年出现的手机银行、手机在线理财、网络 P2P 借贷等，极大地丰富了人们的投资渠道，但也带来了风险，应当慎重选择。无论是即时通信软件还是在线应用软件都给人们的生活带来了极大方便，加速了人们生活的步伐。

第 9 章 新媒体安全

近年来,随着计算机安全技术的发展,我国计算机病毒感染率大幅下降。然而,随着移动端的普及,移动端的安全问题正日益凸显。据国家计算机病毒应急处理中心发布的第 15 次全国网络安全状况暨计算机和移动终端病毒疫情调查结果表明,2015 年网络安全事件发生率比 2014 年下降了 24.48%。但是,移动终端的病毒感染率却达到了 50.46%,比前一年增长了 18.96%。人们对移动终端依赖度愈来愈高,增加了数据泄漏的风险。移动端病毒越来越严重地威胁着网络环境安全,本章对新媒体安全知识做简单介绍。

9.1 移动端病毒

在计算机时代,网络病毒主要针对设备和数据。但是到了移动互联网时代,网络病毒告别了传统意义上的概念。移动终端实时在线率高,联系人之间信任度大。移动终端与传统 PC 端存储的信息具有极大的差异性。在移动端中,电话本、地理位置、短信的信息、银行卡信息等隐私都有可能被病毒获取。各种类型的安全威胁纷纷转向移动终端,可以说移动端成为信息安全问题的重灾区。

9.1.1 手机病毒的特征与危害

手机病毒是一种具有传染性、破坏性、窃取数据的手机程序,该类病毒利用发送短信、彩信、电子邮件、浏览网站、下载铃声、蓝牙等方式进行传播,会导致用户手机死机、关机、个人资料被删除、向外发送垃圾邮件、泄漏个人信息、自动拨打电话、发短(彩)信等进行恶意扣费,甚至会损毁 SIM 卡、芯片等硬件。

1. 手机病毒类型

手机病毒按病毒形式可以分为以下 4 大类。

(1) 通过蓝牙设备"无线传送"传播的病毒,比如 Cabir、Lasco.A 等。"卡比尔"(Cabir)是一种网络蠕虫病毒,它可以感染运行 Symbian 操作系统的手机。手机中了该病毒后,使用蓝牙无线功能会对邻近的其他存在漏洞的手机进行扫描,在发现漏洞手机后,病毒就会复制自己并发送到该手机上。Lasco.A 病毒与蠕虫病毒一样,通过蓝牙传播到其他手机上,当用户单击病毒文件后,病毒随即被激活。

(2) 针对移动通信商的手机病毒,比如"蚊子木马"。该病毒隐藏于手机游戏"打蚊子"的破解版中。虽然该病毒不会窃取或破坏用户资料,但是它会自动拨号,向指定号码发送大量文本信息,结果导致用户的信息费剧增。

(3) 针对手机 Bug 的病毒,比如"移动黑客"。移动黑客(Hack.mobile.smsdos)病毒通过带有病毒程序的短信传播,只要用户查看带有病毒的短信,手机即刻自动关闭。

(4) 利用短信或彩信进行攻击的 Mobile.SMSDOS 病毒,该病毒可以利用短信或彩信进行传播,造成手机内部程序出错,从而导致手机不能正常工作。

2. 移动端感染病毒的特征

在移动设备中,Android 平台是病毒感染的主要阵地。但是,iOS 系统也问题频发,APP 下载也成为造成移动终端产品安全问题的主要途径之一。随着移动端病毒的攻击愈演愈烈,各类敲诈勒索软件大肆传播,网络钓鱼事件数量也大幅提升。安卓系统恶意应用和恶意软件数量增长,就连 iOS 也不再是坚不可摧。移动终端感染病毒后常见表现如下。

手机持续发出警告声音;在手机屏幕上显示格式化内置硬盘提示,但一般不会真正进行格式化操作;让背景光不停闪烁;给地址簿中的邮箱发送带毒邮件,还能通过短信服务器中转向手机发送大量短信;会让手机死机或自动关机;当有来电时,屏幕上显示"Unavaifaule"(故障)字样或一些奇怪的字符。如果此时接起电话则会染上病毒,同时丢失手机内所有资料。

"QQ 盗号手"病毒以"QQ 花园助理""刷 Q 币工具"之名诱骗用户下载,中毒后的手机会出现 QQ 登录框,诱使手机用户输入 QQ 账号和密码,此时 QQ 盗号手会将账号和密码发到某特定手机号上,导致账号和密码丢失。

被命名为"安卓短信卧底"的手机病毒是首次出现在 Android 手机中的病毒,它能偷偷窃取手机中的短信内容,造成用户隐私严重泄漏。该病毒的出现表明 Android 平台也已成为黑客目标。网秦安全中心在很短时间内就截获了它的变种,这个变种不但能窃取短信,还能监控用户的通话记录。

目前,手机感染病毒后的现象很多,与传统互联网病毒大同小异,移动端感染病毒后会产生远程受控、信息泄漏、手机瘫痪等一系列问题。如今,移动端与金融的关系愈发密切。通过诱骗页面、短信等形式来获取用户金融信息的方式屡见不鲜,对用户的财产安全危害极大。数据频频泄漏,带来了巨大的经济损失。除了个人信息,移动端病毒攻击目标还涉及金融、电信、能源等多个重要领域,潜藏着巨大的隐患。

3. 主要危害

一旦移动端设备感染病毒,对方可以获得用户键盘记录或网络数据包,对手机浏览器进行拦截,并从中窃取用户的支付账户和密码。主要危害如下。

1) 恶作剧性影响

这一类恶作剧性的手机病毒,大致上并不会造成手机实体上或操作上的破坏,主要故障表现是:手机屏幕持续闪烁,画面显示恶意词语或可怕图示,持续发出哔哔声,屏幕上出现乱飞的小飞机,出现格式化存储器信息,假装下载恶意程序,自动启动电话录音等。

2) 困扰性破坏

所谓困扰性手机病毒,虽然也不会对手机造成实体或操作上的破坏,但却造成手机使用中的困扰,甚至会进一步阻止手机软件的更新。主要症状是:收发垃圾短信。许多手机病毒是运用大量垃圾短信来攻击手机,虽然不见得垃圾短信都具有危险性,但是却耗费用户的宝贵时间。

消耗手机电量:例如食人鱼(Cabir)蠕虫,透过不断搜寻其他蓝牙装置,进而耗尽手机电量。

阻断蓝牙通信:阻断手机与任何蓝牙装置,如耳机、打印机,或其他蓝牙手机的通信与连接。

3）实体或操作上破坏

实体或操作上的破坏具有非常严重的后果,使用者不但无法继续使用手机,最重要的是重要资料的毁损。

手机死机:例如骇客可利用手机作业系统的漏洞展开攻击,进而造成作业系统的停止。

手机自动关机:频繁的开关机,可能会造成手机零件或寿命的损害。

档案信息丢失:包括电话簿、通讯录、MP3、游戏、照片等档案的遗失。

烧坏内部芯片:据传某木马一旦被执行,会造成手机自动关机,甚至烧坏内部芯片。

破坏 SIM 卡:骇客通过早期 SIM 卡的信息存取长度的漏洞来展开对 SIM 卡的直接破坏。

4）经济损失

随着 PC 上各种恶意攻击与金钱利益挂钩之后,手机上也无可避免有此趋势的发展,这类攻击轻则增加电话费用,重则会造成网络交易的重大损失。

5）信息性伤害

任何安全防护的最终目的,都在于保障隐私资料的安全性,所以手机病毒所引发的信息性资料的外泄,可以说是伤杀力最大的破坏行为。

窃取通讯录:将内藏后门程式的软件或游戏,伪装成合法软件或免费软件,并诱骗使用者下载,进而窃取通讯录等重要资料。

窃取个人隐私照片:未来不排除会发生骇客借助蓝牙、Wi-Fi 或其他方式,窃取名人的隐私照片,并以此以恐吓或诈骗。

网络交易资料外泄:如今通过手机也可进行在线银行或网络交易等活动,所以相关资料也可能暴露在手机病毒或骇客攻击的风险之中。

9.1.2 移动端病毒的预防

1. 预防措施

手机、平板等移动端病毒尽管种类繁多,危害极大,但只要积极预防,正确使用,就能够保证手机处于安全状态中,在使用手机上网过程中,要做到以下积极预防措施。

1）删除乱码短信、彩信

乱码短信、彩信可能带有病毒,收到此类短信后应立即删除,以免感染手机病毒。

2）不要接受陌生请求

在使用蓝牙、红外接收信息时,一定要选择安全可靠的传送对象,如果有陌生设备请求连接最好不要接受,手机病毒会自动搜索无线范围内的设备进行病毒的传播。

3）保证下载的安全性

网上有许多资源提供手机下载,然而很多病毒就隐藏在这些资源中,这就要求用户在使用手机下载各种资源的时候确保下载站点是否安全可靠,尽量避免去个人网站下载。

4）选择手机自带背景

漂亮的背景图片与屏保固然让人赏心悦目,但图片中带有病毒就麻烦了,所以用户最好使用手机自带的图片进行背景设置。

5) 不要浏览危险网站

一些非法网站本身就是危险的,其中隐匿着许多病毒与木马,用手机浏览此类网站有可能带来不必要的损失。

2. 病毒查杀与清除

现在随着技术的快速发展,智能手机已经逐渐走进了千家万户,不过在方便人们生活的同时,伴随智能机走进我们身边的不只有一些好的程序,还有不法人士利用一些木马病毒程序,想尽办法将这些恶意程序植入我们的手机中,导致个人银行卡、照片隐私、联系人、手机硬件等出现问题。

虽然很多安全软件厂商,已经对手机病毒做出了一些应对方案,但是在使用中,一些病毒仍是比较难以清理的,以下介绍一些清理手机病毒的办法。

想要轻松地解决病毒问题,有以下几点是需要注意的。

(1) 首先在杀毒的时候,要关闭所有正在打开的应用程序,否则处于运行状态下的应用,手机杀毒软件会自动跳过不检测,这样就可能会导致后台运行的病毒应用不能及时得到扫描。

(2) 杀毒的时候,保持屏幕常亮,有部分手机会杀毒的时候自动锁屏,导致杀毒失败。

(3) 杀毒完成后,一定要根据杀毒软件的意见来进行解决。

如果手机不幸中病毒,那么手机杀毒软件是必不可缺的,目前很多杀毒软件公司,纷纷推出了手机版杀毒软件,下面就几款常用杀毒软件做简单介绍。

9.2 移动端安全防护

对手机病毒应坚持预防、查杀相结合的原则。不随意查看乱码短信,不随意下载手机软件,不随意浏览危险网站,不随意接受陌生人的红外、蓝牙请求等。一旦手机感染病毒,应尽快选择专业权威的杀毒软件进行查杀。

目前,移动端病毒已经有数百种之多,杀毒软件也是层出不穷。腾讯手机管家、360安全卫士、金山毒霸手机版等软件都能够对防治病毒起到一定的作用。市场上的移动端数量逐年增长,而反病毒的方案却难以成型。下面介绍几款常用的手机安全防护软件。

1. 华为手机管家

1) 软件介绍

华为手机管家是华为手机旗下一款手机安全与管理软件,下载安装后主界面如图9.1所示。软件功能包括"手机加速""空间清理""骚扰拦截""省电管理""病毒查杀""应用权限管理""开机自启项""流量监控""应用锁"等,是一款功能强大的智能手机安全管理软件。

华为云服务是华为公司为用户打造的一款一站式云服务软件,集合个人数据同步、云相册、手机找回等多种基础云功能,旨在为消费者提供一站式易用、快捷、智能、安全的个人数据管理服务。

2) 手机管家功能

(1) 一键优化:用户使用一键优化功能,启动系统自动优化。主要包括:整体性能优化,安全保护优化,电量性能优化和手机管理优化。

图 9.1　华为手机管家主界面

（2）清理加速：对于需要用户干预的应用进程和大文件清理，提供用户手动清理，单击界面的"一键清理"完成该功能。

（3）流量管理：整体流量监控，按照时间展示使用折线图，支持双卡手机；精确统计和显示；移动数据/Wi-Fi分别统计，控制应用联网类型，4G流量可以单独显示；实时网速展示，异常流量消耗提醒，锁屏流量消耗提醒。

（4）骚扰拦截：对拦截的信息、电话进行记录，可以清空或者恢复；快速从联系人、通话记录、短信添加黑名单记录，也可以手动创建黑名单。

（5）省电管理：显示电量剩余。智能省电，增加手机使用时间，延长电池寿命，可以设置省电模式和超级省电模式。

（6）权限管理：管控应用访问权限，防护手机隐私安全。

（7）病毒查杀：智能识别、查杀染毒应用，如图 9.2 所示。

（8）自启管理：禁止应用开机后自行启动，节省内存和电量。

（9）应用锁：设置软件运行密码，防止其他人随便使用隐私应用；特别适合社交、金融理财类应用。支持指纹（仅Jazz）、键盘输入密码等口令方式。

（10）清屏管理：锁屏后清理后台应用，有助于节省电量，但是邮件、聊天、社交类应用被清理后，可能无法接收新消息。

3）华为云服务功能介绍

（1）备份：可备份与恢复个人数据、系统数据、多媒体数据、应用程序及数据等。

（2）文件管理：华为公司为安卓用户精心打造的一款功能强大、使用便捷的文件管理

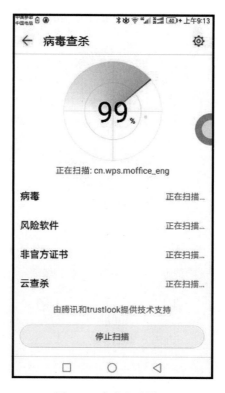

图 9.2 病毒查杀界面

工具,能够帮助用户轻松查找和管理手机中图片、音频、视频、文档、压缩包、安装包等文件;除了支持手机内部存储、SD卡、外接U盘的文件管理外,还深度整合了华为网盘,便于管理云端数据。华为手机会员用户登录网盘可免费获得160GB云存储空间。

(3)手机找回:在遗忘或丢失手机时,手机找回功能定位手机当前位置。用户可以通过"锁定设备"设置密码锁定手机屏幕,还可以通过"备份数据"和"清除数据",远程备份和删除手机信息,减少损失。

2. 小米手机安全中心

小米手机是小米公司(北京小米科技有限责任公司)研发的高性能智能手机。采用线上销售模式。手机生产由英华达代工,手机操作系统采用的是基于Android系统深度优化、定制、开发的第三方手机操作系统。小米手机5c搭载了小米自主研发的松果处理器,采用8核心A53公版架构,后期还会有其他多款处理器推出。

小米手机安全中心是小米手机自带的手机安全软件,是手机制造商配置的手机常用软件,集成了手机加速、垃圾清理、安全防护、骚扰拦截、软件管理等功能。

1)软件介绍

在手机桌面找到安全中心打开后主界面如图9.3所示。主界面有6个常用功能,分别是:垃圾清理、网络助手、骚扰拦截、省电优化、病毒扫描、授权管理,每一项分别完成不同功能。

2)功能操作

(1)体检功能。一键自动检测,检测完毕,一键优化,傻瓜版的操作方式让用户方便快捷地解决手机安全、速度变慢等问题。单击主界面的"开始体检"按钮就开始自动运行。

（2）垃圾清理。操作方式也是十分简单，一键即可，各种垃圾文件（缓存垃圾、广告文件、安装包、卸载残留）分类列出，按类别清理。

（3）网络助手。主要功能是设置套餐流量以及剩余流量显示。联网控制功能可以禁止部分软件访问网络，可以在一定程度上防止流量损失；流量排行统计出当天、当月的流量使用情况。

（4）骚扰拦截。可以帮助拦截大部分广告推销骚扰短信，还可以拦截指定电话。

（5）省电优化。该选项显示出剩余电量和可持续待机时间，另外还有几个功能：①省电模式，开启后自动帮用户省电；②低电量自动省电，就是低电量的时候自动启动省电模式；③按时自动省电，可以让用户在指定的时间启用省电模式。

（6）病毒扫描。包括木马病毒和风险应用两个功能选项。操作方式也是十分人性化，一键解决，如图9.4所示。

图9.3　主界面

图9.4　杀毒结束界面

（7）授权管理。①自动启动应用管理，该功能可以启动或禁止手机的APP自动启动；②应用权限监控，该功能可以设置APP拥有的权限，例如照相权限、定位权限、通讯录读取权限等；③Root权限管理，如果手机是稳定版（出厂预装的系统）的系统，则无法获得Root权限，下面显示为灰色，不可操作。

3. 其他基于安卓手机的杀毒软件

腾讯手机管家是一款永久免费的手机安全与管理软件，集一键体检、手机加速、智能省电、流量监控、骚扰拦截、手机令牌、手机防盗、病毒查杀及隐私保护等功能于一体。腾讯手机管家以"手机安全管理先锋"为使命，提供体检加速、健康优化、安全防护、软件管理等智能化的手机管理功能。

百度手机卫士是一款手机安全工具。原"安卓优化大师"提供强大贴心的安全服务，如防吸费、防骚扰、防诈骗、病毒查杀、手机加速、垃圾清理、应用管理等功能。百度手机卫士可以帮助用户了解手机软硬件信息；提升手机操作效率；拦截骚扰电话和短信；扫描恶意软件；检测手机上网流量；维护手机的正常运转。

以上介绍了几款安卓手机平台的手机安全软件，其他安全软件功能和操作方式类似。现在流行的基于安卓系统的杀毒软件还有很多，操作基本相似，在此不做赘述。

4．iPhone中的安全软件

iOS为非开放系统，所有软件必须通过系统安全审核后方可使用，因此基于iOS的手机查毒杀毒软件较少，现将几款基于iOS的安全预防与系统清理软件介绍如下。

1）360手机卫士

360手机卫士是一款集防垃圾短信、防骚扰电话、防隐私泄漏、归属地显示功能于一身的手机软件，如图9.5所示。主要功能包括：隐私通讯记录加密保存，保护个人隐私，来去电归属地显示，软件安装实时检测，联网行为实时监控，安全扫描，联网云查杀恶意软件；自动IP拨号，节省长途话费；响一声提醒，号码归属查询，系统一键清理；拦截垃圾短信和骚扰来电；隐私通讯记录加密保存，保护个人隐私；来去电归属地显示和查询，通话信息一目了然；响一声吸费电话提醒，防止回拨扣费；一键清理非系统进程，提升手机运行速度。

图9.5　360手机卫士主界面

2）腾讯手机管家

腾讯手机管家除了上文介绍的安卓版本，还有可以在 iOS 运行的版本。其功能包括骚扰拦截、软件权限管理、手机防盗及安全防护、用户流量监控、空间清理、体检加速、软件管理等高端智能化功能。以下介绍基于苹果手机的 iOS 版。

2016 年，苹果 iOS 10 正式版发布，iOS 10 带来了数十项更新，其中就包括骚扰电话拦截功能，由腾讯手机管家提供技术支持，主界面如图 9.6 所示。支持机型包括：iPhone 4S、iPhone 5、iPhone 5s、iPhone 5c、iPhone 6、iPhone6 Plus 等。

图 9.6　腾讯手机管家主界面

腾讯手机管家 2017 是腾讯公司为 iOS 用户推出的最新版 iPhone 手机管家。腾讯手机管家 2017 可以为 iPhone 用户们提供垃圾清理、手机加速、安全支付和骚扰拦截等功能，还可以精准监控流量使用情况，是目前最好的手机管家软件之一。

腾讯手机管家 2017 专属 iOS 10 版本，加入了自动识别骚扰诈骗电话，实时监控来电号码，凡是已经被其他用户标记为广告和诈骗的电话号码就可以第一时间看到标记；还可以精确实时流量监控，避免流量超额；还可以将无用照片一键删除，释放大量手机空间；测速功能，准确了解网络速度，让用户随手可以测试 Wi-Fi 网络速度。

3）超级手机管家

超级手机管家是一款手机管理清理大师。长期使用过程中难免会由于软件过多、垃圾文件残留、运行占用内存和系统没有足够的优化和调整而变慢。超级手机管家内置 9 大功能模块：进程管理，计算机远程桌面控制，服务管理，安装程序管理，性能测试，垃圾文件清理，硬件识别，智能装机，进程存储动态优化与一体。帮助用户解决系统优化问题。

软件主界面如图 9.7 所示。全能清理优化界面如图 9.8 所示。

图 9.7　主界面

图 9.8　全能清理优化界面

　　超级手机管家软件的主要特点是：支持中文短消息回复；可设置名单方式（黑名单/白名单）分组管理拒接电话；多种拒绝来电方式：来电转移、语音留言、发送短消息；与手机名片夹完美结合，设置号码更方便快捷；支持开机自动运行；支持自定拒绝来电短信模板管理；支持自行录制语音留言箱问候语；优化的处理引擎，识别号码更迅速。

　　随着移动端的进一步普及和上网人数的增多，移动端安全显得越来越重要。有关部门也应出台相应政策，对市场进行规范，加快移动端杀毒市场成熟的速度。

小　　结

　　随着智能手机的广泛应用，隐私泄漏以及恶意扣费的问题也随之而来。泄漏内容包括客户数据、个人手机信息、身份信息、地理位置信息、银行交易、微博等诸多账号信息，还有邮件和文件等信息，手机的安全越发重要。本章主要介绍了手机安全管理软件的功能和使用方法。以华为和小米手机管理软件为例，详细介绍了各功能和操作。由于手机软件操作简单，其他类似功能软件的操作，由读者自己摸索使用。

参 考 文 献

[1] 黄传武.新媒体概论.北京：中国传媒大学出版社,2012.
[2] 石磊.新媒体概论.北京：中国传媒大学出版社,2009.
[3] 王中生.计算机组装与维护.三版.北京：清华大学出版社,2015.
[4] 王中生.多媒体技术与应用.三版.北京：清华大学出版社,2016.
[5] 石雪飞,薛峰.数字音频编辑器 Adobeaudition 3.0.北京：电子工业出版社,2009.
[6] 唐绪军.中国新媒体发展报告(2013).北京：社会科学文献出版社,2013.
[7] 唐绪军.中国新媒体发展报告(2014).北京：社会科学文献出版社,2014.
[8] 唐绪军.中国新媒体发展报告(2015).北京：社会科学文献出版社,2015.
[9] http：//baike.baidu.com/link？url＝m95zTY3kXyzdAFWezDNb7-0T3FlSgh8PEFlVW2TItnD5TJB4pb9t6lA3YkE2Vbemq2rGenFT_mZYdvGtpN0-UK
[10] http：//www.tongji.edu.cn/～yangdy/computer/multimedia/paper4.htm
[11] http：//baike.baidu.com/link？url＝jOKqIF_jmn2vRKu2G-UYZapWbQQeZAR0p_BSfJkwHeyV3eXyd7dMinPeYx93TtZHO4ReO1JOOAU_wxwPcVvPpa
[12] http：//www.ruanyifeng.com/blog/2012/05/responsive_web_design.html
[13] https://zhidao.baidu.com/question/9812366.html
[14] http：//baike.baidu.com/link？url＝6LOI_rAdZxUIjRdrmZf4gn4ZliQHWFOxNZN1RsJL8p8gAlZRYQK6cmHAn7YAnD1WqMz6gajuYYCAe2rokC8ZbJoT2lk0iii-sP_lvOWQ19m
[15] http：//www.jianshu.com/p/9f5d2c402b8f
[16] https://sanwen8.cn/p/32f6GCM.html
[17] http：//www.downcc.com/soft/189888.html
[18] http：//www.askci.com/news/finance/20160927/14174465573.shtml
[19] http：//wenku.baidu.com/link？url＝bdzN0nyaVz4E66UCGuy0I5p8UzBmbwkzDNGkeZ-6QFw2zQedBvzX5q6KA2l3DSb4dGP22Uj3yPbVrIRGrdRR8cqu5hXDq-fKUFFkeGvpQlO
[20] http：//baike.baidu.com/link？url＝vDk_hTKU4kteyn7GUB-t5ehVsULNQe-rxXQJcSPQD31V2t2kdbdmxZ7RRh7P1eO631vvO_eAaISMpSz3-3YjSAWnDXsWMt4B4tSaCJXwbXGBBDzpn7QYanLrQkoLEtyjXdRdF9lUQ8NGHI_jD3MBjK
[21] http：//baike.baidu.com/link？url＝7gPacdFFO9TREFdcL9kNemJy-kXO2vY2rvhuDz6rBcrV1B5yWNvSSNjNzj63Zx5pTF67ccqQYzWq2ClTFVbHUFCmiT-P4lentKOOASojkezplaT4pWT_LiC4Fjqfub8o_mGs0XWw4r11_psWPBVlua
[22] http：//baike.baidu.com/link？url＝qw3l6dk2pM4f7OKa_y2UMN87a_RtQqK6fcwGsX3WyXymzYEouULO8SGGRj415a8EIcQgUmkquenBRfiYMh6_7a
[23] http：//www.360doc.com/content/14/0305/17/8285430_357987074.shtml
[24] http：//zuigeek.baijia.baidu.com/article/525397